ベストセラーは こうして 生まれる

名編集者からのアドバイス

ベッツィ・レーナー 著
Betsy Lerner

土井良子 訳
Ryoko Doi

松柏社

私が思うに、『決意の谷（*The Valley of Decision*）』をどうしてもちゃんとした形にもっていけない最大の理由はまさに、「木を見て森を見ず」の状態に陥っているからではないでしょうか。木があまりにも多すぎるからまずいのです。なんとかして、この作品の土台となっている考えや基本構造をもっとはっきり目立たせ、どんなに木が多くても読者がちゃんと森を見てとれるようにしなくてはなりません。

マーシャ・ダベンポートに宛てたマクスウェル・パーキンスの手紙より

（伝記『マクスウェル・パーキンス――編集の天才』の中で著者のA・スコット・バーグは次のように述べている。ダベンポートから八十万語にもなろうかという膨大な量の、全く支離滅裂な原稿を手渡された編集者パーキンスはこれに詳細なメモをつけて送り返した。ダベンポートはそのメモに従い五ヶ月以上もかけて原稿に手を入れた。結果的にこの本は六十万部の大ヒットを記録した。）

目次

はじめに

自分が編集者になるなんて夢にも思っていなかった。たしかに、大学時代小説やら詩やらをたくさん読みはした。英米文学専攻の学生ならごく当たり前のことだ。しかし、どうすればこういう興味を職業に結びつけられるのか、じっくり考えたりしたことはなかった。卒業も間近になってからようやく就職課に行ってみてわかったのは、今四年生向けにやっている就職用プログラムや学内就職説明会に参加するには三年生のうちに登録しておかなければならなかった、ということだけだった。それなら大学院に進学しようかと、今度は学科長の先生のところに相談に行ってみたが、先生は信じられないと言った顔で私を見つめた。出願締切は昨年の秋だったのだ。

それから数ヶ月間というものは、就職口を探して半狂乱だった。そんな時、母の友人の娘さんでパットナム社の編集者をしている方に会えることになった。そこで、精いっぱいちゃんとして見える服装で（といっても、チェックのコットンワンピースにラタンのベルトというでたちだった――ワンピースなんてそれしか持っていなかったのだ）、マジソン・アベニューにある出版社まで自転車を走らせた。到着すると、会社に足を踏み入れる前に気を落ちつけようと、今度はハーゲンダッツのアイスクリーム・コーンにかぶりついた。いざ面接に向かうエレベーターの中ではっと気づくと、なんと一張羅のワンピースにチョコレートがたれて、茶色いシミがべっとりついていた。

迎え入れられたオフィスは四方の壁が本棚になっていて、そこに表紙が見えるようにして、本がずらりと並べられていた。ほとんどどの表紙にも、でかでかと金銀の浮き出し文字でタイトルが躍っていた。しかし、見覚えのあるタイトルなんてただの一つもなかった。面接してくれる編集者の机はきれいに整頓されていたが、床には原稿が山のように積み上げられていた。相手が仕事に追われていること、母親に言われたから会ってくれる気になっただけだということが私にはわかった。それで、なんとなく身の置き所のない気持ちで、これからどう自己PRすればいいのか考えがまとまらないまま腰をかけた。軽く挨拶を交わした後、彼女はいよいよ本題に入り、ハードカバーとペーパーバックどちらの出版を希望しているのかと訊いてきた。まるで、授業中に当てられて途方にくれ、誰か代わりに答えてくれないかと助けを求める小学生のように、私の目は彼女と本棚との間を落ち着きなく行ったり来たりした。そして意を決して尋ねてみた。「ハードカバーかペーパーバック、ですか？　それってどう違うんですか？」

その後私は三十通も履歴書を書き、半ダースも面接を受けた。こうしてニューヨーク中の大手出版社に挑戦したが、せっかく面接までこぎつけたところも、今度はタイピングの試験で全て落ちてしまった。

出版社にふられた私は結局、唯一内定がもらえた某大手金融機関に就職し、図書室の受付係になった。ちなみにこの仕事の給料は出版社の初任給の倍はあった、などということはわざわざ言うまでもないだろう。もっと肝心なのは、この仕事ではタイピング能力が要求されないことだった。働き始めて数ヶ月後には、「会社文書調整係」なるものに昇進した。これはその名の通り、まさにカフカにでも出てきそうな、不条理で悪夢のような仕事だった。

会社の数ブロック南の四十七丁目に、居並ぶダイヤモンド問屋の間にぎゅっと押し込まれたような小さな本屋があって、昼休みは大半、このゴータム書店で埃っぽい本棚を飽きずに眺めて過ごした。そこには毎月発行のポエトリー・カレンダーもあった。新聞紙大の一枚刷で、小さな活字でこれから数週間の朗読会のスケジュールが印刷されていた。カレンダーを手に取り、文学に関係するありとあらゆる種類のお知らせでぎっしり埋まった告知欄に目を通すうち、ある詩のワークショップの小さな広告を見つけた。人数制限有、審査用作品六点提出のこと、来月曜締切。私は週末まるまるかけて、書きためてあった詩の中から提出するものを選り抜き、さらに手を加えた。数週間して、ワークショップへの参加を認めます、と通知が来た。その時実に久しぶりに、なんだか未来が開けてきそうな気がしたのだった。

結果として、このワークショップが私の人生に一大変化をもたらすことになった。指導者のジョリー・グレアムは若い女性で、当時はまだ一冊しか本を出していなかった。だが彼女のおかげで、詩を書くことに対する私の意識が変わったのだ。それまで、詩を書くことはみんなに内緒だった。詩を書くなんてほとんど恥だとさえ思っていた。しかし、仲間の詩人たちと共にこの月曜夜のセッションを続けるうち、自分が少しずつ別の人間に生まれ変わってゆくのを感じた。グレアムが情熱をこめて参加者の作品を批評したり、自分がまだ駆け出しだった頃の苦労について語ったりするのに私は熱心に耳を傾けた。繊細で美しい彼女の朗読は今でも耳に残っている。ある時は行の終わりの最後の音を、聞く者が期待するよりも一呼吸長く延ばして余韻を持たせる。かと思うと、一つの行から次の行に大急ぎで進み、切迫して生きいきした感じをうまく表現した。一年後、ついに仕事を辞めて方向転換しようと心が決まった。完成した二十編の詩の束を手に、私は大学院ＭＦＡ（芸術学修士）課程の詩のコースに出願した。

大学院に入ったらもうピュアなままではいられない、とよく言われるが、これは決して言いすぎではない。今度もまた、これからどんな目に遭うのか、どういう人たちが待ちかまえているのか、何もわからないまま入学した。そして大学院の詩のワークショップの机を囲んで手ひどい屈辱を味わう羽目になったが、そんな中でも一つだけはっきりしたことがあった。自分は他の学生の詩に対し、ここをこうしたらもっと良くなるのでは、と提案してあげるのが何よりも得意なことを発見したのだ。たとえば、今真ん中にある連を冒頭に移動してはどうかとか、ある行を丸ごと削ってしまってはどうかと言うこともあったし、タイトルを変えてみたらと言うだけの時もあった。最終学年で、私は文芸同人誌の編集に参加した。その中で気づいたのは、私が一番気に入った作品、一番すぐれていると思った作品は、同人誌に載る載らないに関わらず、賛否両論を巻き起こしたり、読んだ人の気持ちを強く揺さぶったりすることだった。当時はわかっていなかったが、この時すでに私は編集者になりつつあったのだ。

最後の学期に、サイモン&シュースター社で企業研修をさせてもらった。そこで初めて、出版の仕事をやりたいと本気で思うようになった。研修初日のことは今でも忘れられない。早く着いた私が受付のあたりで座っていると、若い女性が一枚の紙をひらひらさせ、「第六位！　第六位！」と金切り声をあげながら、飛ぶように駆け込んできた。次の瞬間目に入ったのは、その女性が年上らしいもう一人の女性と手を取り合い、ぴょんぴょん飛び跳ねながら歓声をあげている光景だった。後で聞いたところでは、年上の方の女性はその若い女性の担当編集者で、彼女たちの出した本がその週のベストセラーリストに載ったのだった。私ならあそこまで興奮するかなあ、というのがその時の正直な感想だった。しかしその後一年もしないうちに、自分がその同じ廊下を、歓喜の叫びをあげながら走っていたのである。手にしていたのは、発表直前のベストセラーリストだった。上司が何年間も担当し、私もその最終仕上げの段階を手伝った本がそこに載ったのだ。私は、自分の情熱を賭けるものを見つけたのだった。

＊

この仕事に就いたばかりの頃は、作家というのは雲の上の存在だと思い込んでいた。そうでなければ、こんなふうにたった一つのフレーズで生涯忘れられない感情の真実を表現したり、実人生よりもっとリアルに感じられる場面を描いたりできっこない。そうでなければ、芸術家や芸術を決して歓迎してはくれないこの世間に自分の心をさらけ出してまで、一筋の文章に己の人生も生活も賭したりできるはずがない。作家と名のつく人なら誰にでも、たとえ大したものは書いていないような相手にまで畏敬の念を抱いていた。何はともあれ、困難に打ち勝って作品を完成させ、著者として自分の名前の載った本が世に実在するのだから、すごい人たちなのだ。しかし当然のことながら、私の抱いていたこんな理想像が粉々に打ち砕かれるのにそう時間はかからなかった。

編集者として、私は担当した作家たちの生活のあらゆる側面に、直接あるいは間接的に関わってきた。そして作家との仕事を重ねるにつれ、作家が成功するか失敗するかはその人のどんな性質と関係があるのだろう、といつしか考えるようになっていた。十人並みの文才しかないが人脈づくりには非凡な才能を発揮する作家もいれば、素晴らしい作品を書くのにどうしても出版の決断ができない作家もいた。我こそは作家と呼ばれるにふさわしいという自信に満ちた恵まれた人もいたし、逆に絶えず不安に襲われてはにっちもさっちもいかなくなる作家もいた。作家がどうやって身を守ろうとするか、何に恐怖を感じるのかも、どんな希望や野心を抱くのかも私はじかに目撃してきた。そのうちに、この人は手直しを繰り返してなかなか前進しないタイプの作家だとか、逆にこっちの作家は手直しなど夢にも考えておらず、原稿を書きさえすれば即出版契約を取りつけられると思い込んでいるな、というようなことが見てとれるようになった。それと同時に、出版ビジネスとは、実際にやってみると一連の決まった仕事の繰り返しだということも、マスメディアがいかに残酷かということも、また市場では何が起こるかわからないといったこともわかってきた。だが編集者としての最も貴重な経験はこれだ。編集の仕事を通じて作家たちと間近で接したおかげで、彼らがこの孤独な作業に黙々と耐え、ひたむきに前へと進んでいく様を目の当たりにしたことだった。

多くの人々と同じように私も、この仕事に就く前は、作家の人生とは羨ましがられるようなものだと思っていた。でも今ではわかっている。私の愛すべきヒーローの一人、トルーマン・カポーティが「神は才能を与えてくださった時、同時にまた鞭も与えられたのだ」と書いているように、作家というのは一種独特の人種なのだ。彼らの才能は常に鞭と隣り合わせで、決して切り離すことができない。だから作家の心理状態には、全く異なる二重の性質が本質的に備わっている。作家はたった一人で刻苦精励する。ところが、作家がこの孤独で膨大な集中力を必要とする厳しい仕事に打ち込むのは、読み手とコミュニケーションを取りたいからこそであり、書くことを通して読み手に届こうと手をさしのべているのだ。だとすると、自分の作品を世に出すことに対し、多くの作家が神経症《ノイローゼ》とまではいかないにせよ相矛盾《アンビバレント》した感情を抱いていることも驚くには当たらない。なぜなら、作家は作品を発表することによって、自分が何よりも恐れていることとまともに向き合わなければならないからだ。作家にとって最大の恐怖、それは読者に受け入れてもらえないことである。作品を書いているとひっきりなしに何か問題が起こり、作家の心の平安を脅かす悩みの種となる。だから作家として生き残るためには、こういった問題にいかにうまく対処するかが重要な決め手になるのだ。

編集者というものは精神科の医者と同じく、作家の心の中に入り込むのを許されたただ一人の人間だ。つまり編集者には、出版社が自分の作品を買うと言ってくれた時の作家の有頂天状態からそれが全く売れなかった時の苦痛までを目の当たりにできるという特権があるのだ。作品に関する作家の悩み以外には無関心な編集者もいるが、私の経験から言えば、作品の悩みと作家個人の人生の悩みとは切っても切り離せないものである。編集者が一番気にかけるのは、もちろん、文体や構成、語り、文章の流れなど作品自体の問題だが、その一方で作品外の問題にぶつかることも多い――作家の意欲を刺激し続けること、より大きな枠組みから作品を捉えること、パターンやリズム、作品の奥底に隠された意味を見つけること、それに、下調べや執筆途中の段階で行きづまった作家がぴったりの表現をうまく見つけられるように手伝ってあげること、などなど。ダンスが本当にうまい人は、パートナーを一方的にリードするわけでもついていくだけでもない。代わりに相手を信頼し、次の動きを予測してそれに合わせる。編集者と作家の関係もそれと同じだ。編集者は、絶望して作品を放り出した作家が再びペンをとれるように手を貸し、乗り気でない作家をうまくおだてて作品をもう一度推敲させ、その奥深くに隠されたテーマをあぶり出し、スムーズな場面の転換や効果的なディテールのアイデアを出してあげる。それができる編集者こそ、作家の持つ力を最大限に引き出して、すばらしい作品を世に送り出すことができるのだ。

この本は「どうすれば作品が書けるか」を語るものではない。小説でもノンフィクションでも、純粋に技術的な面に関するものから非常に深遠な奥義を説くものまで、その手の立派な本はほかにいくらでもある。そうではなく、どうしても作品を書き始められない人、逆にどうしても完成までもっていけない人、あるいは自分が何を書けばいいのかわからないという人たちの力になれる本を書きたいと思う。神経症的な癖のせいで書けなくなっている、またはせっかくの努力をわざわざ自分でめちゃめちゃにしてしまう、さらに、そこそこ成功をおさめているのに、次の作品に取りかかる手前で立ち往生してしまっているという作家のみなさんへのアドバイスを差し上げよう。ただし、これだけは約束しておきたい。どこにでも見かける例のアドバイス――「自分がよく知っていることについて書きなさい」――をここでまた繰り返すつもりはない。私の知る限り、「何について書くか」は他人に忠告されて変えられるようなものではないからだ（でも、どういう形式で書けばいいのかわからないという人へのアドバイスはある）。また、ウィリアム・ストランク式に文のスタイルについてのルールをやかましく言ってみなさんの頭をストライクするつもりもない。その代わり、作品の中身と作家自身のスタイルがどのように連携して影響し合うかについて私の考えをお話ししたい。あなたの神経症的な行動は、作品を書くプロセスの一部なのだろうか、それとも本物の…？　あなたは作品の中で多くをさらけ出しすぎるだろうか？　それとも逆に、自分や誰か他の人を守るため、言いたいことを飲み込んでいるのだろうか？　あなたはうまく自分を売り込める方だろうか、それとも自分で自分の努力の成果を駄目にしてしまう方だろうか？　物書きの生活とはかくかくしかじかに違いない、という世間の思いこみを不本意ながら受け入れて、その通りにしてみたことはあるだろうか？　そんなふうにしても、実際、作家として成功する足しにはならないのだけれど。

この本の後半では、編集者の立場から見た出版のプロセスについてお話ししたい。まだこの世界のことなんて何もわかっていなかった編集アシスタント時代から、出版の世界で何が実際に起きているのかを世の中の人に知ってもらいたくて、私は自分の見たことを伝えようとしてきた。その思いは編集者になって長年を経た今も変わっていない。また、作家志望の人々から次のような質問をしょっちゅう受けるので、それについてもアドバイスしていきたい。作家にとって出版エージェントは必要でしょうか？　一つの作品を数社に売り込んだ方がいいのでしょうか？　エージェントや編集者が返事をくれるまでどれくらいかかるでしょうか？　担当エージェントや編集者は、私のために何をしてくれるのでしょうか？　出版が決まった後は何が起こるのでしょうか？　どうすればいいタイトルを考えつくのでしょうか？　もし自分の本のカバーがどうしても気に入らなかったらどうしましょう？　自分で広報担当者を雇うべきでしょうか？　…といった類の質問だ。同時に、編集者の心の内について多少なりともお伝えできたらと思う。編集者の椅子に座って山のような原稿を読むのはどんな気がするものなのか。「これはいける」と思った企画を手に入れようと骨折った結果、うまくいくこともあれば、裏をかかれたりもする。あるいは、お気に入りの作家の作品が世間から寄ってたかってこっぴどくやっつけられたり、最悪の場合、洟《はな》も引っかけられず無視されることだってある。そんな時編集者はどんな気持ちになるのか。それからもう一つ、出版界の最近の風潮の中で、編集者や作家はどんなプレッシャーにさらされているのか。そして、これほど業界全体が不安定になってきているにもかかわらずなぜ彼らが頑張っていけるのかを、この本の中で説明してみたつもりである。

この本を書くためにメモをまとめ始めてからも、さらなる変化がいくつも出版業界を襲った。国内最大手の企業のいくつかが合併を行い、大きな流通ルートとして、インターネットによる書籍販売が新たに現れた。本を手のひらサイズのスクリーンにダウンロードする機器の売り込みも始まっている。インターネット上の雑誌は、従来使われてきた小切手ではなくストックオプションをちらつかせて、作家の気を引こうとしている。そして、これまで「トレンディだ」なんていうありがたい非難を頂戴したことなど一度もなかった私も、今や時代のトレンドと受け取られている形で転身した一人となった。編集者を辞め、エージェントになったのだ。私にとっては本の編集者こそ最高の職業だろうと自分でもわかっている。ただ、子供ができたこと、もっと自由にいろいろな作家と親しい関係で仕事をしたいと思ったことなど、私生活と仕事上の理由が重なって、私は一線を越えたのだった。編集者とエージェントは時に対立する立場に置かれるが、本質的には同じものを求めている。それは自分の担当作家の本が好評を得ること、そして担当作家がいい作品をたくさん書けることの二つだ。どちらの仕事でも、すぐれた作品を原稿の段階で見いだし、それが世に出るまでの手助けをすることで感じるあの特別な快感を味わえるのだ。

この本が作家の卵の皆さんに役立つアドバイスを与えられることを願ってやまない。しかしそれ以上に、遅咲き型の皆さん、長年にわたり時々思い出したように筆を執ってきただけではあるが、作家になる夢を決して捨て去ってもあきらめてもいないという方が、この本を読んで創作意欲をかき立てられることを私は願っている。また、この本を書いたのは、自分の作家としての力が不当な言葉でけなされているのに、それを真に受けて自信を持てずにいる人々、つまり、自分はちゃんとした作家なんかじゃない、一人前を気取っているだけのペテン師で、とても本物の作家とは言えないアマチュアで、作家の出来そこないに過ぎないと思っている人を助けたかったからでもある。要するに、ものを書くことに関して我と我が身を苦しめている、そんな方々に読んで頂きたい本なのだ。

仕事上、コンファレンスで作家と同席することがよくある。そんな時いつも驚いてしまうのだが、たくさんの作家が出版を心の底から願う一方で、出版関係者との間には深い溝を感じているようなのだ。版権獲得から資金の配分まであらゆる決定について、出版社の内部で暗黙の申し合わせがあると思いこんでいる作家さえ少なくない。確かに、出版を求めて奔走しているのに出版してもらえない作家なら、戦いに疲れてノイローゼ状態に陥るのはごく当然だ。特権を与えられない立場は決して気持ちの良いものではない。しかし、大人気作家でさえ自信喪失の発作にかかることがある。『ハンガリー・マインド・レビュー』紙によるドン・デリーロのインタビューは、この苦しみを最も端的に表現していると言っていいだろう。「作家は持てる影響力をほとんど失くしてしまい、今やせいぜい文化の周縁にとどまっているのがやっとです。でもその場こそが、作家が本来いるべき場所ではないでしょうか？

他にどんな居場所が考えられるというのでしょう。そして私個人の考えでは、周縁とは、ど真ん中で起こっていることを観察するのにうってつけの場所なのです。…中心から離れていればいるほど、作家の観察力は増していき、舌鋒鋭くなり、そして最終的には、その文化になくてはならない存在になるでしょう。」

この本は、今まで私が実際に見てきたこと、よく知っていることを書いたものだ。めざす目標に少しでも近づきたい、目標を達成したいと思っている作家の力になれることがその目的である。この本を読んで、作家としての自分の人生についてじっくり考えてみれば、皆さんは何か新しい視点から自分の作品を見ることくらいはできるかもしれない。そしてその視点を発見したおかげで、「木を見て森を見る」ことができるかもしれない、心からそう期待してやまない。

第Ⅰ部

♦

作品を書く

1

アンビバレントな作家

あなたは毎日のように新たな作品のアイデアを考えつくタイプだろうか？　そしてそのアイデアを実際に書き始めてみるのだがいつも完成までいかないタイプか、それとも、書いてみようかなと考えつつ実際の行動は伴わないタイプだろうか？　また、自分は短編に向いていると思った翌日には、やはり長編小説の方がいいと思ったりすることがあるだろうか？　週の始めには回想録を書こうとしていたのに、週末になる頃には映画の脚本を書いていることはないか？　通勤の途中やクリーニングを取りに行く時に、すばらしいセンテンスがふっと頭に浮かんだりはしないだろうか？　それは簡潔明瞭かつ示唆に富んだ名文で、小説の出だしとして申し分ない――ただし問題は、どうしてもその文章を実際に文字にはできないということだ。はたまた、新しい作品を実際に書き出すどころかまだ構想が完全に固まりもしないうちに、親しい人々や同僚はもちろん、見知らぬ人にまでぺらぺら喋ってしまったりすることはあるだろうか？　それから、メモや日記やフロッピーを電車や飛行機に置き忘れてしまい、「あれが私の最高傑作だったのに！」と嘆いた経験はないだろうか？　あるいは今までに、躁鬱症状に加えてアル中、または湿疹や乾癬といった皮膚疾患のどれかに同時にかかったことはないか？　それに、「筆は進んでいますか？」と聞かれて「あんたには関係ないだろう！」とかみついてしまうことがあるだろうか？

それからあなたは、いつか「あの年月はどこへ消えてしまったのだろう」と過去を振り返って思う日が来ることを恐れてはいないだろうか？　どうして、高校時代の同級生が才能もないくせにベストセラー作家になって、本がそこら中で売られているのか？　あるいは大学院で一緒だったゴマすり屋がどうしていくつも賞を取って、『ニューヨーク・タイムズ』の「この人とランチを」欄で取材されたりするのか？　この欄は毎回愛読していたのに、今やあなたは、その元同級生が教授連とお喋り中いかにへいこらしていたかを読みながら思い出さずにはいられない。あーあ、ほんとに見え透いたやつだったよなあ。

もし以上のことが当てはまるとすると、あなたには世に認められたいという気持ちがあるようだ。それにつきものの、自分はつまらない人間なんじゃないかという不安も感じているらしい。さらに、あなたには妄想狂的なところもあるに違いない――作家が持つ基本的な性向の一つだ。しかしそれと同時にあなたには、書くことに対しても作家として見た自分に対しても、相容れない考えや感情がいろいろありすぎて、どれか一つを選んでとことん突きつめることができない。焦点を絞れないのだ。ある考えに落ち着くやいなや、突如他の声が頭の中に割り込んでくる。または、書こうと思って腰を下ろすが早いか、急に訳もなく睡魔に襲われる。そんなあなたこそ、私が「アンビバレントな作家」と呼ぶタイプにふさわしい。言いたいこと、何とかして表現したいと切望していることがあるのに、どうやって取り組めばいいのかがわからない。その結果、あなたはきわめて鋭い感受性の持ち主になっていて何にでも感銘を受けるのだけれど、その一つとして長く心に残ることがない。また、激しやすく傷つきやすいが、自分の中で高ぶった声を静めるのにエネルギーを消耗し、結局落ち込んでやる気をなくしてしまう。どこかの作家の文章が朗読されるのを耳にしたり、テレビで『ブックノート』（新刊著者インタビュー番組）をやっているのがちらっと目に入ったり、または近所の本屋で棚に並んだ本を眺めたりすると、あなたは決まって「自分だってこれくらいできるさ」と思う。「何でもできる」が同時に「何もできない」、それがあなたなのだ。

「アンビバレンス」の意味を辞書で引いてみると、同一の人やもの、考えに対し、愛と憎しみのような相反する感情や態度が同時に存在すること、とある。実際大部分の作家は、作品を書くことに対して愛と憎しみの両方を抱いている。だが、作品を書き始めることができない、あるいは書き続けたり書き上げたりできないアンビバレントな作家の場合、この相反する感情が書くという行為と自分自身の間を揺れ動くことが多い。心の中で独り言が響き渡る――俺はすごい、いや全然だめだ、すごい、だめだ……。すでに数々の作品を出版して高い評価を受け、文学賞まで取ったような作家でも、この呪文にかけられて苦しむことがある。しかし、そこで相反する感情のせめぎ合いをぐっと押さえ込み、一つの考えに心を定めて突き進むことができるかどうか――最終的に作家になれる人と途中で挫折する人とが唯一決定的に違うのはそこだ。これまでの編集者経験から、私はそう思うようになった。

コンファレンスでは、よくこんなことを言う作家に出会う。「書きたいことのアイデアはたくさんあるんですが、どれが一番いいかわからなくて」と打ち明けて、どのアイデアを追求すべきかアドバイスしてもらいたがるのだ。そういう作家は、実は最近売れ筋の本がどんなものか、漠然とではあってもわかっていることが多い。何について書くべきかアドバイスをくれと言うのは、何を着ればいいかアドバイスをくれ、と言うのとどこかしら似ている。周りの人間が「これがいいんじゃない?」と言ってあげることはできても、実際に着るのはあなた自身だ。そして、ファッションでへまをやらかしたことがある方なら誰でもおわかりだと思うが、何を着ても似合う人なんてまずいない。おそらくあなたは、これまでずっとある一つの形式で書いて(書こうとして)きたはずだ。それがジャンルを変え、たとえば小説をやめて戯曲を書くようになったとたん大成功をおさめて、自分は今まで形式の選択を誤っていたのだという結論に達するような作家はごくまれにしかいない。私の経験から言えることはむしろそれと逆である。作家はある形式やジャンルに引き寄せられていくものだ——ちょうど仕立てのいいジャケットがぴったりフィットするように、その人にはそれが似合っているのだ。

確かに、複数のジャンルで質の高い作品が書ける人もいなくはない。T・S・エリオットの場合、戯曲はあまり脚光を浴びていないかもしれないが、彼の優れた文学批評は、私たちの詩の読み方がそれまでとはがらりと変わるほどの影響力があった。おまけにその批評のおかげで、彼の書いた詩の方も文学のカノン(正典)において高く評価されることになった。こういう作家は現代にもいる——詩人で批評家といえばチェスワフ・ミウォシュやヨシフ・ブロツキー、詩人で小説家というとデニス・ジョンソンやマーガレット・アトウッド、小説家兼批評家ではジョン・アップダイクやシンシア・オジック、そして小説家兼随筆家ならスーザン・ソンタグやジョーン・ディディオンといった名前が挙がるだろう。しかし私たちは、こういう複数のジャンルで活躍する作家、いわば男装も女装もするような人々を疑ってかかる方が多い。私がコロンビア大でMFA（芸術学修士課程）にいた頃、詩のクラスを取っている人が短編を書くとか、小説をやっている人が詩を書くといったことは、タブーとはいかないまでも忌み嫌われていた。複数のジャンルや分野で作品を書こうとすると、あいつは芸術家を気取っているが実はアマチュアだとか、面白半分にあれこれ手を出すタイプの人間だと言われるのがおちだった。ルネサンス時代理想とされた万能のダ・ヴィンチのような人間像は、もはや過去のものとなってしまったのだ。『パリ・レビュー』のインタビューの中で、現代の文人（そんなものが今実在すればだが）ゴア・ヴィダルは、文学における二刀流の問題に触れている。「作家というのは、自分と同類の人々に価値を判断される唯一の人種です。そして同類だとたいてい、そこそこ甘い点をつけてくれるものです——ただし、自分のカテゴリーの中でおとなしくしていればの話ですがね。私は違います。私はいろいろなことをたくさん、それもたいていの人がたった一つのことをするよりも上手にやってのけます。ところが作家というのは、実に嫉妬深いときてますからね。」

自分に合う形式を見つけるのは、結婚相手を見つけるのと似ている。真剣に一所懸命探さなければならないし、妥協もできない——もっとも、妥協できるというのなら話は別だが、その場合また違った種類の苦しみを味わうことになるだろう。おそらくあなたが心から本気になれる相手はせいぜい一人か二人だろうが、それと同じように、あなたが本当にいい作品を書けるテーマも二つか三つくらいのものだろうし、優れた腕前を発揮できるジャンルも一つか二つに限られるだろう。だからある作家の全作品を概観すると基本的なテーマがほんの二、三に絞られる、あるいは全作品が同じ基本構造を持っていることが多いのは決して偶然ではないのだ。アンソニー・トロロープやジェイン・オースティン、ディケンズ、トマス・ハーディなどの小説を考えてみるといい。アメリカ文学がお好きな方なら、ヘミングウェイやフォークナー、フィッツジェラルドでもいい。どの作家もみんな、作家人生を通して同じテーマや設定を繰り返し用い、同じ葛藤を題材にいくつもの作品を書いた。ジェイムズ・ジョイスのように短編から小説、そして叙事文学へと次々に華麗な転身を遂げる作家なんてごくまれだし、新しい形式をのっけからマスターできる作家もほとんどいないのだ。

このように、大部分の作家の場合、書く中身の引き出しは限られている。しかしだからといって、彼らが同じことをただ繰り返すわけではない。そういう作家の書き方が時が経つにつれて変化し、より成熟した奥深いものになっていくのを見守るのは、読者にとって無上の楽しみとなる。だがここで、自分の書くべきテーマやジャンルがまだわからないという人がもしいたら、今まで読んだり書いたりした本、あるいはそうしたいと思っていた本を全て思い浮かべてみるといい。それから、書こうと夢見てはいるけれど一度もちゃんと書き上げたことがない、あるいは書き始めたこともない、という人もたくさんいるはずだ。そういうひとは、ここ半年か一年の間に読んだ本を全て書き出して表をつくり、何かパターンや共通項がないか探してみてはどうだろう。たとえば文学的な小説しか読んでいなかった場合、そこから自ずとわかることがあるはずだ。または、自然界の森羅万象について気づいたことを日頃から日記に書きとめていたなら、ネイチャー・ライティングのエッセイを書いてみるといいかもしれない。

何を書くべきかとアドバイスを求めてくる作家と話しているといつも驚いてしまうのが、目の前に転がっている大事なヒントが見えていない人がいかに多いかということだ。そういう人は自分の夢や日記に隠された主題や形式を大事にいつくしむ代わりに、こんな作品が売れそうだ、これは編集者やエージェントに受けがよさそうだ、と一人で勝手に考えを作り上げて、それに合わせた作品を書こうとしている。形の違う鍵をよその家の鍵穴に無理やり突っ込んでいるようなものだ。私たち編集者はそんなことを求めてはいない。求めているのはたとえば、今まで考えたこともなかったような斬新な構想を聞いて意表を突かれることだ。全く未知の世界に私たちを連れて行ってくれる作品や、これまで気にもとめていなかった考えに目を開かせてくれる作品に出会うことなのだ。編集者にとってこれ以上嬉しく、力が湧いてくることはない。

売れそうな内容を意識的に選ばなければベストセラーにはならないという考えは間違っている。作家自身にその題材への強い思い入れがあって、それが売れそうかなどとはこれっぽっちも考えずにとにかく書いた、そのおかげで、最近出版された本の中で最も印象的な一冊が生まれ大成功をおさめた例もあるのだ。その本が取り上げたのは殺人事件。ジョージア州サヴァナで実際に起こった事件だが、世間はほとんど注目しなかった。しかも本の中では、まず舞台となった町やその住人の変わった特徴を延々と説明してからやっと実際の犯罪に話が及ぶ。こんな奇妙な作品に惹かれた編集者なんてほとんどいなかったはずだ。ジョン・ベレントがこの『真夜中のサヴァナ』を書き始めた時、何をめざしていたにせよ、ベストセラー・リストに入ることなど考えてもいなかったに違いない。「ゲイの骨董商が安っぽいぺてん師を射殺してみじめな獄中生活を送るなんていう話は、誰も読みたがりませんよ」と出版社の人間ならほぼ例外なく言ったことだろう。しかしこの本は、記者でありトラベル・ライターであり、さらにゴシック的な感性と不気味なものに対するセンスを兼ねそなえた南部の人間だというベレントの持ち味をうまく生かしているのだ。この持ち味こそ、ベレントだけが持つ強みだと言っていいと思う。間違いなく、ベレントはこの本を書くために生まれた。自分自身の中で、あるいは他人に何か言われたせいでアンビバレンスや迷いを感じたこともあったかもしれない。だが彼はそれに打ち勝って、本を書き上げたのだ。

おおかたの作家にとって、書く内容はきわめて限られている。誰でもいい、ある作家の全作品について考えてみよう。すると、語り口・構造・作者の意図などを含む、その人の作品が持つ主題のパターンが見えてくるだろう。ほとんどの作品で明らかなのが、作者がある特定の考えを強く心に抱いていること、同じボキャブラリーを繰り返し使っていること、そして作品に対してある決まった方法で取り組んでいることだ。相反する考えにとらわれて「焦点を絞れない」人の場合も、こういう自分なりのパターンを持ってはいる。ただ自分に合った形式が見つかっていないのだ。あるいは、修行が足りなくて自分をしっかりコントロールできていないのだろう――これこそ出版までこぎ着ける人とそこまでいかない人との分かれ目になるのだ。

内容について訊いてくる作家がいるかと思えば、「私、これこれということを書きたいんですが、小説にした方がいいですかね、それとも回想録の方がいいでしょうかね?」と尋ねてくる作家もいて、これまた驚いてしまう。中には、書いたばかりのノンフィクション記事やネット上のコラムを片手に、これをちゃんとした作品にするにはどの形式がいいと思うかとニューヨーク中の編集者に訊いて回る作家もいる。すると、おそらく半数はフィクションとして書き直すことを勧めるだろうし、残る半数は、今あるものを土台にノンフィクションか回想録に発展させるのがいいと言うだろう。このような編集者のアドバイスに縛られて身動きがとれなくなっている作家には、私はいつも「あなたはどう思われますか？」と訊くことにしている。すると時として、期待に満ち、なんとか私に気に入られようと必死になって「どちらでもあなたがお好きな形で書きます」とためらいもせず答える作家もいる。こんな時こそ、私は聴いていたCDを止めて取出しボタンを押すように相手にご退場願いたい、という衝動に駆られる。それではまるで、相手が男性でも女性でもおっしゃる通りおつき合いします、と言っているようなものではないか。決めるのはそっちで、私はどちらだってかまわないのに。編集者なら確かに、ある形式にした場合の売り上げはどうか、またその時のPRポイントは何か、さらに別の形式にした場合はどうなるか、というようなことをある程度心得てはいるだろう。でも、今まで基本的にノンフィクションしか書いてこなかった人に向かって、こっちの方が売れそうだからといって小説形式で書き直すように勧めるなんて愚かだと思う。

こんなふうに、売り上げより作家の適性にこだわるのは時代遅れかもしれない。しかし、フィクションを書くのとノンフィクションを書くのとでは、必要とされる力が全く異なるのではないだろうか。ジャーナリストとして十年の経験があるからといって、小説を書けるようになるとは言いきれない。同じように、短編小説を書いたことがあるからといってノンフィクションも書けるとは限らない。ジョン・ベレントに、その話を小説にしたらどうですか、と勧めた編集者もいたかもしれないが、おそらくその小説はボツになって消えてしまっただろう。

＊

どの形式で、あるいは何について書けばいいのかわからない、という作家は、口実を設けて書くことから逃げているのだと思う。多分そういう人は、まだ心理的に、あるいは気持ちの面で準備ができていなくて、主題の周りをぐるぐる回っているだけなのだ。作品の企画を進められないのは、そうすることで、自分の世界や身の周りの人々に強い不安を与えてしまいそうだからなのだろう。心の底から書きたくてたまらないのにそうできない、その辛さで頭がおかしくなりそうだ。でもそのおかげで実は、あるもっと大きな恐怖から逃れることができるのだ。書きたいという熱意にあふれていながらその夢を実現できない作家がなぜこんなにも多いのか――その理由として一番多く挙げられるのが、失敗への恐怖である。しかし私には、この失敗への恐怖こそが逆に絶対的な原動力になって、作家を後押ししているようにも思える――ここで言う失敗、それは自分の作品が世間に顧みてもらえない、ということだ。

確かに、成功への欲望と失敗への恐怖はいつも隣り合わせだ。成功したいという気持ちは、芸術家にとってやる気のきっかけにもなれば行き詰まりの原因にもなる。失敗したくないという恐怖も同様だ。どれだけこういう気持ちに影響されるかは人それぞれで、その人の能力や自我の性質、表現したいという欲望や衝動の強さなど、いろいろな要素によって決まる。ただ、ここで大切なのは、成功と失敗は方程式の一部でしかない、ということだ。芸術を創造することとそれを売ることは、二つの全く別次元の出来事なのだ。芸術家なら誰でも、自分を高く評価してもらいたいと願うが、すばらしい作家なのにそれに見合う評価をしてもらえなかった例はいくらでもある。それと同時に、書評ではともかく商業的には大成功をおさめる、いわゆる大衆作家はいつの時代にも山ほどいる。ディケンズは小説を分冊の形で発行したためか、当時は大衆作家だと考えられていた。エミリー・ディキンソンは何百編もの詩を書いたが、生前発表されたのはそのうちわずか七編だった。ジェイン・オースティンは作品を生涯匿名で出版した。志半ばで自ら命を絶つという悲劇に至った芸術家たち——ヴァージニア・ウルフ、ハート・クレイン、シルヴィア・プラス、そしてジョン・ベリーマン——のうち誰一人として、生前は作品が賞を取ったりベストセラーになったこともなければ、没後与えられたような高い評価を受けて文学のカノンに加えられもしなかった。にもかかわらず、アンビバレントな作家はしばしば「偉大な作家である」ことにとらわれすぎる。そして優れた作家でありたいという気持ちと、自分の書き記す一文一文が永遠に残るに違いないという思い込みのせいで、書き始めることができなくなっているのだ。

発表する以外の目的で書かれるもの、たとえば手紙、Eメール、レシピの写し、日記など、私たちの日常生活に関係したありとあらゆるものに対する今日の評価は低すぎると思う。最近では、日記を回想録や小説の形にして発表することに大きな注目が集まっていて、そのためのハウツー本も山のように出版されそうだ。しかし、そんなふうに大勢の読み手に向けられたのではなく、たった一人の相手だけに宛てて書かれた作品には、今でも大きな価値があると思う。恋人や友達同士の間で交わされる文章、あるいは人が自分と心を通わせる場、つまり自分だけの日記帳に水色の罫線に沿って綴られた文章ほど多くを語るものは他にないだろう。

作品の出版を願いつつ、一つもしまいまで完成できないような作家こそ、自分に問いかけてみる必要がある。私があれこれ言い逃れをしているのは、自己防衛の一種なんじゃないかしら、と。そもそも、自分の書きたいという気持ちをかき立てるのは何なのかをちゃんと理解して、そしてその動機となるもの――社会からの追放か同化か、はたまた罪の贖いなのか破壊なのか、あるいは復讐なのか愛なのか、何でもかまわないが――とにかくそれを尊重しなければ、どんな作品も決して完成までたどりつけないことだけは確かなのだ。ウィリアム・ギャスは『パリ・レビュー』のインタビューでこう語っている。「私が書く大きな理由の一つは、借りを返してやりたいからです。心の中に強い憎しみがあるから書くんです。心の底から、ものすごく憎くてたまらないんですよ。と言うと必ず、『なぜこういう形でそれを表現するのですか?』という間抜けな質問が次にくるでしょうが、その答えはこれです。私は自分の憎しみを他の人に受け入れてもらえるようにしたいんです。なぜって、憎しみは自分の中で一番いい部分とは言えませんが、でも自分の一番大きな一部になっていますから。書くことは、作家が世界に受け入れてもらうための一つの方法なんです――作家は、どんなに安っぽくてくだらない、いやらしい考えも、軽蔑すべき欲望も、またどんなに気高い志も、贅沢な趣味も、書くことで何もかも世界に認めてもらおうとするんですよ」。

ギャスの例は極端だとはいえ、彼以外にもこういう人がいることは間違いない。怒りや苦痛から、また自分とは何かを問いかけ、自由や革命を求めてもがく中から傑作が生み出された例は数多くある。人間の赤ちゃんと同じように、優れた作品も泣き声をあげて自分の登場を知らせ、空気を求めて喘ぎながらこの世にやって来るのだ――この世の光は強烈で、空気もみんなと共有しなければならない。そんな中で、果たしてちゃんと生きていけるだろうか？　自分が書く目的は、たとえば自分を世の中に証明すること、自分を否定する人々をぐうの音も出ないようにしてやること、あるいは冷たくよそよそしい父を振り向かせることだと言うのなら、そのために書いてみるといい。また自分が書くのは、たとえば誰も自分を信頼してくれないから、誰もあるがままの自分を見てくれないから、あるいは自分が仮面を被っているような気がするからだと言うのなら、その気持ちをうまく使って表現すればいい。ドストエフスキーはまさにそうやって、『地下室の手記』のあの名前もない主人公を考えついたはずだ。初めて読んだ瞬間から、あの冒頭の台詞は私の頭にこびりついて離れない。「私は病んだ人間だ……私は怒れる人間だ。私は魅力がない人間だ。……私は繊細ですぐ腹を立てる……」。

自分がある考えに取り憑かれているからとか、心に悩みを抱えているから書きたいという場合もあるだろう。もしくは世界があなたにしっくり合わないか、あなたの方が世界にうまく収まりきれないからなのかもしれない。それとも、あなたが本に深い愛着を寄せているのには、こんな理由があるのかもしれない。つまり、あなたはいつしか気づいたのだ――パーティーやゴルフ、ブリッジのゲームなど実際に人が集まる場所では、もはや人間の繊細な心の動きを見ることはできない。でもただ一つ、本の世界にだけはそれがまだ存在していて、その奥底を探ることができるのだと。あるいは、あなたの尊敬する作家たちが「私は病んだ人間だ」と本の中であえて告白しているから愛着を感じるのかもしれない。そしてもう一つ、大事な理由がある。本の世界では誰も咎め立てしたりしないから。本を読む楽しさを発見した人は、人間のありとあらゆる動機や欲望、秘密、そして嘘を自由自在に探ることができるのだ。私はずっと、感情が激しすぎると叱られてきた――「あなたは感受性が強すぎる」と、周りの人たちによく注意された。まるで、何も感じなさすぎるよりも感じすぎることの方が危険だとでも言うように。でも本の世界では違った。語りを極度に抑制した作品でさえ、私のこんな激しすぎる感情をうまく表現してくれていた。たとえば、私の大好きな十九世紀小説の主人公たち。彼らは厳しい社会のルールに表向き従って行動していても、その心の中では誰も認めようとしないようなあらゆる種類の感情が沸き返っていた。また私の好きなイギリス詩人の一人、フィリップ・ラーキンの作品。一見なにくわぬふりをしながら暗く、背筋が寒くなるような詩の中に、世界の真の姿が垣間見えるイメージがひそんでいた。つまり、作家はただ悩み苦しんでいてはいけない。自分がなぜ書きたいのか、その動機を自分でしっかり理解しておくべきである、と私は言いたいのだ。

大衆文化やメディアはもはや、人間の苦しみに伴う本当の哀感をうまく表現することができない。その力が衰えていくにつれ、作家が代わりにその役目を担うチャンスは増えていく。人間感情の真実を伝える物語に出会うと、私たちは深い愛着を覚える――毛布をあごまでひっぱりあげて、枕元で誰かがしてくれるお話に夢中で聞き入った子供の頃のように、その本に心を奪われてしまうものだ。自分が幸福と感じることを追い求め、楽しいと思うことをしても歓迎されるご時世だ、この願ってもないチャンスにこっそりしのび寄って一気に捕まえてしまおう。あなたが作家、特に心に焼きつく奥の深い作品がまだ書けずにいる作家なら、このチャンスを何としてでも自分のものにしなければならない。そしてとにかく、自分のやったことをあれこれ自分で非難するのはよそう。そうする時間はいつでもあるし、あなたがしなくたって、代わりに編集者がちゃんとそうしてくれるのだから。

ものを書くというのは創造的な行為だ。創造というからには、ある程度の実験的な試みは絶対になくてはならない。同時に、読み手に強くアピールするような工夫も必要だ。裁判で勝とうと思ったら、時間をかけて判例を追い、容疑者を取り調べて真実の全貌を明らかにして、自分の陳述に説得力を持たせなくてはならないが、ものを書く時もそれと同じなのだ。ジョリー・グレアムの詩のワークショップで、私はこの前後とのつなげ方を学んだ。その頃私は一つが六〜八行ほどの短い作品を書いていて、ジョリーと二人だけで面談する前にそういう詩を一ダースほど提出してあった。面談の日、私が入って行くと、ジョリーは「座って、これからある詩を読むから聞いてちょうだい」と言い、四十行ほどの長めの作品を朗読した。誰の作品かはわからなかったが、確かに聞いたことのある詩のようだった。「T・S・エリオットの詩かもしれない」と私は思った。だが実際は、おそらく皆さんがお察しの通り、それは私の書いたものだったのだ。ジョリーは私の作品から何カ所かを抜粋し、ストーリーのある一編の詩にまとめたのである。それも、「以前」とか「今」とか「その後」とかいう接続語をちょっと連の始めに補っただけで。私の蒔いたドングリがこんなふうに立派な樫の木に成長するなんて、まるで奇跡が起こったようだった。面談の後私は走って家に帰り、書きためた何百もの短い詩を隅から隅まであさった。そして、その中でテーマが読みとれた作品を、父・母・身体などといったテーマ別にいくつかの山に分けた。それから私は断片の山を長い作品へと書き直し、最終的に満足のいく数編の詩に仕立てた——そしてこのおかげで大学院に進学できたし、いくつかの文芸誌に作品を載せることもできたのだった。

もしあなたが、何を書くべきかわからず苦しんでいたら、自分の書いた断片を見てみるといい。

あなたが作家として取り組むべきテーマや主題はそこに隠されている。仮に、それでもなお書くべきことがわからなかったとしても、どうかベストセラーのリストだけは見ないでほしい。『アンジェラの灰』や『うそつきくらぶ』、『パーフェクト・ストーム』に続くものを書こうなどと思わないでほしいのだ。最近出版社に持ち込まれる作品の三つに一つは、我こそが第二の『アンジェラの灰』だ、と主張しているのだから。今世間でもてはやされているものの第二弾を書こうとするなんて、思い違いもいいところだ。そもそも、「今これが流行りだ」と言われるようになった時点では、それはもう古くなっているのが普通だ。あなたが書いたものは、流行に便乗したご都合主義と受け取られるだけだろう。ある本が大人気だということが話題になると、似たような本が分け前にあずかろうと山ほど出てきて競争に加わるのは事実だ。「今この手の本が面白い」という世間の認識を（本当であれ想像の産物であれ）うまく利用して儲ける作家も確かにいる。しかし、作家としても個人としてもはるかに実りが大きいのは、あなたがベストセラーのリストではなく、自分自身の中に着想のひらめきや見習うべきお手本を見いだした時だ。これは間違いない。一見およそベストセラーとは縁がなさそうな作品なのにリストに登場し、世間をあっと言わせた本はたくさんある。そのほとんどは、独創的でかつ鋭い直感にあふれた、新しい作品だったからこそベストセラーになったのだ。

私が大学院で一番好きだった先生は、どうしてあなたたち学生はこんなにお互いをライバル視し合うのかしら、と疑問をはっきり口に出しては私たちを答えに詰まらせることがよくあった。「だって、あなたたちみんなが同じ作品を書こうとしている訳じゃないんだから」と彼女は言ったが、それは誤解だった。実際私たちは皆、全く同じ詩を書こうとしていたのだ――『ニューヨーカー』に載るような詩を。そしてごく少数の例外を除けば、実際そこに載っている作家も皆、同じ穴のむじななのだ。でも、本当に『ニューヨーカー』に載ろうと思ったら、今そこに載っているような作品を書こうなどという幻想はいつか捨てなければならない。といっても心配はいらない。もしあなたに、ひょっとしたら大当たりを取れるかも、というむなしい望みを抱いて自分の最初の作品を（いや二作目も三作目も）『ニューヨーカー』に送りつけた前科があったとしても、他の作家たちも同罪なのだから。問題なのは、そこから出発してどこに到達するか、だ。どうすればレイモンド・カーヴァー風のスタイルをやめ、自分自身の題材と語り口を見つけることができるだろうか？

アンビバレントな作家は自分の心の声が聞きとれない。一つのヴィジョンに集中することができず、他の六つの道の方が正しい道だったのではないかという迷いが捨てられない。それに、書き出すまでの時間をぐずぐず延ばしながら、自分では時間をかけて作品の下調べをしているつもりになっている。やかましい雑音にじっと耳を澄ませて、そこからたった一つの本当の声を見つけることができない。書かないから、あるいはいいものが書けないからという理由で年中自分を殴り飛ばしている作家を私は何人も知っている。そしてそういう作家がちゃんといいものを書いている時には、今度は他のことで気も狂わんばかりになっているのだ。その大半は、どうすれば家賃が払えるかとか、なんで健康保険がもらえないのだろうかとか、どこかの誰かが関心を持ってくれないだろうかなどという類のことだ。ヴァージニア・ウルフは、女性について、そして書くことについて論じた『自分自身の部屋』の中で、傑作を書こうとする時にどんな邪魔が入るかについて述べている。「たいてい、物質的な状況が立ちはだかります。犬は吠えるし、他の人たちが邪魔をするでしょう。お金を稼がなければなりませんし、健康を損なうかもしれません。さらに、あの悪名高い、世間の無関心というもののせいで、そうしたこと全てがいっそうひどく耐え難いものになるのです。世間は詩や小説や物語を書いてくれなんて頼みませんし、だいいちそんなものを必要としてもいません。フローベールが言いたいことにぴったりの表現を探し当てているかどうか、カーライルがあれこれの事実を綿密に立証しているかどうかなど、世間は気にもとめてくれません。そして当然ながら、欲しがってもいないものにお金を払おうとはしないでしょう」。

ものを書くには、ウルフの考えるような世間とその「悪名高い無関心」に味方するあらゆる声を沈黙させなければならない。お前はつまらない人間だとか、お前の考えはばかげているとか、言葉をきちんと使いこなせていないと主張する意地悪な鬼どもを寄せつけてはいけない。しかし、もし「何を書くべきか」についてアドバイスが欲しいと思っているようなら、それはおそらく、まだ書く準備ができていないということなのだ。そしてこれが私からそんな人へのアドバイスだ――すっぱり書くことをやめて、どれくらいの間そうしていられるか試してごらんなさい。セックスへの欲求と同じように、書くことへの衝動が非常に弱い人もいるし、逆に自分を表現できない日が一日でもあるとストレスがたまって怒りっぽくなる人もいる。バーナード・マラマッドによると、「まだ若くて自分自身をはっきりわかっていない作家は、自分が何を語るべきかわからないことが多い。辛くてもそれに耐えたおかげで、なかなかいいことが書けるようになる作家もいる。だが一方で、やっと書けることが見つかったというのに、書きたいという意欲を既に失っている者もいる。また、いったん書くのをあきらめ、精神分析を受けたりペンキ工場での仕事を経てから再びペンを執る者もいる。そういう人々が、今度こそ語るに値する何かを見い出しているといいのだが、しかし何の保証もない。最初の作品では子供時代の体験とか自分につきまとう強迫観念や空想、心に浮かんでからずっと温めてきた物語から素材を引き出し、題材探しに不自由しなかった作家が、その後では――その最初の収穫後の数冊では苦労することも多い。特に、その最初の一冊が不幸にもベストセラーになってしまった場合。」

＊

私たちは「書きなさい」という天の声に駆り立てられて書く。もしその声が途絶えても、それならそれでいいのだ。いつかまた、もっと力強い声になって戻ってくるかもしれない。どこかに到達するためには常に書き続けなければ駄目だ、書き続けられるかどうかが一人前と未熟者の決定的な違いなのだ、という主張もある。しかし、自分に無理やり「書かせる」なんて絶対にできないことだけは確かだ。作家が「私は書かざるを得ないのだ」と言う時は、得てして「全世界が共謀してなんとか私を止めようとしたが、それでも私は書き続けた」という正反対の意味である。そしてロリー・ムーアがこの前『パブリッシャーズ・ウィークリー』誌のインタビューで繰り返していたように、ほとんどの作家には、なぜ書かざるを得ないのか自分でもわからないのだ。「作家になるのはならざるを得ない時だけにした方がいい、その考えは今でも変わりません。書くことに取り憑かれているようでなくては――『これ以外する気はない』という人でないと、作家になるべきではないと思います」。あるいは、彼女の素晴らしい短編『作家になるには』（これはＭＦＡ入学者の必読書になっているはずだ）の冒頭で言われているように、「まず何でもいいから何か他の道に進もうとしてみることだ」。

もし、どんなに辛い作業を強いられても世間の目が冷たくても、書きたいという心の声が呼びかけ続け、やむにやまれず書きたい気持ちをどうすることもできなかったら、その時こそ、これまでずっと書きためてきた作品全てをじっくり吟味し、書くことに全身全霊を捧げるべきだ。もしあなたが短編作家だとしたら、出版社に「短編は売れない」なんて言わせていてはいけない。または、回想録が今一時的に市場に溢れているからというだけで、あなたの回想録を断念してはいけない。「黒人の書いたものは売れない」という、出版業界を（少なくともつい最近まで）支配していた考えを信じていたら、今日大成功をおさめているアフリカ系アメリカ人作家たちはどうなっていただろう？　寓話などもう古いからという理由で三十三もの出版社が『心のチキン・スープ』を断ったが、『タイム』誌によれば、「結局七百万部もが売れ、著者たちは幸せに暮らしていますとさ」。

約束するが、私はあの皆が口を揃えて言う作家のためのアドバイス――「自分がよく知っていることについて書いてごらんなさい、と言いたいのだ。」――を繰り返しているわけではない。そうではなくて、自分の形式を見つけてごらんなさい、と言いたいのだ。マーク・トウェインは『執筆と出版について』の中で、自分はジャンヌ・ダルクの物語を十二年の間に六回も書き始めようとした、と述べている。「書かれることを拒否している本があるものだ。そういう本は何年にもわたって自分の立場を頑として守り、こちらの説得に耳を貸さない。内容がまだ空っぽで書く価値がないからではない――ただ、その物語にふさわしい形式が現れないからなのだ。一つの物語にふさわしい形式はたった一つしかない。そしてそれを見つけられなければ、物語は自らを語り出してくれない。間違った形式を一ダース試してみたとしても、書き始めてみるとすぐに、この形式もまた間違いだったと気づくだろう。そして物語はそこではたと止まってしまい、それ以上進まないだろう。」

自分がよく知っていることを書くのは当然だ。そうする以外にない。幸か不幸か、どんな人でも自分が知っていることを書くのだ。呼吸には空気が必要なのと同じで、知っていることでなければ書くことはできない。ここで厄介なのは、その材料が一番引き立ち、効果を最大限に発揮できるような構成を見つけなければならないことだ。作品を書く時の世界をオペラにたとえてみよう。あなたはソプラノだろうか、それともテノール、バリトン、あるいはバス？　あなたの最高傑作は、オペラ歌手の声でいうと軽く柔らかいリリコ（叙情調）か、それとも力強いドラマティコ（劇調）、または説明調だろうか？　コーラスの一員か、はたまた（編集者のような）舞台裏の仕事か、いったいどれをやりたいのか？　もしあなたが綱渡りのロープやスポットライト向きだったら、つまり自分と自分の作品に誰もが注目してほしいと思うのなら、常に自分が書くことの焦点をはっきり定めておかなければならない。アンビバレントでいては何も発見できないだろう――スポーディング・グレイのように自分のあらゆる疑念を深く掘り下げ、そこから自分の形式を見つけでもしない限り。グレイの場合はそうやってモノローグという自分の形式を見つけ、それを通してアンビバレンスという主題そのものを詳しく物語った。

完全な自由のもとで創作できるのは、作品がまだ出版されないうちだけだということを覚えておいてほしい。出版されてしまえば、批評家やエージェント、編集者やファンからのショッキングなまでに生々しい声に苦労せざるを得ないだろう。最初の一度の後は決してヴァージンにはなれない。もっと適切な表現をすれば、全く世に知られないまま書く、という贅沢をもう二度と味わえないのである。とはいえ、既に作品の出版経験がある作家が無名時代を懐かしむのは、ミセスが独身時代の自由を失ったと嘆く時に似て、あまり同情できない部分もある。結婚生活で孤独に悩んでいるとしても、それを独身の友だちに向かってこぼすのは不作法というものだ。

作家の皆さんに注意して聞いてほしい。面白くてすぐれた作品を書こうとしてあなたがどんなに苦しんでも、それは読者にとってはどうでもいいことだ。読者は、あなたが作品を生むまでの辛い経験になんて関心はない。関心があるのは、その作品が面白いか、完成度が高いかということだけだ。もし後世に残る傑作を書きたいと思うなら、これだけは言える——その作品には、あなた自身が刻印されていなければならない。この文章はあなた一人にしか書けないと言えるまで、自らせっせと文章に磨きをかけ、それと同時に、書こうとする中身と語り方にすさまじいまでの信念を持っていなければならない。そうやって、自分の曖昧さ、アンビバレンスを、何か曖昧でなくはっきりしたものに変えなければならないのだ。

2 生まれながらの作家

時々、いわゆる「本物」の作家が現れることがある。ロバート・レッドフォードが映画『追憶』で描いたのは、世間が考える作家のロマンチックな理想像だった。スミス＝コロナ社製のタイプライターを叩き、オニオンスキンの薄い紙の上に息を飲むほど流麗な文章を綴る美しい人物だ。そういう作家は、あの人は生まれながらに神に才能を授かっている、天性の素質がある、と言われる。果たしてそういう人物が実在するのか、それともこれまた一つのアメリカの神話にすぎないのか、というのは実に面白い問いかけだ。確かに、私たちは天賦の才という考えにロマンを感じ、新しくてみずみずしい声を発見した時の胸の高鳴りを愛している。けれども同時に、あまりにも易々と成功を手にする人に対しては疑いの目が向けられるのも事実だ。それは、私たちが芸術とは苦しみを伴うはずだと信じているからだ。しかし、もののあるべき姿としてもっとも深く信じられているのは、なんといっても「人間は皆平等に生まれついている」という考えだろう。ではこの信念は果たして正しいのか。学校の校庭でも作家のワークショップでもいいから見渡してみれば答えは一目瞭然だ──私たちは平等ではない。

悩める作家にとって、これはどういう意味を持つのだろうか。最初は賞賛を浴びたものの、その後は鳴かず飛ばずで期待外れに終わった作家がどれだけ多くいることだろう。そしてその一方で、どう見ても前途多難な道のりをやっとの思いで進んでいるようにしか見えないが、それでも、自分の声を世界に届けたいという思いを決してあきらめず一人黙々と書き続けた作家がどれほどいることだろう。コンファレンスで野心に燃える新人作家が近寄ってきて、私にこんな質問を浴びせたことが今まで何度あったかわからない。私の作品は有望でしょうか？　私には才能があるでしょうか、それともあきらめるべきでしょうか？　そんなことを訊くぐらいなら、二歳になる私の子供が指でぬたくった絵をどう思いますか、と訊く方がまだましだ。芸術作品の創造は神秘的で精神的なプロセスだ。他人が自分のセンスや判断であれこれ口出しすることは、発展途上の芸術家にとって何のプラスにもならないことが多い。ジョディ・フォスターがいつかのアカデミー賞授賞式で行った受賞スピーチは感動的だった。母は私が図画の授業で描いた絵を持って帰ると、いつも、まるでピカソの作品でも見るかのように感動してくれました、という感謝の言葉だった。何がきっかけで芸術家が飛躍的な成長を遂げるかなど、誰にも予測できないのだ。

理想を言えば、誰かが芸術を創造しようと努力している時は、どんなものであれ、誉めてやり励ましてやることが望ましい。知り合いのある創作文芸プログラムのインストラクターは、生徒がどんなレベルでも作品を誉めちぎってくれるので、とても人気がある。「だって、彼らは何も爆弾を作ったり人を傷つけたりしようっていうんじゃなくて、創作をしようとしているだけですから」と、彼女は自分のそういう接し方を弁護して言う。これは決して、彼女には実力がなくて、誰の作品が実際に将来有望で誰が一生かかっても面白い文が書けそうにないかわからないからではない。ただ彼女をあっと言わせるような生徒が、一学期に少なくとも一人は必ずいるのだ――そういう生徒は学期の初めには絶望的に見えるのに、コースを終える時には力強い作品を書くようになっている。ここでもちろん、フラナリー・オコナーの意見も考慮しなければならない。大学の文芸創作プログラムは実際のところ若き作家の卵たちの希望を打ち砕くだけだと思いますか、という質問に、彼女はこう答えた。「それでもまだたくさんいすぎますがね」。

生まれ持った才能など存在しない、と言うつもりはない。しかし長年にわたって数多くの作家たちと仕事をしてきた中で気づいたことをいくつか言っておきたい。まず、生まれながらに才能があればものを書くのが簡単だとは限らない（却って苦労することもある）。また、感受性がすぐれているからといって、自分の感じたことを紙の上でうまく伝えられるということにはならない。そして最後に、将来成功できるかどうかは、何よりもまず忍耐力の強さにかかっている。才能と自我、欲望と抑制を併せ持って初めて、いい作品が書けるのだ。このうち一つでも足りなかったり多すぎたりすると、それが原因で、その作家は世に認められないまま消えていってしまうことが多い。私が一緒に仕事をした中にも、豊かな才能に恵まれているが、自分で自分の仕事をだめにしてしまう点でも第一級という作家が何人かいた。たぐいまれな才能を持っている作家が、抑制力のなさ、名声への渇望、そして憂鬱と無気力に足を引っぱられてしまうことはよくある。そして逆に、一行ごとに苦悩呻吟しないと書けない作家の方が、そんなことで心を乱されることなく、結局生き残ったりするのだ。

数年前、光栄にもある大学教授の作品を編集する機会に恵まれた。大学時代その先生の本に大きな影響を受けたことがあったので、私は彼女と仕事ができることに興奮していた。しかしいざ仕事を始めてみると、編集作業は期待通りにははかどらず、少なからず悔しい思いをした。新しい原稿があがってきて仕事が進むはずが、そのたびにまさに「一歩進んで二歩下がる」を地でいく結果になるのだ。ついに私たちは、二人で顔をつき合わせて仕事しつつ問題解決をはかることにした。こうして長い長い一週間が終わりに近づいた頃、私はあるとても奇妙なことに気づいた。その先生はメモを取る時に文字を逆さまに書き、時には一つの単語の二番目、三番目の文字をまず書いて、次に最初の文字を書いていたのだ。

私は椅子の上で居ずまいをただし、憧れのお方をきっと見つめ、そして自分の言葉がどんな風に響くかよく考えもしないうちに詰問調でこう口を滑らせてしまった。「あなた、失読症なんですね？」彼女はのろのろと頷いた。まるで「ああ、ついに秘密がばれてしまった」と言っているかのようだった。「そんなことありえるかしら？」と私は信じられない思いで続けた。「それでどうやって書けるって言うんです？」

今になって、なぜ私たちがこんなに文章に手こずったのかが飲み込めた。彼女にとってこの仕事がどんなに骨の折れるものだったか、考えただけでも頭がくらくらした。それでも、文字を通して考えたことを伝えたいという彼女の気持ちは、障害よりはるかに強かったのだ。私が驚きと尊敬の念に打たれ、言葉を失くして座っているうちに、先生は一種貴族的とも言える堂々たる態度を取り戻し、自尊心を露わにして言い放った。「私、もう五冊も本を書いたんですからね」。

生まれつきの才能が全くなさそうな作家を励まし後押しすることは、誠意に欠けると思われるかもしれない。だが一方、私たちには、ある仕事の能力がどう発展するかが実際やってみもしないうちに分かると考えるのも傲慢というものだろう。あるいは、書きたいという欲望と意志とがどんな形で結びつくと(「見事な名文だ」と誉められないまでも)少なくとも読者に大きな影響を与えるような作品が生まれるのかも、私たちには定かでないのだ。読者には大人気なのに、文体が良くない、と批評家に不評の作品はよくあるが、そういう作家は読者とはしっかり気持ちが通じているといえる。同時にまた、天性の言語能力があるからといって、考えをうまく伝えて読者の支持を集める天性の才能があるとは限らない。

ＭＦＡコースにいるうちに目に見えて思い知らされたことがあった。このコースにいると、作品の良し悪しについてある一定の価値基準を教え込まれるのだ。その基準に合ったものを書く人、「達人」とされる作家にできるだけ似せた声色を使う人たちが高く評価され、支持を受けた。秘密警察として活動した自分の体験を基に小説を書いた女性がいたが、教授はそれに対し、こんなことを題材にしている本はとても読めないし評価をしてやることもできない、と言った。ＭＦＡのプログラムでは、ミステリーのような大衆向けジャンルのフィクションを書くことなど金輪際不可能だったし、ユーモアの入り込む余地もなかった。作品にユーモアのセンスを織り込み、やっと一歩成長を遂げたと思った時に受けた屈辱を私は一生忘れられないだろう。崇拝していたある教授は、私の出した新しい詩をうさんくさげに一読した後、眉をつり上げて言った。「さて、もし君がフラン・レボウィッツの詩人版になりたいと思うのならそれはそれでいいがね、私はとても力を貸せないよ」。

私は才能があるでしょうか、書き続けるかそれともやめた方がいいでしょうか、と訊くのは、私は生き続けるべきでしょうか、と訊くのに似ていなくもない。それぐらい全くとんちんかんな質問だからだ。あなた自身に生きたいという意志がなければ、生きるべき理由など誰も教えられるはずがない。それに、大抵の作家にとって、ものを書けないことは自殺にも等しい。「私にとって、書くのは呼吸するようなものです」と、パブロ・ネルーダは『パリ・レビュー』誌のインタビューで語っている。「呼吸しなければ私は生きられないでしょうし、書かなくても生きてゆけないでしょう」。作家にとっては、自分の捉えた世界を紙にしっかり書き記して初めて、世界がきちんと意味を成すようになる。そして書くという行為は奇妙にも、生そのものよりももっと生に似ている。実際に机に向かって原稿を書いていない時でも、作家は頭の中で絶えず文章を作り、磨きをかけ、後で作品に使うものとそうでないものにふるい分けている。結婚相手や娘やレジの女の子との言い合いも、計算され形を変えて、後にある作品で描かれる。あらゆるものが作品の原材料になるのだ。

生まれながらの作家とは、常に書き続ける作家のことだ。たとえ実際に紙に書いていなくても、頭の中でその場面がいい素材になるか値踏みし、感じたことを集めて記憶に蓄えている。ジェイムズ・サーバーがこう打ち明けたことがある。「自分が書いていない時がいつなのか私にはよくわかりません。時々、パーティー中に妻が近寄ってきて『全くもう、あなたったら、書くのをやめなさいよ』と言われるんですよ。それがまた、たいてい、パラグラフの途中まで書けた時なんですよね」。マーティン・エイミスは同じ感覚をこう表現している。「自分の中に新しく別の感覚が育って、そのせいで自分と自分の経験がどこか切り離されたようになるんです。だから作家が何かを経験している時は、決してそれを百パーセント全身で経験しているわけではなくて、いつも後ろに退いて、それがどんな意味を持つのかとか、紙の上でどう表現すればよいかと考えているんです」。

ほとんどの作家にとっては、本を読むことも強烈で厳しい経験となる。作家は一般読者と同じような読み方をするのではなく、むしろその作品と競い合ってしまうからだ。どんな作品に出会っても、自分ならもっとうまく書けるのにとか自分が先に考えついていればという考えが浮かんでくる。つまり、今読んでいるものと自分の作品を比べずにいられないのだ。生まれながらの作家であれば、常に読むか書くかのどちらかでいたがり、孤独を好むだろう——もちろん、空気を求めて（つまり作品の題材とか、食べ物、セックス、愛、注目などが欲しくて）水底の自分だけの世界から水面に浮かび上がってくる時は別として。こういう作家はいけすかない自己中心人間かもしれない。周りの人々よりも仕事の方を大事にする嫌なやつに見えるかもしれない。社会でうまくやっていけないできそこないかもしれないし、言葉巧みに周囲を操るやり手だという見方もある。しかしとにかく、真剣に机に向かってものを書くような人は誰でも、自分の考える世界像を言葉に変換することによって他の人に自分を理解してもらおうとしているのだ。実際、作家の人生にとってここはどうしても大きな矛盾となる。作家は読者に自分のことを理解してもらい絆を結びたい、しかしそのために、逆に多くの時間を一人きりで過ごすはめになるのだ。

＊

新しい作家に会った時、私はたいてい「子供時代にも何か書きましたか？」と訊くことにしている。そこからわかったのは、書きたい、自分の個人的な感情を記録しておきたいという衝動はごく小さい頃から現れることが多く、僅かな例外を除けば、どの作家もまだ幼い時にものを書き始めたということだった。子供の頃本が好きだった、または日記をつけたりお話を作ったりしたというのは、生まれつき言語的な適性があるからなのだろう。「なぜ書くのか」と題されたエッセイの中で、ジョン・アップダイクはこう振り返る。「十三の時、一冊の雑誌が家に出現した。名前は『ニューヨーカー』。私はその雑誌に惚れ込むあまり、自分もそこに出てくる言葉のように小さく、インクのついた強烈な存在になって、雑誌の中に溶け込んでしまえたら、と全身全霊を込めて願った。その中に入ってしまえば、私にも、『作家の人生』という特別な存在に形を変えた人生が始まると想像した」。

子供の作家というのは興味深い生き物だ。まだ小さいうちに自分はよそ者だと認識し、外界のできごとと区別して内面の精神生活を意識しているようだ。プライバシーの感覚が過剰なほど発達していることが多く、八つか九つでもう、自分には何か隠さなければならない、または伝えなければならないことがある、と感じている場合もある。それが頭に浮かんだ時自分は九つか十だった、とトルーマン・カポーティは語っている。「私は石ころを蹴りながら道を歩いていた。そして突然、自分は作家、芸術家になりたいのだとわかったのだ。どうしてそう思ったのか？　それは自分でもわからない。一族の人々は名もない、何一つない貧乏な農夫ばかりだった。私は魔物の憑依なんて信じないが、何かが、私を作家にならせた何か小さな魔物が、その時私の心を乗っ取ったのだ」。

ジョン・チーヴァーがお話を語り始めたきっかけは、同級生たちが数学の宿題をちゃんとやったご褒美としてだった。「先生には、物語を一つ話していい、と言われたんだが、実際私が話したのはシリーズものだった。なかなか知恵が回ったと思うね、だって、もし六十分の授業一回で話が終わらなかったら、みんなが次の授業で続きを話してくれって頼むだろうとわかっていたんだから」。最初の短編が『ニュー・リパブリック』誌に売れたのはチーヴァーが十七歳、『ニューヨーカー』に作品が定期的に載り始めたのは二十二歳の時だった。

ジョーン・ディディオンはこう回想している。「私はまだ小さい頃からお話を書いていた。でも、作家になりたかったわけではない。私は女優になりたかった。どちらも同じ気持ちから発している、どちらも架空のごっこ遊びで演技なのだとは、その時はまだわからなかった。」バーナード・マラマッドの説明によれば、「八つか九つの頃、私は学校で短いお話を書いては心地良い満足に浸っていた。聞いてくれる友だちがいれば誰にでも、私は一番最近見た映画の粗筋をうんざりするほど長々と話して聞かせた……私の作家修業の先生は、チャーリー・チャップリンだった」。ウッディ・アレンの場合はこうだ。彼は子供の頃マンガしか読まなかったが、「学校ではいつも作家でしたね。黒の罫線入りの小さなノートがあるでしょう、あれを買って、『今日はミステリーを書くよ』なんて友達に言ったものです。そして家に帰って書くんですが、それがいつも最後には滑稽なストーリーになってしまいました。これからまた俳優をやる機会があろうとなかろうと私にはそんなことはどうでもいいし、映画監督をする機会がもうないとしても大して気になりません。でも、ものを書けない状況になるのだけは嫌ですね。」

ジョージ・オーウェルは「なぜ書くのか」というエッセイの中でこう述べている。「おそらく五つか六つのごく幼い頃から、私は大人になったら作家になるのだと思っていた。……私は三人きょうだいの真ん中だったが、姉とも妹とも年が五つも離れていたし、父とは八つになるまでほとんど顔を合わせたこともなかった。それやこれやで私は孤独で、また他人《ひと》からいやがられる癖がいろいろ身についていたので、小中学校時代もずっと嫌われ者だった。孤独な子供がよくやるように、私もお話を作ったり、自分が空想した人物と会話したりした。私の文学的野心は、そもそもの初めから、自分が仲間はずれで見くびられているという気持ちと混ざり合っていたと思う。自分には言葉を使いこなす才能と不愉快な事実でもまっすぐ向き合う力があるとわかっていたので、それを使えば、現実の生活での失敗に仕返しできる、一種の自分だけの世界を造れると思ったのだ」。

こういう幼い作家が書いたものには、大量の言葉がとめどなくほとばしるものもあれば、逆に極度に言葉少なで内気な感じのものもある。いずれにしても一つ確かなのは、子供が紙に言葉を記したいと強く感じるのは、自分の経験が正当なものだと確認したいがゆえだということだ。子供がお話を読んだり書いたりを通じて世界を理解したり、そこから逃げたり、あるいはそこから新しい世界を作ったりするのは、実世界であまり歓迎されていないと感じるからかもしれない。「私は家の中に閉じ込められ、そのうえ学校にも閉じ込められている気がしていた」。グロリア・ネイラーの言葉だ。「そして、本のページを通して初めて、別の世界へと解き放たれたのだ。私は図書館の児童書の棚に並んだ本を、文字通りAからZまで全部読んだ。……ほとんどの作家は、まず熱心な読者であるところからスタートするけれど、私はそれだけでは足りないと思う。もう一つ、自分の個人的な体験を本の中身と意識的に結びつけ、それによってその経験が正しいと思えることが必要だ。……私は十二の時から、はっきり言葉にならない感情と実際に紙に書かれた言葉とを結びつけていた。とても大切なつながりだった。」

大人たちはよく、ものを書く子供について、あの子は想像力が活発すぎる、活動過多だとか、逆に内省的すぎると非難する。（いったい何人の未来の詩人や小説家が、子供の過剰運動症の薬リタリンとか抗うつ薬プローザックを飲まされていることだろうか。）ゴア・ヴィダルもこの手の治療をされかねなかったにちがいない。彼によると、六つになる前にローマの歴史家リヴィウスの書いた話を読んでいたし、七つか八つで長編小説を書こうとしていたそうだ。そして、十四歳から十九歳までの間に、五つの小説を書き始めた。この第五作目が、ヴィダルが二十一歳の時に初めて出版された『暴風雨《ウイリウオー》（*Williwar*）』である。「作家になるつもりなど全くなかった。私がなりたかったのは政治家で、作家だけはごめんだと思っていた」とヴィダルは『アメリカ文学作家インタビュー集』というアンソロジーの中で語っている。「だが不幸にも——あるいは場合によっては、幸運にも、と言えるかもしれないが——私は作家だったのだ。私はとにかく、書かずにいることができなかった。作家というのはものを書く人、それだけのことだ。書くのをやめることはできないし、書く以外のことをしようとしてもできない」。

作家はほとんどの場合、日記というごく私的なものを書くところからスタートする。それから学校時代に何か書いて先生から激励されたりみんなに誉められたりする者もいる。ロバート・ストーンはそんな若い頃の経験のおかげで作家になった。「私は高校のコンテストで優勝した。いわゆる労働者階級の育ちだった私は、作家なんて全然まっとうでない仕事だと思っていた。でも、そんな若い頃には気づいていなかっただけで、実は元々作家になりたかったのだ。私は常に書いていた。語りたいという衝動のようなものをいつも感じていて、あることについて物語を語ることでそれを理解しようとしていたのだ。それに多分、ある程度言葉を使いこなす才能もあったし、言葉に惚れ込んでいるところもあったと思う。」

十代になると、作家たちは自分が作家だという意識を抱き始めるのが普通だ。学校新聞や校内同人誌で活動したとか、賞を取ったとか、毎週自宅で詩の朗読会を開く英語の先生と固い絆で結ばれるとかいうことがそのきっかけになる場合もある。世間の作家たちの誰かを、自分の目指すお手本にする者もいる。アップダイクは、十一の時からサーバーを崇拝していたと述べている。「十二歳の時私はサーバーにファンレターを出した。そして彼がお返しに送ってくれた絵を額に入れて、どこに行くにも持ち歩いた」。学校時代、作品を誰にも見せずに密かに書き続けたという作家がいる一方で、自分は作家として大成するぞ、とみんなに吹聴し、才能をこれ見よがしにする者もいるのがこの時期だ。

今度は作家の大学時代を考えてみよう。若い作家たちは大学に入るとたいてい、作家としてどんなペルソナを用いるかいろいろ実験してみる。英文科の人々がどんな作家を気取っていたか、思い出すと懐かしい。ジャック・ケルアックやニール・キャサディ気取りの一群、それから自分のウエスト・ビレッジのマンション（私たち腹ぺこ芸術家の大多数が賄い付学生寮で堪え忍んでいたことを考えれば、実にステキな住まいに思えた）の外でワークショップを開いていた自称ガートルード・スタイン、ヘミングウェイ気取りのマッチョが数人、気の抜けたようなオスカー・ワイルド、そしてもちろん、憂鬱そうな若い女性詩人たち。大学院の詩のコースでは、ある二人が特に目立っていた。一人は若き日のT・S・エリオットになったつもりで、直ちに自分のファースト・ネームを捨ててイニシャルを使い出した。小柄で、いつもブレザーを着て杖を持ち、つんと気取りかえって歩いていた。もう一人はデルモア・シュウォーツの完全な生まれ変わりかと見まごうほどだった。私が覚えている限り、彼はただの一つも作品を提出したことはなかったが、おそらく同じ課程にいる女性とほとんど一人残らず寝たのではないかと思う。

＊

期待されたとおりすぐれた才能を発揮し、早くから多くの人に賞賛される作家たちがいる。彼らにとって、作品を書くのは、光沢のある「著者近影」写真で笑顔を見せるのと同じぐらい造作ないことなのだろうと思える。しかしそんな若き天性の作家たちも、名声とそれに伴う不満という両刃の剣からは逃れられない。新鮮で非の打ちどころのない声を持った若くフレッシュな作家ほど、私たちが喜んで飛びつくものはない――それも毎年、新たな掘り出し物が見つかるのだ。作家になりたての頃は、可能性、将来、洋々たる前途以外何も目に映らない。がっかりさせられる売り上げ推移グラフも、賛否入り交じった書評も、売れ残った本の山も存在しない。もちろん、そういう若い作家の出版契約が大々的に報じられたり、作品にすばらしい表紙がつけられたり、また新たな喝采をもって迎えられたりするのを見るとうらやましいと思わずにいられない。だが同時に私には、そんな若い小説家たちが、一列に並んで死を待つ生贄《いけにえ》の子羊に見える時があるのだ。新しく珍しいものに対する私たちの欲望はつきることがない。そのせいで新人は、本来なら一生かけて作家として発達し成熟していくべきところなのに、最近では流れ星のように瞬いてあっという間に燃え尽きてしまうこともあるのだ。「ベストセラーの作り方」と題した『ニューヨーク』誌の記事の中で、スーパーエージェントのリン・ネズビットは「新人が初めての作品を出す方が、いくつも作品を出したことのある作家よりもずっと楽に事が運ぶものだ」と述べている。「誰でも、新人発掘には熱心なものだ。それが若い女性なら尚更だ」。

二十三歳にして、MFAを取るかたわら『ニューヨーカー』に作品が載り、出版契約を取りつけた若き天才がいるとしよう。その人が今は同級生の羨望を一身に集め今シーズンの出版界の花形になっていても、今後その名前が二度と話題にのぼらないということは十分あり得る。時々私は、全米の大学では創作文芸プログラムの校舎に、消息不明者の名前を彫った記念碑を建てるべきだと思うことがある。若くしてちょっと追い風に吹かれただけで不朽の名声を確立したり、逆に永遠に評判がつぶされたりする。その意味で、ここほどダーウィンの言う弱肉強食の生存競争が激しい場所はないだろう。『パブリッシャーズ・ウィークリー』のインタビューで、マイケル・カニンガムはアイオワ大学創作ワークショップでの経験を振り返っている。「アイオワでは一時幸運に恵まれました。『アトランティック・マンスリー』誌に一つ、『パリ・レビュー』誌に一つ作品が載ったんです。おかげで私は、たとえ作家自体は気楽な稼業だとはいかなくても自分は楽にやっていけるはずだという、誤った結論に達してしまいました。ただ作品を書いて、それを出版していけばいいと思ったのです。やれやれ、とんでもない間違いでしたよ」。

結果から言うと、カニンガムがもうほとんど誰も覚えていない最初の小説を出してから、作家としての名を不動のものにする『世界の果ての家（*A House at the End of the World*）』が出版されるまでの間に、十年もの月日が過ぎ去っていた。「あっという間に私は、昔『パリ・レビュー』に作品が載ったことがあるというだけのただの五十男になる瀬戸際まできていました」と彼は回想している。「ウェイターかバーテンダーをして働き、しょっちゅう居場所を変え、しょっちゅう恋をし、足の向くままにどこへでも行っていましたね」。出版界に伝わるもっと愉快なエピソードをお話ししておくと、カニンガムは『世界の果ての家』出版の十年後に、時間の本質を美しく描いた大胆な新作『めぐりあう時間たち（*The Hours*）』で見事ピュリッツァー賞を射止めた。しかし、彼のように何年間も苦闘し、どんなに断られても全てを犠牲にして踏ん張ってきた結果、ようやく努力の甲斐あって認めてもらえる作家が一人いれば、その陰には、初めは歓迎され成功したもののその後書くのをやめてしまう、あるいはその後の作品には氷のような沈黙しか返ってこないという目に遭う作家が無数に存在するのだ。

カニンガムは『ポエット&ライター（*Poets & Writers*）』誌のプロフィールで自分の辿った道筋をこう説明している。「マリリン・モンローが言ったことがあります。『私は一番美人だったわけでも、一番才能があったわけでもありません。ただ、女優の仕事をやりたいと他の誰よりも強く思っていたのです』。私は時々、自分はただ毎日仕事場に来ては仕事をするだけの人間だと思うことがあります。別にやりたいわけでなし、大変な仕事だし、自分は馬鹿で頭が鈍すぎるからこんなものはこなせないと思いながら、それでもひたすらやるのです。……一方、私の知っている作家で、非常に才能に恵まれていながら、自分でそれを意識しすぎていて、一文でもへたくそな文を書くのが怖さにもう何年も何一つ書けない人たちがいます。自分の馬鹿さ加減にある程度神経を図太くして目をつぶる方が便利だと思いますね」。どうやって自分が長い不毛の期間を粘り通し、自分は力不足だという気持ちに耐えたかはおそらくカニンガム自身もわからないだろう。しかしいったんある作家が世間で認められ、成功したと思われるようになれば、早咲き遅咲きには関係なく、その成功は神話になることが多い。つまり、私たちがその人には作家の天分がある、と言うのだ。

『ニューヨーク・タイムズ・ブック・レビュー』が「ニュー・キッズ」ならぬ「ニュー・ガイズ・オン・ザ・ブロック（New Guys on the Block）」という見出しで、四十を越えてから最初の作品が出版された小説家三人の写真を表紙に載せたことがある。これを見て、もう若くはないアメリカ中の作家たちは安堵の吐息をもらした。この三人の中にいたのがデニス・マクファーランドだ。彼は音楽で身を立てる志を断念した後にゴダード・カレッジの創作文芸プログラムに入学し、そこでフランク・コンロイに指導を受けた。「(コンロイは)私が書いたある作品を誉めてくれた。そこで私はそれを『ニューヨーカー』に投稿したが、おかげで珍しいことを経験した——この最初の作品が『ニューヨーカー』に載り、それなのにその後八年というもの何一つ載せてもらえなかったのだ」。愛されてから棄てられるか、それとも一度も愛してもらえないか、どちらがより辛いだろうか？　先生からの励ましとか何かその類のものが勇気を与えてくれでもしない限り、作品を出版できないまま年を重ねるにつれて、作家の道をあきらめてしまう人はたくさんいる。

多くの作家にとって一九八〇年代は特に厳しい時代だった。小僧っ子の一団が出版界を席巻し、俳優並に派手な言動でメディアの注目を集め、人気のクラブに足繁く出入りするのを見ていなければならなかったからだ。作家であるおかげで得をすることなどめったにない。その貴重な一つが、夜出かけて人前で踊ったり、こんな世の中を歓迎しているかのように振る舞ったりしなくてすむことだ、というのが私の意見だった。しかし最近では、作家はコカインを手に入れたり、ファッション記事に写真が載ったりするものだと思われている。その上、本の前払い金《アドバンス》は普通と逆の公式で計算されてでもいるかのようだ。つまり、若ければ若いほど、支払われるお金が多くなるのだ。

けれども遅咲きの方々、元気を出してほしい。成功が早ければ、その分消えていくのも早いということになりかねない。若いうちに成功したがために、問題を山ほど抱えることだってあり得る。その最も恐ろしいものは、作家の自我が肥大しすぎて、自分の内なる声が聞き取れなくなってしまうことだ。そうは言っても、最初の作品がみんなに酷評されたとか、(もっと悪くすると)完全に無視されたという悲惨な目に遭った作家にとって、成功のおかげで苦痛を味わっている誰かに同情しろというのは無理な相談だが。

時には、もっと年を重ねた経験豊富な大人が、じっくり熟成された風格のある物語で作家としてデビューすることもある。つい最近もそんな遅れてきた新人が三人現れた――チャールズ・フレイジャー、トマス・カヒル、そしてフランク・マコートだ。フレイジャーは四十代で小説家になり、カヒルは五十代で民衆史を、マコートは六十代で回想録を書き、それぞれの分野で賞を受けた。普通初めての作品にはつきものの欠点が、彼らの場合は一切見られず、他人には決して真似できない逸品ばかりだった。どの作品も、（強迫観念に取り憑かれたとまでは言わないにしても）生涯を傾けて没頭した関心事の結実であったことは疑いない。だから、仮にあなたが「偉大なるアメリカの○○」（何でもいいが）を書けないまま四十を迎えたとしても、あきらめることはない。そしてもし、『コールド・マウンテン』や『聖者と学僧の島――文明の灯を守ったアイルランド』、『アンジェラの灰』のような大きなヒットを放った時にも、自分の成功をうまく次の糧にできるだろう。あなたはもう立派な大人だからだ。

＊

ある人がどれだけ「天性の」才能に恵まれているか測るなんてまず不可能だ。エミリー・ディキンソンが自分の孤独な机にしまいこんだノートに詩を書き綴っていた時、言葉というものに対する自分の純粋な見方や彼女らしさを決して失わない文体、意表をつく改行のしかたなどが、アメリカ詩の世界を永久に変えることになろうとは考えたはずもない。出版に至らなかった、人生や愛についての自分の考え、それに人間の心に見てとった背筋の寒くなるような考えが、一世紀も後の読者を感動させることになるとは全く思い及ばなかったことだろう。

今も国中の至るところに、すばらしい詩や小説が引き出しの奥で眠っているはずだ、そう私は信じたい。それから、ゴッホと弟テオの間に交わされた書簡、セザンヌの大きな影響力についてリルケが妻に書き送った手紙、あるいはフラナリー・オコナーの書簡集『存在の習慣（*The Habit of Being*）』に収められた、彼女と「A」としか記されていない女性とのやりとりのような、味わい深く先見の明のある手紙がやりとりされているはずだと信じたい。オコナーの書簡集を読むと、道徳と真実に関する、他のどんな本よりも鋭い洞察がそこに隠れていることがわかるのだ。そしてもう一つ信じたいことがある。それは、日の目を見るかどうかは別として、天から授かった才能を秘めた作品というものは確かに実在するということ、そして作品の向こうに見える孤独な人物は、書こうという衝動が自然に湧き起こったからこそそれを書いたのだということ。世界とはこんなものだという私たちの感じ方や理解のしかたが一変する——そんな鮮烈な作品を見出し、世に出すことこそ私たち編集者の一生の願いなのだ。

大学一・二年生を対象とした講演に行くと私はいつもうろたえてしまう。こちらは熱弁を振るわせて頂くわけだが、その後学生たちが最初に訊いてくるのは、エージェントは必要ですかとかどうすればエージェントが見つかるんですか、ということだからだ。他に訊かれることといえば前払い金《アドバンス》のことや、MFAを持っていた方が有利でしょうかということだ。学生たちがいろいろな創作の授業について、まるでほんの一時だけ流行するレストランかクラブの話でもするように話しているのを聞いたりすると戸惑いを感じずにいられない。確かに、私は大学時代かなり人目を忍んで書くタイプで、自分が詩人を志していることは、同じように作家を目指すほんの数人にしか打ち明けていなかった。でもその仲間内で、取引や儲けの話が出たことはないと思う。エージェントは何をしてくれるかはもちろん、そういう人間がいることさえ、考えたこともなかった。代わりに私たちが知りたいと思ったのは、ほとんどの場合、作家について──作家たちがどのように生き、どのように書き、誰を愛したのか、だった。地下鉄でワシントン・スクエアからマジソン・アベニューのブックス社まで、お気に入りの詩人の新作朗読会を聞きに行ったり、ロバート・ロウエルやフランク・オハラの初期の作品を探して、ストランドを始めいろいろな書店に足繁く通ったりした。また、カフェ・ダンテでカプチーノ一杯をちびちび飲みながら何時間もねばり、どんなに何もかもに傷ついているか日記に書きなぐり、私たちの世代で最高の知性が、その狂気をなだめて法科大学院《ロースクール》へ進む代わりに、狂気でめちゃくちゃになっていたらどんなに良かったかと言い合ったりした。

エージェントや取引について尋ねなかったのは、おそらく私たちが世間知らずだったからだろう。(もちろん大学院に入ると話は違った。) 大学時代、私たちはまだ世界の中での、そして作品の中での自分のあり方を模索していたのだ。しかし私は、芸術家の創造性が花開いていくためにはある程度の純真さが不可欠だと思う。ちょうど胎児にとって羊水が不可欠なのと同じだ。作家にも自分の作品を外界から守ってやる、いわば卵を抱く期間というものが必要だ。作家が一度作品を世に送り出したら、あるいは創作グループやＭＦＡプログラムに入ったら最後、その瞬間から自分の中の、労力よりも結果にこだわる部分に火がつくからだ。中には、それが起爆剤となって野心が強くなり、目に見えない形で作品の質の向上に役立つような人もいるだろう。しかしそうでない人にとって、これは壊滅的な結果をもたらす。

原稿の見直し作業をしていると、自分がゆっくり死に向かっているような気がしてくる。そう言ったらたいがいの編集者が同意してくれるだろう。ひたすら読み続け、そして読んでいるものは大部分ちゃんと筋が通っているにも関わらず、印象に残るところがほとんどない。自分の感覚が麻痺したのではないか、燃え尽き症候群になったのでは、と思い始める。そして、読んでいて思わず胸が高鳴るようなもの、「こいつは本物だ！　本当に書ける作家だ！」と言えるような作家に再び巡り会うことができるかどうか怪しくなってくる。

ほとんどの人が――子供時代何か書いていたとか、十代の頃将来性があると思われていた人も含めて――大学を出てまもなくすると書くのをあきらめてしまう。麻薬や気晴らしのためのセックス同様、書くという行為も青春時代特有のものとなってしまうのだ。そうではなく、あきらめずに粘ろうという人は、作家としてのキャリアを維持するために、大学院で創作の学位を取ったりバーテンダーや臨時社員として働いたりする。しかし結局、何かお金になる仕事の機会に恵まれた時点で作家を断念してしまうことが多い。金の鉱脈を掘り当てられるかも、という期待に満ちて映画の脚本家になろうとする人もたくさんいる。出版業界に就職する人も多いし、中には教職に就いたり法律の仕事をする人もいる。ものを書く生活というのは、特にそれで生計を立てたいと思う場合には身を切るように辛く厳しいものだ。どんなにかっこよくて魅力的に見えたとしても、どんな大成功をおさめている作家でもこう言うだろう。自分の生活は、経済面・感情面のどちらにおいても、危険と不安に満ち満ちている、と。

大して悩むこともなく、優雅な手つきで夢を放り出す人もいる。そう穏やかにはいかない人もいる。何年にもわたって書こうと試み、日記をつけ出しては結局長続きせず、創作ワークショップに顔を出しては一度で挫折する人たちがそれだ。もしあなたが後者にあてはまるとしても、だからといってあなたに才能がないことにはならない——自尊心がないということにはなるかもしれないが。でもそれでもあきらめられない、いかに勝ち目がないかを聞いてもなお、もっととことんやってやろうとしか思えない、そういう人だったら生まれもった才能があるかないかなどはほとんど関係ない。あなたがすべきなのは、自分が持っている才能をきちんと整理することと、あなたの思い描く考えを信じてくれる人を見つけることだ。作品を創造し、その作品のおかげで、自分にとって最も大切なものは何か、たとえ沈黙や孤独、拒絶にぶつかっても消すことのできないものは何なのかがはっきりわかること、大事なのは結局そこなのだ。

3

悪い子

フィリップ・ロス。自分の民族はもちろんのこと、家族にいたるまでそのマイナス面を暴露した作家といえば、まず彼の名が挙がるに違いない。二十六の若さで『ニューヨーカー』一九五九年四月号に短編『信仰の守護者』が掲載された時、ニュージャージー州ニューアーク出身のこの作家は轟々たる非難を浴びせられた。反ユダヤ主義的だ、いやユダヤ人らしい自己嫌悪の表れだ、どちらの側からも批判の的となった。ロスは、小説家人生を振り返った自伝的作品『事実（*The Facts*）』で、この論争は本の内容よりむしろ背景となる状況が原因だった、とはっきり指摘している。「もし私が『信仰の守護者』を（『ニューヨーカー』でなく）『コメンタリー』誌に投稿していたら……おそらくあれは掲載してもらえたろうし、批判されたにせよあそこまで大騒ぎはされなかっただろう。『コメンタリー』誌に載るということは、これはユダヤ的作品だというお墨付きが得られたということだ。そうすれば、その一ヶ月後の『さようならコロンバス』出版が引き起こした動揺――聖職者はお説教を垂れ、家族は言い争い、ユダヤ教組織内では私がどれほど危険人物かをめぐって論争が起きた──それも、あそこまで大騒動にはならなかったかもしれない。」

言うまでもなく、ロスは正しい。作家がどのように受け入れられるかあるいは拒絶されるか、忘れられてしまうか認めてもらえるかは、いつ、どこで、どうやって、誰がその作品を紹介したかということと深い関係がある。それでも、世間からの怒号の嵐を耐え忍ぶ覚悟ができている作家など一人としていない。もちろんロスも例外ではなかった。彼は、物議をかもす作家として名を馳せるつもりなど毛頭なかった、と主張している。「私の作品が普通のユダヤ人の目には不快なものに映ろうとは考えもしなかった。ごく普通のユダヤ人の生活にかけては自分は一種の権威で、ユダヤ人が自己諷刺や大げさな喜劇を好むことも承知しているつもりだったのだ。私に挑戦状を叩きつけるユダヤ人が出てくるたびに、公には断固負けない姿勢を示しながら、内心では途方にくれる時期が長く続いた。」

ジョン・チーヴァーやジョン・アップダイクの読者にとって、自分たちワスプ（アングロ＝サクソン系でプロテスタントの白人）の弱点を暴露されたことはそこまで深刻な脅威とはならなかったようだ。しかしまた、ロスの場合と違って、彼らの読者はアメリカ社会の主流に溶けこもうと必死になっていたわけではない、ということも頭に入れておいた方がいいだろう。ロスと同じようにユダヤ人の中流階級の出身なら誰でも知っているが、「彼らに」「自分たちを」見せてしまう、というのは今までも、今でも、そしてこれからもずっと、恐ろしい罪とされる。だから、たとえばインサイダー取引でウォール街を震撼させたイワン・ボースキーのように本物の悪事を働くユダヤ人がいると、ユダヤ教全体が被害を受ける、その一人の行動が我々全員の不名誉となり、さらなる反ユダヤ主義の口実を与えてしまう、と多くのユダヤ人が本能的に感じるのだ。ところがロスは、さすが天才だけあって、ユダヤ民族の急所をずばりと突いた。最初の短編集に続けて出版された『ポートノイの不満（*Portnoy's Complaint*）』は、現代ユダヤ小説の真髄といっていい。この小説は、それまでユダヤ人の馬鹿話を覆い隠していたカーテンを取ってしまったからだ。そこに現れたのはマスターベーションをするユダヤ人、白人の女と寝たいと思うユダヤ人、「あいつはいかにもユダヤ人的だよ」と後ろ指を指されそうなユダヤ人……読者が心臓麻痺を起こしかねないものだった。

辛いけれど現実を直視しなくてはならない。自分の家族や自分が属する集団、あるいは自分一人だけに関することでも、作品の中で真実を明らかにすると必ず、それに腹を立てる人が現れる。小説であれ詩であれ、事実を基にした創作ノンフィクションであれ、何か切実に感じていることを書けば、他の場合だったら自分が（そして読者である私たちも）絶対に白状したくないような考えや秘密、願望、そして空想などが必ずその中で明かされることになる。これこそ本の持つ力の一部だからだ。本は他の誰かの世界、他の誰かの心の奥底にそっと私たちを導いてくれる招待状なのだ。私たちを舞台裏へ連れて行き、今までカーテンの向こうに隠されていた生活を覗かせてくれる作家がいる。たとえばトニ・モリスンは黒人にとってのアメリカを見せてくれるし、エイミー・タンなら中国系移民、シャーマン・アレクシーはアメリカ先住民族、またエドマンド・ホワイトであればゲイにとってのアメリカの姿を垣間見させてくれる。彼らは、そうしたがために自分の同類からつまはじきに遭う危険を冒している――特に、どういう意味であれ自分の属する世界を批判的に描いた場合、その危険は大きい。けれど、自分が死んだ後も自分の作品には生き続けてほしい、あるいは自分の世界を飛び出した作家たちと肩を並べる感動的な作品を書きたいと願うなら、弱腰は禁物だ。作家は統語法から象徴の選び方まで、作品に関してはどんな時も大胆不敵でいなければならないのだ。

名うての編集者兼作家、ゴードン・リッシュの創作の授業は、心理療法と海軍の新兵訓練所、それにジェリー・スプリンガーとソクラテス式問答法をいっしょくたに取り入れたようなものだった。彼はそこで「あなた方、傑作を書くのはご両親が亡くなってからにしようと思って待っているんじゃありませんか?」などと質問したので、集まった人々はショックを受けていた。なんて失礼な、とむっとする人もいたが、私には非常に納得のいく発言だ。作家は、他人——特に自分の家族——にどう思われるかを恐れるあまり、自分で作品を検閲してしまうことが多い。たとえばセックスの場面を書いたり、母親に支配されて息が詰まりそうだと感じている登場人物の気持ちを描写したりするとしよう。それをあなたの母親が読んだらどうなるだろうか。フィクションの形にすることはできても、隠すことはできないのだ。

フィリップ・ロスは作品を書くうちに、精巧な鏡の間を作りあげた。つまり彼はいくつもの鏡を使い、自分の像を屈折させて登場人物にしたり、あるいは登場人物の姿を屈折させて自分にしたのだ。しかしどの本を見ても、そこに描かれている本能《イド》と自我《エゴ》のやりとりには、第二次大戦後のアメリカ男性の心の動きがまざまざと見てとれる。逆説的に聞こえるだろうが、ロスが多くをさらけ出すほどに、彼の謎は深まっていくのだ。しかし一つだけはっきりしているのは、彼は自分の作品のせいで親が傷ついたり、恥ずかしい思いをしたりするなどとは夢にも思っていないということだ。「母が私の最初の短編を誇りにしていたことは間違いない。誰かがあれに本気で腹を立てたりするなんて考えもしなかったようで、ユダヤ系の新聞や雑誌で、暗に私が裏切り者だと言いたげな記事に出くわしても、書き手が何のことを言っているのか全くわかっていなかった。母が疑念を抱いたのはただ一度、ユダヤ婦人慈善団体ハダーサの集まりで、誰かが悪口を言っているのを偶然耳にした時だった。その時母は動揺して『お前が反ユダヤ主義だなんて本当なの』と私に尋ねた。しかし私がにっこりしてかぶりを振ると、それで完全に満足したのだった」。母親が自分を信じてくれてさえいれば、仮にハダーサの全会員に極悪人扱いされたとしても何も恐くなんかない！

作家なら誰でも、想像力をかき立てるには（現実でも想像上でも）敵がいないとだめとは限らない。同じように、ものを書くのは自分の身近な人たちの仮面を剥がすためだとも限らない。作家と一緒に仕事をしてきてわかったのは、自信を持って作品を書ける人はたいてい親が自分の力を信じてくれているという点についても自信があるということだった。私が長年担当してきたある作家は、いつも母親からのサポートに非常に恵まれている感じがした。彼女の家族は子だくさんで、どの子も才能豊かだったが、最初に世に出たのは末っ子の彼女の作品だった。彼女の母親は、以前大きな新聞の特派員だったが、自分の意欲や才能を当時の風潮に従って方向転換し、子育てにエネルギーを注いだのだった。そしておとなしく、子供たちそれぞれに亡くなった一族の誰かの名前をつけてきたが、この末っ子が生まれた時、初めて自分の好きな名前を選んで名づけた。娘の三作目が出版された時、この母親は私にこう話してくれた。「生まれたばかりのこの子を病院で最初に見た時、なんてきれいな子だろうと思ったんですよ。それで、私が知っている一番きれいな名前をつけたんです」。私が、お嬢さんは作家になると思っていらっしゃいましたか、と尋ねると、彼女は一瞬の迷いもなく「もちろんです」

と答えた。

肉親に愛され、この子は素晴らしい、と思ってもらっていれば、世間の冷たい無関心という事態に直面しても、くじけずに書き続けられることだろう。自我をしっかり支えられていればそれだけ立ち直りが早くなり、波乱に満ちた作家人生を乗り切っていけるだろう。ソフィー・ポートノイという登場人物を見て、ロスが母親に恨みを抱いていたに違いないと考える人は多い。しかしそんな人は、ロスの母親がソフィーをとうに承認済みだということが理解できていないのだろう。『事実』を読んでいると、ロスは完全なお母さんっ子で、母親の愛情に絶対的な自信があったからこそ「超」のつくほどユダヤ的な母親像を描くことができたのだろう、という気がしてならないのだ。

＊

作家は自分では意識していなくても、親に認めてもらいたいという強い願望を抱いているものだ。ただ多くの場合はそれが理想で終わってしまい、実現をみない。母親が精神的に動揺していたり落ち込みがちだった、あるいは父親が冷たくよそよそしかった、そんな作家にとっては、作品を出版することが自分が認められたという証になって、ほしくてたまらなかった親からの誉め言葉のように感じられるのかもしれない。この苦しみを克明に書き綴ったものといえば、カフカの『父への手紙』をおいて他にないだろう。この薄い本には、想像を絶するほど厳しくて恐い父親と、その父を喜ばせることができない息子の嘆きが延々と描かれ、子供が欲しがり親は拒絶する、その板挟みで作家が味わう苦しみを物語っている。「僕があなたの気に入らないことを始め、あなたが『失敗するぞ』と脅かすと、僕はあなたの意見を尊敬するあまり必ず失敗してしまいました……僕は自分のすることに自信を失い、あやふやで確信が持てなくなりました。大きくなればなるほど、僕がいかにつまらない人間かを示す証拠として、あなたが持ち出す材料が増えました……あなたは僕が書くのを当然、そして最初から嫌がりましたが、僕があなたから嫌がられるのを喜んで受け入れたのはそのただ一度きりです」。しかし、こんな若者らしく鋭い非難の口調はすぐに一変し、矛先を自分に向ける。「もちろん、それは勘違いでした。僕は自由ではなかった――楽観的に考えるなら、その時はまだ、自由ではなかった。僕が何を書いても、その主題はあなたでした。結局僕がしたのは、自分があなたの胸にすがって泣けなかったと嘆くことだったのです……僕の自らに対する評価は、いわゆる世間での成功といったものとは関係なく、何よりもあなたによるところが大きかったのです」。『変身』――個人の疎外を描いた二十世紀の不朽の名作の一つ――を生み出した帳本人が、虫けらのように叩きつぶされてしまったのだ。

心理カウンセリングの場では、患者が時には何ケ月にもわたって自分の親を庇い続けることがある。親に拒絶されたり虐待されたりした事実を直視する辛さに耐えかね、むしろ、親もできる限りのことはしてくれたと主張するのだ。作家も同じように、なんとかして家族の本当の素顔を暴露するまいと抵抗する。人間には家族を庇いたいという本能が備わっていると言ってもいいほどだ。しかし同時に、辛くてぼろぼろになった体験を言葉で表現したいという強い気持ちが書くことにつながる場合も多い。チャールズ・ディケンズは十二歳で家族から引き離され、靴墨工場にやられて一日十二時間も働かされた。ネズミのはびこる倉庫が作業場だった。やがて、ようやく父親が債務者監獄から釈放されたものの、その時もチャールズを工場から連れ戻そうとした形跡は全く見られない。代わりに父親は、相続した僅かな遺産をかき集め、家族の他の面々を一軒の家に住まわせたのだった。

ディケンズの小説を読んでみよう。どの作品にも、彼が見捨てられたと感じていたことがはっきり見てとれる。ほとんどの小説に孤児や親と生き別れた男の子が登場する。彼は自伝の中でこう回想している。「自分は完全に見捨てられた、もうどうすることもできないという気持ち、このような境遇にいることの恥ずかしさ、私の幼い心が味わった悲惨……深く刻み込まれたそれらの記憶は、とても書き記すことができない。私の全人格がこれらの悲嘆と屈辱に刺し貫かれた。おかげで、有名になり、世間にもてはやされて幸福な現在でも、夢の中では、愛する妻と子供たちがいることも、自分が大人になったことさえも忘れていることがよくある。そしてみじめに打ちひしがれて、あの頃にさまよい戻ってしまうのだ」。レナード・シェンゴールドは、子供時代に虐待され愛や幸せを奪われることがどんな影響をもたらすかを述べた名著『魂の殺害――虐待された子どもの心理学』の中で、こう断言している。「ディケンズは、二度とこんな絶望と悲惨を味わうまいと決意した。つまりトラウマが強烈な野心を育んだのである」。

作家がものを書く動機はいろいろあるが、ディケンズの場合と基本的に似通っていることが多い。受けた傷と欲望がどこかで結びついて、作家が土俵に踏みとどまる力を与えるのだ。だがどうやって自分の実人生の中の人々や状況を、作品に造りかえられるのだろう？　その一方で、書こうとする主題の周りを、「巨人」ガリバーを取り囲んだ小人国リリパットの住人よろしく、へっぴり腰でうろうろすることしかできない作家もいるのに。一つの決め手は、自分にだって、誰でも好きな相手に向かって言いたいことを言う権利がある、という気持ち。それから、自分が他人やその行動をどう考えようとそれは正当なものだ、という気持ちだ。一部の作家は、誰かを嫌なやつに描くことに何の良心の呵責も感じないらしい。よく知らない相手だろうが身近な誰かだろうが関係ない。ポール・セローのような作家の作品を読む時の楽しみの一つはこんなところにある。セローは一見、まるで世の中みんなをわけへだてなく忌み嫌う人間嫌いに思えるからだ。

セローが最近出した回想録『サー・ヴィディアの影（*Sir Vidia's Shadow*）』はこっぴどく叩かれた。V・S・ナイポールとの三十年に及んだ友情を描いた作品で、セローはこれを、二人の友情が年かさの方（ナイポール）によってやや乱暴に断ち切られた直後に書いた、と説明している。不思議なことに、ナイポールはそれまで自分が庇護してやっていたセローからの電話にもファックスにも返事をしなくなった。そしてロンドンの街なかでセローとばったり出会った時その理由を訊かれると、「急所をやられても我慢するんだ。止まってはいけない」と言ったという。作家に向かってこんなことを言うなんて、ボクサーに「一発お見舞いされてもやり返してはいけない」と言うのも同然だ。実際、この本はナイポールにいきなり一発喰らわすようなもので、見苦しくも内輪の恥をさらしていると考えてセローを批判した人々もいたし、ある書評が述べたように、「長たらしいエディプス・コンプレックス的発言」と受け取った人々もいた。

セローのこの本が非難された最大の理由は、彼が自分の良き師となってくれた相手に対し、しかるべき尊敬を払わなかったということにある。私たちの文化では、自分の「最愛の母」たる相手を攻撃する人は明らかな偏見の目で見られるのだ。セローは『ニューヨーク・タイムズ・ブック・レビュー』に寄せたエッセイの中で、批評家の貼った「恩を仇で返した裏切り者」というレッテルを拒否している。「世界、そしてごく身近なものについてじっくり考えるのが作家の第一の仕事である」と、そのエッセイは始まる。「時にはこの作業の中で、身近にいる大事な人たちや、自分の秘密までも新しく造り替えることもある……最高の作家とは最も狂信的な作家のことだ。だから、真実に即した作家の姿は、美徳を絵に描いたようなものではあり得ない」。もの書きが腕を磨こうとすれば、何を攻撃の的とするかという点で必ず道徳的な問題にぶつかってしまう。そしてせっかく効果的なディテールがあるのに、これを書いたら悪趣味だとか薄情だと言われそうだからやめておくべきだろうか、と悩むのもまた、もの書きなら誰しも経験することだ。ジョン・アップダイクは『海岸を抱く（*Hugging the Shore*）』に転載されたインタビューの中でこう説明している。「私は、『趣味』というのは社会的な概念ではあるけれど、芸術的な概念ではないと思います。誰かの家のリビングルームで談笑する時には、私だって、できることなら喜んで趣味の良いところを見せたいと思います。でも人間が本を読む時間というのは限られていますから、作家は礼儀正しく振る舞っているわけにいかないのです。作家の言葉は静かに、そして人知れず他の誰かの頭の奥深くに入り込むものですから、自分自身に対する時と同じくらい正直に、言いたいことをはっきり伝えるべきです」。

未来の成功を目指して突き進もうとする一方で、作家はそんな自分に恐れをなしてしまうことも多い。他人の内実をばらした、と非難されることが多い彼らだが、同じように、本当の自分を他人、とりわけ自分の家族に知られてしまうことも恐くてたまらないのだ。もの書きになるということは、今まで人目を忍んで押入の中で書いていたのが、外に出てきて、自分がどこか普通ではないと公表するのと同じことだ。作家として一人前になったあとなら、成功したことが一種の壁になって守ってくれるだろう。しかしそこまでいくためには、きっと嫌と言うほどの屈辱を耐え忍ばなければならないだろう。若きセローが学んだように、そんな時誰か良い導き手がいてくれれば、自分のやりたいことをはっきりさせ、自信を持って、作家になろうという野心を公にできる場合がある。「彼の友情は他の誰とも違った……彼は私の作家としての野心について、自分の家族にも話す勇気がなかったことまでわかってくれていたのだ」。

ついに意を決して「作家になる」と宣言し、他人、特に家族の注目が集まると、今度は耐えられないほどやかましく詮索される結果になりかねない。たとえば家族の誰かの結婚式で、「うちの長女です。作家志望なんですよ」と紹介されるなんて最悪だ！　あるいは、何とか叔父さんが酔っ払って、げらげら笑いながらあなたの背中をぴしゃりとはたき、本の調子はどうだい？などと訊いたりするかもしれない。作家になるための苦労も努力も、周りの冷たい仕打ちも理解してくれる存在、若い作家が憧れてやまない生活を実際に送っていて、血縁上の親に代わって良いか悪いかの判断を下してくれる存在、それが良き師なのだ。「彼にいいと言ってもらえることは私にとって大きな自信となった」とセローは続ける。「しかも、彼は、決してその場の気分次第でそう言うのではなく、しっかりした根拠に基づいていた。私はまた、彼のすぐれた知性を強く意識するあまり、これを読んだらなんと言われるだろうか、と一言書くたび考えずにいられなかった」。『サー・ヴィディアの影』は、親やその他の誰かから認めてもらいたいと願っているあらゆる作家に向けた、ありがたい警告の書だと思う。認められようとした結果は、カタルシスというよりほろ苦いものになることが多い。セローの文体は素晴らしいけれど、その洗練された文章の下には、へそを曲げた子供と同じ、強い思い込みが隠されているのだ。

子供もそうだが、作家にはたいてい、どうしても言わずにいられないことがある。ただそこで問題なのは、その多くが親（批評家）の逆鱗に触れてしまうだろうということだ。そして親（批評家）は、子供（作家）がこれを言ってもいい、これはだめだ、と決める権利は自分にあると思っている。だから、こちらもしっかりした自我を持ち、自分にはこの話をする権利があると思えるようでないと、創造しようとしても行きづまってしまうだろう。自分では、書く中身の準備はできているのに表現のしかたがつかめないと思っているが、実際はその中身を口にする勇気が出ないのだ。書くということは、沈黙を破る以外の何ものでもない。ただ問題は、密告屋は誰からも嫌われるということだ。また、さらに大きな問題もある。批評家たちは「私たちはかつてないほど考え込むことの多い時代に生きている」としきりに主張したがるが、逆に私たちの文化は、自分の苦しみを真剣に考えることに対し批判を強めてきている。アリス・ミラーが『禁じられた知』で述べているように、「自分の苦しみを真剣に受けとめないこと、大したことではないと笑いの対象にさえすることが、我われの文化ではお行儀がよいと見なされている。このような態度は美徳とさえ考えられ、多くの人々が、自分自身の辿ってきた運命、とりわけ自分の子供時代に対し鈍感であることを誇りにしている」のだ。

最初の作品の出版には常に家族の反応への心配が付き物だ。ところが面白いことに、ほとんどの作家は第一作を自分の両親に捧げていて、心を打たれる。実際、子供時代や家庭生活を口をきわめて非難している本にも、両親に捧げられたものがある。ウィリアム・ゴールディングは、子供が仲間を殺すという寓話『蠅の王』を「私の母と父に」捧げた。パット・コンロイの最初の小説『偉大なサンティーニ（*The Great Santini*）』は、荒っぽい軍人の父親に痛めつけられる少年を描いたとても印象的な作品だが、これも「最も偉大なる母親にして教師、フランシス・『ペギー』・コンロイへ、そして最も偉大なる父親にして海兵隊パイロット、米国海兵隊退役軍人ドナルド・コンロイ大佐へ、愛と感謝を込めて捧げ」られている。またドロシー・アリソンは最初の小説『カロライナ出の私生児（*Bastard out of Carolina*）』で、少女への虐待と娘を守ってやれなかった母親との身の毛のよだつような物語を描いたが、それを亡くなった母に捧げた――「ママ、ルース・ギブソン・アリソン（1935-1990）へ」。J・D・サリンジャーでさえ、傑作『ライ麦畑でつかまえて』を母親に捧げている。

もちろん、親が支持してくれ認めてくれることがこの世で最も大切だとは限らない。たとえ親に見放されても、代わりに仲間や親しい友だち、そして（これはもっと大切だが）自分自身が支えてくれることだって十分あり得る。それでも、親からの影響がどんなに大きいかは、フロイト派になるまでもなくわかるはずだ。子供にとっては家が全世界だ。家は安心感と安らぎを与えてくれることも、逆によそよそしく危険な場であることもあるだろう。あるいはおそらく、これらが入り混じった存在といえるだろう。そこにはいろいろな基準が混在し、子供は状況に応じて褒められたり叱られたりしながら大きくなる。そしてそんな中で、自分がどんな人間なのか、どうしてそんな人間になったのかについて自分なりの物語を作り上げ、それをつなぎ合わせて次第に自己理解を深めていくのだ。

小さい頃、お話の中の遠い世界に入り込んだことがある。あるいは雨の日に、本の登場人物と一緒になって窓から外を眺めては、他の人々はどんなふうに暮らしているのだろうという大きな謎を解こうとしたことがある。こんな経験をした人は、本は人生で一番大切なものだとわかっているはずだ。本を読む楽しさの虜になり、その後、今度は書くことの魅力に取りつかれたという人は、この世界には何かが欠けていると気づいたのだろう。それとも、この世界も自分自身もいずれは消えゆく運命にあると悟り、記録を残しておこうとしているのかもしれない。何かを書こうと思う動機はそれぞれだが、書くことは自分の魂を救うことだと早いうちに気づくと、人は子供ながらにものを書くようになる。

＊

才能に恵まれた子供のドラマが始まる場所といったら、結局、自分の家の食卓をおいて他にない。大人の作家はあまり認めたがらないが、私たちが生涯を通じて取り組む題材は、この子供時代と深く関係しているのだ。お前はいい子だ、悪い子だ、または信じられないほどいい子だと、言葉や他のいろいろなやり方で言われる場所、あるいは、お前は大成功をおさめるはずだとか、逆に、失敗ばかりの人生だろうとかいうメッセージを受けとる場所。そして、初めて認められたり、拒絶されたり、賞賛や非難の的になったりする場所、それが自分の家なのだ。ここであたたかいメッセージを受け取ったおかげで、あなたは授業中に手を挙げたり、自分の書いた物語を大声で読み聞かせたりできる子になったのかもしれない。自分が言おうとすることに周囲の人が関心を持ってくれている、と感じ取ったのだ。あるいは逆にそのメッセージが、あなたを、人目を恐れて見えないところに隠れる子供にしてしまったのかもしれない。お前の考えは恥ずべきことだとか危険だとか、お前は信用できない、と言われたからだ。

輝かしい将来が待っている、というメッセージを受けとったおかげで大成功する子もいるだろう。しかし、逆にその期待にがんじがらめになって身動きがとれなくなる子もいるだろう。同じように、いつもけなされて名誉を傷つけられていた子が、自分をつまらない奴呼ばわりするバカ野郎の目にもの見せてやるためだけに名を挙げることもあるだろう。一方、その反対もありうる。自分の小さな魂の力をとげとげしい言葉で奪った大人はくだらない人間だ、しかし自分もそれと同じぐらい価値がないと思い込んで、自己破壊の道を辿ることだってあるかもしれないのだ。しかし、どんなに激しい虐待と奪われた愛情が入り混じって感情の起爆剤になろうが、またどんなにあたたかい愛情と支えが雨あられと降り注ごうが、それが決定打になるとはいえないのではないか、と時に思う。本物の作家になれる人とそうでない人とをもっとはっきり分かつ決め手は、その人の忍耐強さと孤独嗜好なのではないだろうか。

私たちの文化の中に、一人でいたいという気持ちを褒めたたえるものは一つも存在しない。実際は、一人でいることは重大な罪とされる。一人でいる時間が長いと親は小さい頃から心配することが多い。学校に入れば、一匹狼のレッテルを貼られるほど最悪なことはおそらくないだろう。この文化では、一人でいたがる人は疑惑の眼差しを向けられるものだ。それがトマス・ピンチョンのような人間ならば問題はないが、ユナ＝ボマーのように、森の中の隠れ家から連行されるところをニュースで報道される人間ではまずいのである。

書くことほどリスクの大きい仕事は他に思いつかない。その理由は、作品を出版してその見返りに収入を得るという点で、世間一般で言うような意味で成功する人がほとんどいない、ということもあるが、それだけではない。ものを書こうとすればほぼ例外なく、それまで自分のいた場所といろいろな意味で決別せざるをえないからだ。まず、文字通り自分が孤独を選び、世間から離れることがある。それから心理的に自分と他人との間に距離を置いて離れることもある。最後に、友人や家族、そして批評家や出版社から拒絶される可能性もある。一族の怒りに火をつけるには、フィリップ・ロスほど過激にならずとも十分なのだ。たとえロスよりはるかにおとなしくてどぎつさを抑えた描写でも、その標的となった愛する人々との関係には永久にひびが入ってしまうだろう。しかし、自分自身を検閲することはできない。中途半端な書き方では、成功にはつながらないのだ。多くの作家が、最初の作品では（直接的にではなくても）自分の家族を題材にする。これは、聖書に出てくるエリコの街の壁と同じく、誰もが征服しなければならないものなのである。

今思えば、私が高校生の頃詩に惹かれたのは、詩なら隠喩や直喩を使うことで、真実は無理でも自分の気持ちくらいは隠せそうだ、と当時の未熟な私には思えたからにちがいない。私にとって詩は大きなコラージュのようなもので、断片の寄せ集めにすれば、内容を知られたくない相手には秘密がばれないつもりだった。イメージは鍵穴のようなもので、その鍵は感性がとても鋭い読者にしか読みとることができないと思っていた。大学院まで進んだ時、私はある先生に特別に呼び出された。コロンビア大学ドッジ・ホールの風通しの悪い小部屋だった。「あなたの詩はめちゃくちゃな文法でつなぎ合わされた、わかりにくいイメージの連続よ」とその先生は言った。それから手にしていた青鉛筆をテーブルに置き、私の眼をじっと見据えて訊いた。「あなたは意図的に人を混乱させようとしているの、それともそうやって意味を曖昧にすることには何か美的なねらいがあるの？」その瞬間、私は二つのことしか考えられなかった。一つはどこか見えない頭上の物入れから飛び出してくる酸素マスク、もう一つは、誰かそれを真っ青になった私の顔にあててくれる大人が欲しいということだった。

その時の私はまだ、作家として自分の意図をうまくコントロールできるという確信が持てなかった。「どうして書くのですか」ともし訊かれたら、私は「ただ書く、それだけです」と答えていただろう。また、「私はこう書かずにはいられないんです」とも言い張っただろう。私は、せっせと作品の手直しをしたり行と行の切れ目を考えたりしたけれど、同時に自分の書いたものがなんとか意味を成さないようにしようと一所懸命だった。私の暗い心の中に宿るものが、誰かに、中でも自分自身に見つかってしまったらと思うと恐ろしかったのだ。私は「いい子」だったのである。そしてまた、私は親にとって良き娘、出来のいい子でいることにとにかくこだわり、必死で努力していた。だから、初めて先生の忠告どおり理解不能な詩を書くのをやめ、父や母でさえ何が言いたいのかがわかるような作品を書いた時、私がどんなに戦々恐々としたかはお察しがつくだろう。

そうかといって、私が詩を書くのをやめて編集者になった理由はただ一つ、真実をさらけ出すのが恐かったからだ、というのはあまりにも単純化しすぎだし、間違いでもある。自分ではいろいろな理由があったと思うし、中には未だに問題解決に至らず悪戦苦闘中のものもある。ただ確実に言えるのは、大学院を出て編集者のアシスタントを始めてみて、自分にとっては他人の作品を扱う方が自分で何か書くよりもずっとやりやすいと気づき、その仕事が気に入った、ということだ。結局、この仕事のおかげで、作家の身になってたくさんの創作を経験できた。この道でステップアップするにつれ、編集者稼業は、自分の担当作家が書評で誉められたり、作家が私の貢献に感謝してくれたりして報われることの多い、やりがいのある仕事だということがわかった。作家と作品の間近にいることで、私自身の創作欲もかなり満たされた。よく考えてみると、編集者として、感情的にぎりぎりまで自分を追い込むような作家に惹かれたのは、決して偶然ではないという気がする。そういう作家と一緒に仕事をしていると、彼らの才能と勇敢さへの畏敬の念に打たれずにいられない。そして気づくと、まるでショーケースの中身に心を奪われてガラスに鼻を押しつけている子供のように、一心に彼らに見入っている。これもまた、偶然ではないと思えるのだ。

それと逆に、なかなかうまく書けてはいるけれど特に何の印象も与えないような原稿（編集者のところに持ち込まれる原稿の大部分はこれだ）を読むと、やれやれ、この人もいい子ちゃんだわ、また一人優等生が出てきちゃった、と思わずにいられない。こういう原稿は、編集者が目を通すところまではいっても、発表されて世間で評判になることはない。普通、本の最初の五十ページを読めば、どこかにこの話の本当の主題は何かという手がかりが隠されているものだ。だが物語を大切にして、そこで真実（世間で言う「現実の生活」で起こることではなく、心の動きが捉える真実だ）を伝えよう、手がかりを示しただけのものをはっきり浮き彫りにしようとすれば、家族の中での自分の居場所は危ういものになる。こんなことを考えると、たいていは恐怖で身がすくんでしまう。小さい頃両親の寝室を襲撃するような子だったとか、人生における自分の役割は密告者だとかいうのでない限り、たった一つしかない自分の家をこっぱみじんに吹き飛ばすのは死ぬほど難しい。あなたが家族をどんな形で作品に登場させても、傷ついたのか嫉妬しているのか恥ずかしいのか、あるいは冒涜されたと思うのか、とにかくたいていは、みんなあなたの作品にいい顔はしてくれないものなのだ。

＊

世間の人々がこぞって声高に作家を非難したといえば、一九七五年、『エスクワイア』誌に『ラ・コート・バスク（*La Côte Basque*）』が発表された時がいい例だろう。これはトルーマン・カポーティが執筆途中の小説『叶えられた祈り』から最初の方の章を抜粋したものだった。ニューヨークのカフェ社交界でカポーティとつき合いのあった女性たちは、自分の秘密が暴露されるという恐怖に震え上がり、直ちに彼を自分たちの輪から追放した。ランダムハウス社でカポーティの担当だった編集者ジョー・フォックスによると、「事実上、カポーティの友人は一人残らず彼を村八分にした。彼がほんの薄いヴェールをかぶせただけの形で内輪の秘密を外に漏らしたからで、友人たちの多くは彼と二度と口を聞かなかった」。彼らのお友だちだったこのおチビのいたずら坊やは、ちょっとばかりやりすぎたのだった。一線を越えてしまったのだ。カポーティ自身は、そんな一線があるとは知らなかったと主張しているが、そのくせ作品の載った号が出るのをわくわくして待っていたと白状している。しかもその表紙用に、いかにも意地が悪そうにフェドーラ帽をはすにかぶり、とてつもなく長いやすりで爪を研いでいる写真を撮ることに同意していたのだ。

ジョージ・プリンプトンがさまざまな人々からのインタビューを集めた聞き書きによる伝記《オーラル・バイオグラフィー》『トルーマン・カポーティ』によれば、カポーティと共にジョン・ヒューストン監督の映画『悪魔をやっつけろ』

の仕事をしたジョン・バリー・ライアンは、この時の世間の反応に当惑したという。「彼らはトルーマンと『仲良くしてあげて』いた、つまり進んでコブラを胸に抱いておきながら、その蛇に咬みつかれたといって驚いたんだ！」と彼は言う。「蛇っていうのは咬むものさ！　トルーマンは別に、公職守秘法にサインして秘密を守ると誓った訳じゃない。俺の知っている頃彼と親しくなった奴はみんな、トルーマンに打ち明けたら、四十人に打ち明けたと同じことだってよくわかってたよ。池にパン屑を投げておいて、それが戻ってくると思う人なんかいないだろう？　トルーマンに向かって、聞いたことを彼だけの胸にしまっておいてくれなんて頼むのもそれと同じだよ」。だが、この物語の反動で起こった大衆の憤激ぶりを詳しく述べた『ニューヨーク』誌の記事でリズ・スミスが指摘したように、「下劣な話を五十人の友だちにふれ回ることと、それを冷たいセンチュリー体の活字で雑誌に載せることとは別問題なのだ」。カポーティは「冷血」ならぬ冷たい活字によって、文学の中で、計画殺人に等しいことをしでかしたのだった。

カポーティに対するニューヨーク上流社会の反応は、それより五十年以上も前の、一部のダブリン市民の反応に似ていなくもない。たくさんの登場人物を用いてアイルランド人の生活が描かれたある小説が物議をかもしつつあった時だった。リチャード・エルマンの伝記によれば、ジェイムズ・ジョイスは傑作『ユリシーズ』を発表すると、仲間のダブリン市民からの賞賛の言葉を虚しく待ち続けた。ところが賞賛の代わりに「かなり多数の同国人が怖じ気づいた。自分はどんな役を割り当てられたのかと恐れをなしたのだ。『お前は出てくるのか？』あるいは『俺は出てくるか？』と、彼らはその本を持っていると思われる少数の人々に尋ねた」。

どの作家も必ず、自分の人生に登場する人々を用いる——なぜって、それしか実際に見知っていないのだから。『ユリシーズ』の出版に憤慨したダブリン市民や、カポーティの『ラ・コート・バスク』にショックを受けたイーストサイドの社交界の面々は確かにいただろうが、自分がそこに出てこないことに傷ついた人々もそれに劣らず多かったことだろう。自分に関する辛口の文章は胸に突き刺さるに違いないが、批評を加えるだけの価値もないと思われるのもまた、辛いという点では同じなのだ。また、本の中に自分が登場すると思い込む人も必ず出てくる。作家が純粋に心の中で造った登場人物なのに、自分がその原型になっていると考えるのだ。ジョーン・ディディオンは、自分の最初の小説『ラン・リバー（*Run River*）』には、舞台がサクラメントである点以外自伝的な部分は皆無だった、と述べている。「サクラメントに住んでいる人の中には、私が自分やその家族を中傷したと考えた人がたくさんいたようです。でもあれはまったくの作り事です。中心となる出来事は、カロライナでのある裁判について『ニューヨーク・タイムズ』に載った小さな記事が基になっているのです。」

ごちゃごちゃした感情や激しすぎる欲望、隠れた羨望、そして心を騒がせる空想（こういうものがあってこそ人間らしい人間だといえる）を包み隠さず書くつもりなら、あなたの家族やご近所や地域社会のご機嫌を損ねずにいることなど不可能だ。自分自身母親でありながら、我が子を殺してしまう母親の話を書いたら、周りの人たちからどんな風に見られるだろうか？　どう思われるだろうか？もっと罪の軽いことを告白したとしても——たとえば、ダフニ・マーキンが、お尻を叩いてお仕置きされるのが好きだ、と『ニューヨーカー』で白状したように——それでも、そんなことは母親としてふさわしくないと考える人たちからは道徳性をやかましく非難されるだろう。ヘンリー・ミラーならこんなお仕置きを楽しんでもいいかもしれないが、これがアッパー・イーストサイドに住む子持ちの既婚女性となると、何らかの釈明が必要になるのだ。たとえば『さようならウサギ』のウサギのように、主人公が義理の娘と寝る話を書きながら、作家が自分の家族から全く疑いを抱かれないなどということがあり得るだろうか？　もちろん、アップダイクの家族の誰かが、彼がそんな由々しい罪を犯したと思ったと言っているわけではない。でももし私が彼の息子か義理の娘だったら、次の感謝祭のディナーで彼に会う時には何となく気詰まりに感じるかもしれない。

作品を書く側は、読み手は書かれたことを実生活そのものと取り違えるほど単純素朴ではないと信じたがる。小説家の場合は特にそうだ。いったんある場面や登場人物や会話の断片を創造したり、部屋の様子やそこに漂う香り、声の抑揚などを描写すればもう、作品は完全にフィクションとなって、現実とは一線を画していると思いたいのだ。イーディス・ウォートンはこの満たされない欲求を自伝『過去への一瞥（*A Backward Glance*）』でこう説明している。「『社交生活』と呼ばれるものを描写する作家は皆、実在の人物を自分の本に登場させたという癪にさわる非難に追いかけられます。ほんの少しでも創造する力を持って生まれた人間なら、そのような非難がいかに馬鹿げたものか分かるはずです。『現実の人々』は想像上の作品世界に運び込まれたその瞬間から、もはや現実ではなくなります。生まれつき創造の才を持った人だけが、ほんの少し現実のような幻想を与えることができるのです。……創作する作家にとって、自分の造りだした神秘的な別世界で生まれた人間をぶしつけに指さし、『もちろん、あれがあなたのイライザ叔母さんだってことはみんなわかったわよ！』などと面白半分に非難されるほど腹立たしいことはありません」。

作家が書くのは真実を伝えるためだ。しかし、それは真実それ自体を伝えるということとは全く違う。修行の足りない作家が、自分の書いたある場面が現実味に欠けると批判されて、「現実にそういうことが起こったんです」と自己弁護することがあるが、これは実にまずいやり方だ。全くそうではないのだから。紙に記すことは全て、実際に起こったことに意図的に手を加えて、読み手を楽しませ、感動や共感をよんだり、あるいは恐怖を与え震え上がらせる、そういった目的のために書かれたのである。「本当に」起こったことを書くなどということは決してない。そうではなく、言葉を選び、イメージを積み上げ、リズムや意味や構造を作り出して、それらを通して登場人物を動かし物語を展開させるのだ。一つ一つはごく小さな選択だけれど、それを千も積み重ねた結果、読者には今読んでいるものが現実だと思えるようにしたいのである。そしてこれこそが、よく書けた小説はまるでノンフィクションのように思え、上手なノンフィクションは小説のように思えるゆえんなのだ。

この二つのカテゴリーを最初に、露骨かつ鮮やかな手際で結びつけたのはカポーティで、「ノンフィクション小説」である『冷血』を完成させた。結果は目を見張る出来ばえで、現代のノンフィクションのあり方が一変するほどだった。おそらく、この作品が拍手喝采を浴びたことでカポーティはとても大胆になっていて、プルーストの『失われた時を求めて』に相当する現代の作品として『叶えられた祈り』を構想した時には、自分の努力が鼻であしらわれるとは想像もできなかっただろう。イーディス・ウォートン同様、彼も自分の洗練された社交界の友人たちはそう単純素朴ではないだろうと思っていたのだ。それで、ほとんど誰もこの作品を評価しなかったことにカポーティは驚き呆れた。伝わっているところでは、彼は「あいつらは何を期待していたんだ？」と言ったそうである。「私は作家だもの、何だって利用するさ。あいつらは皆、私がただ自分たちを楽しませてくれるためにいるとでも思ったんだろうか？」答えは、この問いかけの切実さに自ずと表れている。

この未完の小説の残りについてはいろいろな説があるものの、カポーティの編集者は、彼が一度も残りに手をつけなかっただろうと考えている。彼がその後書き続けられなかったことの一因は、アルコールと麻薬に次第に溺れていったことにある。しかし理由は他にもあると思う。カポーティはその偉大な才能のおかげで、彼の人生の扉を開き、注目されたいと願った人々からの愛情を手に入れた。だがその才能のせいで、一度は開かれた扉が結局はぴしゃりと閉ざされ、二度と取り返しがつかなくなってしまった。辛いけれど、これも真実だと思う。ジョン・ノウルズによれば、「問題は、彼は社交界で力のある存在ではなかったということだ。彼は良家の出ではなかった。単なるうわべのお飾りにすぎなかった。頼りにできるものは何もなかった。誰しも社交界でまずい立場になりたくはなかったから、トルーマンはあっという間に見捨てられた。彼はたった独りぼっちになってしまったのだった」。大多数の作家は、結局こんな孤独感を味わうことになる——孤立無援の立場に追い込まれたら尚更だ。社会的に重要な立場にあり、家族や、自分を頼ってくれる人々がいる作家でもこれは変わらない。本当のところ、どんな人でも心底寛大になることはできず、自分の洞穴と一族を庇って、相手に牙をむくものだ。ユーモアをまじえて攻撃すれば多少は自由に書けるだろうが、それでも大した違いはない。しかし、書くという行為は、攻撃することでも防御することでもないし、書かれた相手が悪い人だとか信用できないとか、堕落しているとか邪悪だということをはっきり証明するためのものでもない。偉大な作品が目指すのは、私たちがその作品にぞっこん惚れ込み、心を打たれ、面白くて夢中になること。そして本を読み終えた時、私たちが世界とその働きについての理解を深めて、作品の世界から再び現実へと戻ってくることなのである。

＊

自分に向かって、語ってもいいのだと言ってあげよう。何より大切なのは、世間の人が自分の作品を気に入ってくれるかもしれないという虚しい期待を捨てることだ。世間の人々は、たとえばバニラアイスクリームなんかの方がずっと好きなのだから。そうではなく、人があなたの作品に心酔するか毛嫌いするかのどちらかになることを期待しよう。または、あなたの作品が繊細だと思うか非常に不愉快だと思うかだ。「自分の作品に対する最初の批評を注意して聞きなさい。批評家があなたの作品について、ここが良くないと言った点だけに注意し、それを大事に育てなさい。あなたの作品の中でそこだけが、あなた独特のもの、あなたが捨ててはならない部分なのだから」。ジャン・コクトーがこう言った時、彼の考えは正しかったと思う。支持してもらおうとか好かれようという思いに縛られるのはやめよう。たった一つの形容詞でも、誰かに気に入られるために変えたり、逆に誰かの感情を傷つけないためにある形容詞を選んだりすることを甘んじて受け入れたその瞬間、あなたは自分の人工呼吸装置のプラグを引き抜いていることになるのだ。

フィリップ・ロスは言う。作家人生の出発点で浴びせられた攻撃こそ、自分の作家としての成長、そして成功にとって、まさに決定的な意味を持つものだったと。後に書かれた『事実』によると、「マイノリティ作家における良心の危機」と題されたユダヤ教のイェシーバ大学でのシンポジウムで、ロスはありとあらゆる方面から総攻撃を喰らった。こうして公の場できわめて不愉快な目に遭わされた後、彼はステージ・デリカテッセンでパストラミサンドイッチを頬張りながら、「二度とユダヤ人について書く」まいと誓った。「まだ、ことが起こった直後だったので」とロスは述懐している。「その時はわからなかったのだ。ところがこんなふうにかつてないほど激しく公の場でやり合ったからといって、ユダヤ人を種に想像をめぐらすのをやめたり、ましてや破門されたりということにはならなかった。それどころか、このおかげで私は、ユダヤ人について書くことに取りつかれてしまったのだ。……イェシーバでの一戦の結果、ユダヤ人を主題に小説を書くなんて金輪際やめよう、とは思わなかった。逆にこの一件が、ユダヤ人の自己定義の問題を一触即発の危険なものにしているあの攻撃的な怒りの激しさを、未だかつてないほどまざまざと見せつけた……私の書いた一言一句が恥辱であり、全てのユダヤ人を危険に陥れかねないなどと言われた日には、他にどんな結論の出しようがあったろうか?」

カポーティは友人たちの愛情と関心をひきつけることに大きく依存していた。それと違ってロスは、自分の作品が読者の軽蔑をかったことが起爆剤になった。というよりむしろ、自分が電気の通じている電線に触れてしまったと悟った。そこで彼は、それから後の作品ではその電線のソケットに狙いをつけることにしたのだ。批判の的として注目を集めるのは辛いことだ。ロスの場合も決して例外ではなかった。シンポジウムはうまくいかず、書評では痛烈な酷評を浴び、一族みんなからつまはじきにされた。母親がハダーサの会合に行けば悪口を言われ、元恋人は彼の冷酷さを訴える暴露本を出した。だが、これらは全て一時的なものだった。ロスが早くに気づいていたように、たとえ否定的なものでもいい、本が大きな反響を呼べば、それで自分の舞台ができたことになるのだ。この舞台を手に入れることができる作家はほんの一握りだが、それさえあれば今後世間からの好評に応えていくこともできるし、あるいは過去の悪評を埋め合わせることもできる。「イェシーバ大学で、並みいる敵たちを前に味わった屈辱――実際、私は文字通り最初の一歩から、怒れるユダヤ人たちの抵抗にあったのだ――誰かと仲違いして、これ以上の幸運に恵まれるなんてあり得ない」とロスは書いている。「私は烙印を押され、そのおかげで人目を惹く存在になったのだ」。

情熱に燃えていたはずなのに、ロスよりはるかに小さなことが原因で、志半ばであきらめてしまった作家は大勢いる。厳しい批判にもめげずに書き続けるには、抜きん出た才能と、自らに対する強烈な信頼とが必要だ。今まで「いい子」を通してきたあなたも、自分が本を書くことで、あるいは（なお悪くすれば）自分が書かずに黙っていることで、他人を喜ばせたり守ったりしようとするのはやめるべきだ。そして「悪い子」のあなたは、自らのおかれている状況の具体的なあれこれではなく、より大きなことを志してもらいたい。それができた時こそ、自分の本が巻き起こした論争の最終決定権を握るのは、あなた自身になるだろう。

4

自分売り込み屋

名声を手に入れた人は誰でも清く正しい人格の持ち主扱いされるこの時代、本当の謙虚さなどもうどこにも見つからないかもしれない。唯一残っているのは、おそらく、見てくれだけのの謙虚さにすぎないだろう。今どき、投資金融業者が大もうけしたとか検事が冷酷無比の最終弁論をしたからといって悪く言う人はいない——芸術と関係のない職業の人が野心を剥き出しにする場合は、とやかく言われることはずっと少なくなった。しかし詩人や小説家は未だに、政治の表舞台に打って出るよりは、食うや食わずで狭い屋根裏部屋に押し込まれて暮らすのがふさわしいと思われている。実際、「本物の」人間が自分のパワーブックの中身を公開するアップル・コンピュータ社の連続広告第一弾に、なんとタマ・ジャノヴィッツが登場した時はショックだった。わざわざ自分からこんな露骨な商業主義の標的になるなんて、こういう作家は何を考えているのだろう？　自分の名声をさらに広めたいのか、それとも単に、新しいパソコンが欲しいだけなのか。スポーツ選手がスポーツウェアを薦めてかまわないなら、ケイティー・ロイフェが『コーチ』のステキな新作バッグを宣伝してなぜいけないのか？ また、これがジョン・アーヴィングだったら？ ブラックグラマ社の毛皮の広告に登場したリリアン・ヘルマンはミンクをまとっていた。その頭上には、作家の誰もが（自分で認めるかどうかは別として）必ず考えるある疑問がキャッチコピーとして躍っていた――「伝説にもっともふさわしいのは何か？」

文学を志す人々が狂ったように自分を売り込もうとしている昨今だが、これは何も今に始まったことではない。歴史を振り返ってみよう。今日ではアメリカを代表する詩人と考えられているその人も、最初の一冊は自費出版だった。あと数週間で三十六才という時に思い切って出したのだ。アメリカ文学史上、これほど興奮に酔いしれた作品も珍しかった。それからわずか二ヶ月後、彼は一通の手紙を受け取る。詩集を送られたエマソンはこう綴っていた。「私は『草の葉』に素晴らしい才能を認めています。アメリカがかつて世に送り出した中で最高の機知と叡知のこもった、たぐいまれな作品だと思います。偉大な詩人への道の第一歩を踏み出されたあなたに、歓迎の挨拶を送ります」。手放しで歓迎してくれるこんな手紙を読んだ若きホイットマンの気持ちを想像してみてほしい。

聖書には、モーゼが手を差し伸べると紅海の水が真っ二つに割れ、約束の地への道が開けたと書かれている。ホイットマンの場合は、エマソンからのこの手紙が道を開いてくれた。作家なら誰でも、こんなふうに受け入れられることを夢見てやまないだろう。しかしその後はというと、いくつかの新聞に書評が載ったものの、それほど好意的ではなかった。すると不思議なことに、エマソンが転載を許可するどころか知らされもしないうちに、例の手紙が『ニューヨーク・トリビューン』に登場したのだ。ホイットマンの伝記を書いたジャスティン・カプランによれば、『トリビューン』の編集者がホイットマンを口説き落として、この手紙の公開を承知させたのかもしれないという。本当のいきさつはともかく、いったんこの賛辞が公表されると、ホイットマンは「獲物めがけて急降下する鷹のごとき勢いでそれに襲いかかった」。彼は『トリビューン』のこの部分を切り抜き、ロングフェローを始めとする文壇のお偉方に送りつけ、この手紙を『ライフ・イラストレイテッド』に載せてもらうように手配し、さらに印刷して小冊子の形にしたものを編集者や批評家にばらまいた。そして、それでもまだ足りないと言わんばかりに、『草の葉』の第二版の背表紙にはエマソンの文章の抜粋（というより、今どきの用語で言えば「推薦広告」）を金文字で入れた。「この文句はまるで『開けゴマ』のように、願いをかなえる魔法の呪文として利用された。新しい版に付け加えられた詩は、一度もエマソンの目に触れたはずがない。それなのに、文脈から切り離され、仰々しく見せびらかされたこの言葉は新作に対する推薦文句のように見えた。そして、ボストンのある新聞で『我々の知る限り、文学上の礼儀や相手への謙譲のマナーにこれほど反するものは未だかつてない』と評されたものをさらにひどいものにしたのだ」とカプランは伝えている。

ウォルト・ホイットマンの写真をよく見てみよう。白くて長いあごひげと燃えるような眼差しの持ち主だ。彼の詩の中を駆けめぐっている、あふれんばかりの生命力を考えてみよう。そんな彼がよだれを垂らして推薦文句を欲しがり、配布用の冊子をせっせと印刷し、当時の有名作家たちに尻尾を振っていたと想像すると、なんだか落ち着かない気持ちになるだろう——今まで、実際に詩人とつきあったことがない人の場合は、だ。しかし、ほんの脇役のはずが、主役を食ってその場の注目をさらってしまうのが詩人の常なのだ。彼らにはドラマチックなできごとを引き起こす勘が備わっていて、常識の枠では収まりきれないその生き方は、数々の伝説の種になる。作品同様、詩を書いている本人も、強烈な印象を与えるのはお手のものだ。スティーブン・シッフは「ビッグ・ポエトリー」と題した『ニューヨーカー』の記事の中で、ピュリッツァー賞受賞詩人ジョリー・グレアムのいでたちをこう描写している。彼女は自分の領地を練り歩く女王様のようで、「頭から爪先まで黒い衣装に身を包み、指輪やネックレスやブレスレットをじゃらじゃらつけていた。その多いことといったら、ベリーダンサーがそれだけのものをつけて踊ったら腰痛になってしまいそうだった。……そんな格好で、彼女は夜明けにチューリップを植えるのだ」。同じくピュリッツァー賞を受けたリチャード・ハワードはいつもスパンコールつきのネクタイをしめ、授業で私たちに詩を暗唱してくれる時は、金のチェーンにぶら下げた片眼鏡を繊細な手つきで持ち上げて、目の前にかざしたものだった。それから、アレン・ギンズバーグの詩を聞きにニューヨーク大学に行った時のことも懐かしい思い出だ。講堂は満員で、私は後ろの方に足を組んで座っていたので、言葉を強調しようとして講演台の後ろで躍り上がる時しかギンズバーグが見えなかった。頭のおかしいびっくり人形よろしく、禿げ頭がぴょんぴょん跳び上がっていたのが忘れられない。そして変わり者といえば、みんなの大好きなマリアンヌ・ムーア。彼女は独特の行の分け方で有名だが、彼女のケープと帽子も負けず劣らず有名だった。彼女の帽子は左右と後ろの三方のつばが折り上がっていて、まるでルイス・ブニュエル監督の描くお坊さんと絵本『げんきなマドレーヌ』に出てくる尼さんのあいのこ、という感じだった。

詩人がこんなにまでして目立とうとするのは、おそらく、世間があまり彼らの作品に興味を持ってくれないからなのだろう。芸術や詩の創造というと何か神秘的なイメージがあるが、実際芸術家として成功するのはたいてい、恥ずかしげもなく自分の権利を主張する類の人々だ。ホイットマンは自分の登場を金文字印刷でふれ回ったわけだが、一方、エミリー・ディキンソンのおずおずした調子はそれと対照的だ。この二人の例を比べると、作家が自分の作品をどんなふうに扱うかは、世間がその作品をどんなものとして受け入れるかに大きな影響を与えることがはっきりわかる。『アトランティック・マンスリー』の編集者トマス・ウェントワース・ヒギンソンの「若き寄稿者への手紙」がディキンソンの目を惹いた。そこでヒギンソンに宛てて手紙を出したのだが、それはこんな繊細な言葉で始まる。「ヒギンソン様、ご多忙の所恐れ入りますが、私の詩には生命があるかどうかおっしゃって頂けますでしょうか?」ディキンソンほどの詩才と強烈な感情の持ち主が、なぜ自分の詩を世に発表しないままで満足していられたのか、学者も一般読者も未だに納得がいかない。

「心が心自身の近くにいすぎて――はっきりと見ることができないのです――それに、意見を聞ける人が誰もいないのです――」とヒギンソンへの手紙は続く。どんな作家でも、自分の作品をじっと見つめた時、突然くらくらするほど強い不安に襲われることがある。ディキンソンがここで恐怖におののきながら打ち明けているのは、あの独特なめまいの感覚だ。「私の名前を同封致します――もしよろしければ、――貴方に――真実を教えて頂きたく存じます。お願い致すまでもなく――私を裏切ったりはなさらないと信じております――名誉のかかった問題でございますので――」この最初の手紙はあたかも、結局ヒギンソンに裏切られることを予言しているかのようだ。彼女が亡くなった時、二〇〇〇編を超える詩が未発表のまま残されたのだから。

自分の書いた詩の束を抱えて、文芸誌の世界におずおずと最初の一歩を踏み出した頃、私はよく詩の朗読会を聞きに行った。すると必ず、朗読を終えた有名詩人につかつかと近寄りその手に自分の詩の草稿を押しつける若い詩人に出くわして、あっけにとられたものだ。もちろん私は席に座ったままで、その思い上がった態度と図々しさに、「あつかましい奴！　なんて無神経な！」と友達みんなで憤慨した。朗読を終えたばかり、まだ自分の書いた言葉の余韻が耳に残っている時に、見も知らぬ若い作家の原稿を押しつけられても、ベテラン作家が興味を持てるはずがあるだろうか？　渡した原稿をどうしろと言うつもりなのだろう？　しばらくすると、私たちはもうその手の目障りな若い作家にいちいち目くじら立てなくなったが、それでも私は彼らのそうした行動が気になって仕方なかった。何がどうなると、作家は自分以外の人間に耳を傾けてもらいたい気持ちに駆られ、逆にどうなると、せっかく書いたものを引き出しの奥に葬ってしまうのだろう？　いったい何がウォルト・ホイットマンを突き動かし、ボクシング界きっての敏腕プロモーター、ドン・キング並の熱烈さで自作を売り込むに至らせたのか、それは永遠の謎である。また、ディキンソンが点数の辛いヒギンソンをあきらめ、他に発表の場を見つけようとしなかったのは、（自分の中での壁も含めて）どんな拒絶にぶつかったからなのか、それも誰にも分からない。大部分の作家たちは、ホイットマンほどのナルシストにもならないがディキンソンほどの発声困難にも陥らず、二人の中間に当たるだろう。それでも、実際そのために行動を起こすかどうかは別として、作家ならたいていは名声を夢見るものだと思う。

＊

創作という行為と名声を得たいという気持ちは、どこかでつながっているのだろうか？それとも、素晴らしい才能に恵まれていながら、自分の作品を世に出したいとは思わない作家もいるのだろうか？　当代最高の作家のうちのある一人はもう三十年以上も作品を発表していない——これはどれくらい皮肉なことだと言えるのか？　それとも悲しいとか悲劇的だと言うべきことなのだろうか？　彼が新作を発表しないこと自体が、文学界の競争に新しく加わる作家たちへの無言の非難となって、お葬式で棺にかける布のごとく、作家や批評家や出版業者の上に覆いかぶさっている。（誰かの処女小説を出版業者が『ライ麦畑でつかまえて』になぞらえでもしようものなら、即監獄に叩き込まれるか二百ドルの罰金かの運命が待っているのだ。）ジョイス・メイナードは、この大作家J・D・サリンジャーとの九ケ月にわたる交際を振り返った回想録で、自分がついに勇気を奮い起こし、彼の沈黙を真っ向からぶち破るようなある質問をぶつけた時のことを書いている。それは「あなたは今も作品を書いているんですか？」という問いだった。すると「彼は、毎日書いているし、今まで書くのをやめたことはありません、という返事をくれた。私たちの友情が深まるにつれ、彼はまるで当然のことを話すような調子で、ついでのように自分の作品のことにふれた。それに時には、今週もまたせっかく書いたものの大半が結局納得いかなくてゴミ箱行きになってしまった、と書いてよこすこともあった。」

メイナードはしまいに、質問の第二部を切り出した。なぜもう作品を発表しないのかとサリンジャーに尋ねたのだ。「『本を出すっていうのは手が焼けるからね』と彼は言った。『君もいつか私の言う意味がわかるよ。あのカクテルパーティー好きの、もののよさなんてわかっちゃいない批評屋連中ときたら全く、いいとか悪いとか言いたくてたまらないんだ。作家についてああだこうだ言うだけでも十分たちが悪いがね、登場人物をやり玉に挙げ出した日には――実際そうするんだ――あれは殺人行為だよ』」。だがサリンジャーからメイナードへのアドバイスの中で、芸術家の自由、つまり、芸術家はその仕事に関して道徳的に咎められたりはしないという主張ほど鋭く胸に刺さるものはない。彼はまだ十代の彼女にこう言った。「いつか、ある話を伝えたいと思う時がくる。それが自分にとって他の何より大事なことだから、というそれだけの理由でね。自分がみんなを不愉快にさせていないか振り返っては確かめるのはもうおしまいにして、本当のこと、真実だけを書くんだ。正直に書かれたものというのは、人を不安にさせるものだから、君の人生はきっとあの手この手で地獄のように苦しめられるだろう。でもいつか、今からずっと先、自分の書いたものが誰のお気に召すかとか、みんなになんと言われるかなんてもう気にしなくなる日が来る。そうなってこそやっと、自分の能力をフルに発揮した作品を書くことができるんだ」。

そしておそらくこの回想録を出版したことで、メイナードはついにサリンジャーのアドバイスに従い、縛られていた枷から自由になったのだ――その枷とは他人、中でもサリンジャー自身に受け入れてもらうことだったのだが。彼女はこの本のせいで、サリンジャーを「利用」した、この頑なにプライバシーを守った作家の私生活を自分の名声のために暴露した、とこっぴどく叩かれた。自分より名が売れた作家との経験をくいものにしたかどで、ジョン・アップダイクは「ユダ的伝記作者」というレッテルを貼った作家の一群に彼女の名前も挙げた。しかしメイナードは、仲間内からの敵意に耐え抜いた――十九歳で初めて『ニューヨーク・タイムズ・マガジン』の表紙を飾った時からずっと、この手の攻撃には慣れっこになっていたのだ――その表紙で彼女は、困ったようなあいまいな微笑みを浮かべ、ばかでかい目でこちらを見つめ、ほっそりした手首には男物の腕時計がずり落ちかけていた。後の『ニューヨーク・タイムズ』の特集では、彼女についてこう書かれている。「メイナードは今や、一頃ほどの有名人ではない。だが、誰か彼女と同年代でアメリカで育った人をつかまえて聞いてみれば、彼女がどういう人物か知っているのはもちろん、おそらく、驚くほど憎々しげな反応が返ってくるだろう。十代の頃メイナードが表紙になった『ニューヨーク・タイムズ』を見て、『自分だってこれくらいできるのに、なんでこいつなんだ?』と思った時のことが、きっとほんの昨日のことのように生々しく思い出されるのだ」。

経験を重ねるうちにわかってきたことがある。ある作家が印税の前払い金をどっさりもらったり、大きな特集を組まれたり、映画化の契約を結んだりベストセラーリストに載ったりすると、他の作家は必ずこう思うのだ――「自分だってそれくらいできるのに、なんで自分じゃないんだ?」私たちは往々にして、その作家が注目を集めているのは、何かうまいこと状況操作をしたおかげだろう、という結論に達する。あるいは、誰か新進気鋭の作家が有力な編集者やエージェントの協力を取りつけたと聞くと、「ああ、そりゃあ彼はものすごい売り込み屋ですからねえ」とせせら笑うのだ。どのような形で登場しようと、新人は必ず、あいつは業界に入れてもらうために誰かと共謀して策を弄したと言われる。もの書きになること自体、有名になりたいという密かな期待があってこそなのに、私たちはそれを忘れているのだ。そして、自分が有名になりたがっているということが白日の下に晒されても気にしないでいられるか、あるいは気になって落ち着かないか——作家として成功するかどうかはそこにかかっているかもしれない。

以前、ある若い作家の本の版権を手に入れたことがある。当時は知らなかったが、彼女は方々の出版社にその作品案を持ち込んだものの、いずれも断られていた。私が見たところ、荒削りでごちゃごちゃしてはいるが、何か心を揺さぶる感情とユーモアがこもった作品で、とにかく一度会って話をしてみようという気になった。その作家がやって来たのは三月の、とある冷たい霧雨の日だった。彼女は頭からお坊さんが着そうなショールをすっぽりかぶり、長いまつげは雨に濡れて色が濃く見えた。ショールを椅子の背にかけると、もつれた長い髪がばさりとかかって彼女の顔を縁取った。まるで雨に濡れそぼって帰ってきた子猫ちゃんだ、と思ったのをはっきりと覚えている。私たちは彼女の回録のこと、彼女がそれを書く目的などについて話し合った。彼女が帰るのを待って改めて考えるまでもなく、私は、こんな温かい人柄の、面白くて頭の切れる人と一緒に仕事したいと思い始めていた。この人なら、私が彼女ぐらい若かった頃こんな本が読めればよかった、と思うような作品を書けるはずだと感じたのだ。

私がそこそこの前払い金で出版契約にサインしたその瞬間に、受話器もはずれんばかりの勢いでけたたましく電話が鳴った。「誰と契約したかわかってるの?!」電話の主は記者をやっている友人で、必死の口調だった。「あの子が何をしたか知ってるんでしょう?」私はもちろん何もかも承知の上だというふりをした。世紀の大間抜けだと思われたくなかったからだ。そして相手が受話器を置くが早いか、大至急この作家のエージェントに電話した。そこでわかったのは、あの子猫ちゃんは悪い子だった、ということだった。一人前の作家としてすべきでない行いをした、という噂が、洋服につく糸くずのように彼女にくっついていた。「あいつは悪夢だよ、知ってると思うけど。人脈づくりの天才なんだ」別の編集者が話に加わった。ただ彼は同時に、自分もあの作品を出版したいと思ったが会社が同意してくれなかった、とも言ったが。ところが、後にわかった彼女の罪状とは、非常に若くして、みんなが喉から手が出るような仕事をものにし、しかも発表した作品が高い評価を受けた、というだけのことだった。だがおそらく、彼女が作家として犯した最大の反則というのはこれではない。彼女が自分の人生に作品の題材を探し求め、自分のペンがあたかも腕に刺さった注射針のごとく、血を流しながらも書き続けたことだった。

男をたらし込んでは貢がせていた女性が九十のお年寄りと結婚したら、彼女がいくら夫への愛を宣言したところで、なかなか信じられないものだ。同じように私たちは、名声を求める作家を疑いの目で見てしまう。真剣に作品に取り組むことと、その作品を有名にしてみせようという決意とは正反対の矛盾する目的だとでもいうかのようだ。ぐいぐいと自分を売り込んだり、露骨に名声を追い求めるような人が、本当に価値のある作品を生み出せるはずがあるだろうか？ というわけで、やっとスポットライトを探し当てた瞬間、あるいは向こうがあなたを探し当てた瞬間から、人々はあれこれとあなたの動機や狙いを勘ぐり始める。真実かどうかなんておかまいなしだ。「メイナードの書くものは、ひどい物笑いの種になる」と『ワシントン・ポスト』のジョナサン・ヤードリーは述べている。また彼女とイェール大で同級生だった別の作家はこう言っている。「彼女は三十年もの間、オリバー・サックスの症例集から引きちぎってきた妄想にどっぷりつかってやってきたんだ。『妻を帽子と間違えた男』ならぬ『自分を興味深い人間と間違えた女』だよ」。自分自身について書くことと、早くに成功をおさめること。このどちらがより重い罪なのかははっきりしない。メイナードは作品の題材を求めて、自分の人生を掘り返してきた——十九にして最初の回想録『19才にとって人生とは』を出版するという大胆不敵な行いに始まり、イェール大を中退して偉大な人物に自分を捧げたこと、超人気コラムで自分の家庭生活を取り上げ、三人の子供のおむつを替え、食べさせ、きちんと面倒を見てやるためにノンストップで働き続ける生活のあれこれを書き綴ったことに至るまで。

そうしない作家なんているだろうか？　ジョイス・メイナードは注目を集めたかっただけだ、と斬って捨てるのはたやすい。けれど私はあえて、彼女は、人々が自分の書くものを気に入ってくれるようになると期待していたのだと考えたい。彼女を批判しやすい理由はもう一つある。彼女は女であり、そして家庭生活とか女が考えることはくだらないと思われているのだ。確かに、親やご先祖様の罪を暴露することは未だにタブーだ。少なくとも礼儀には外れている。だからその点では、メイナードをユダ的作家と呼べなくもない。（私たちは皆、J・D・サリンジャーが生焼けのラム・バーガーを食べたり若い娘好きだったりすると考えるよりは、むしろ彼を孤高の天才としてイメージしたいのである。）そしてカポーティの場合と同様、メイナードをこてんぱんにやっつけるのは易しい。なぜなら彼女には社会のしくみや業界を左右する発言力があるわけではなく、せいぜいマスコミをにぎわせる程度の影響力しかないからだ。しかし、彼女を攻撃するのがたやすい本当の理由は、彼女が自分自身を人前にさらけ出しているということにある。

＊

私は編集者として長いこと、初めて作品を発表する作家たちと仕事をしてきた。彼らがスポットライトの中に登場するのを見つめ、そのプロセスが彼らの自我に与える影響を観察してきた。しかし今でも、自分の栄光に酔いしれていい気になっている作家や、名声への欲望をうまくコントロールできない作家を見ると、賞賛とも不快感ともつかないあいまいな気持ちになる。私はいつも「手に入れるためにはまず欲せよ」という信念を抱いてきた。だが欲する気持ちが強いあまり全エネルギーをそれに注ぎ込んだり、あるいは少なくとも作品自体よりそちらに力を注いだりすると、このプロセスは誤った方向に進んでしまう――好むと好まざるとにかかわらず。私たち編集者は毎日のように、野心を抱きつつそれを別の顔（謙虚さも含まれる）を装って隠す面々に山ほど出会う。以前は、自己評価と実際の才能は逆比例していると思い込んでいた。つまり、自分が実に優れていると思っている作家はたいてい、その高い評価に比べると能力の方はかなりお粗末、ということだ。そして作家が自分の作品にほどほどの不安を感じている場合は逆に、非常に完成度の高い文章を書いていることが多いと思っていた。しかし、常にこれがあてはまるわけではない。自己満足の極致に浸っているうぬぼれ屋が本当に優れた才能を持っていたりもする。だからこそ私たちは、そういう作家がもう一発強烈なパンチを繰り出せるように、引き戻してあげるのだ。

ノーマン・メイラーと言えば、批評家たちを文字通りノックアウトしては見出しを飾ったことで最も知られている作家である。もっとも、世間の注目を狙った奇抜な行動よりも、実は彼の作品そのものの方がはるかに優れているのだが。メイラーは脂ののりきった三十六歳の時、それまでのいろいろな文章を集大成し、注釈をつけて、その名も『ぼく自身のための広告』と恥ずかしげもなく銘打った一冊の本にまとめた。そのジャケットに載せた顔写真は、作家というよりまるで俳優の写真だった。その中の彼は船長帽を粋な風にちょいとずらし、カールが一房、おでこの上に無造作に飛び出している。誘惑するようなセクシーな眼差しは近くとも遠くともつかないどこかに向けられ、形のいい唇がほんの少し開いている。メイラー自身の言葉によれば、この本を思い立った理由は次のようなものだった。「ぼくは、今の時代の意識に革命を起こさずにはおさまらない感覚に取り憑かれている。正しいかどうかはわからないが、今日のアメリカの小説で最も深い影響を及ぼすことになるのはぼくの現在そしてこれからの作品だ、とまで考えているのは明らかだ。ぼくは間違っているかもしれない。もし間違っているとすれば、ぼくは愚か者としてその勘定を払うことになる。だが、もしぼくが自分を実際よりも謙虚に見せかけたりしたら、それこそいかさまをしてこの作品の本当に興味深い部分を奪ってしまう、その点については意見の一致をみられると思う。」そんなことがあってはたまらない！

作家と自我の問題はとにかく、実にややこしくてわかりにくい。しかし、自己満足している作家ほど怪しいものはないということは断言できる。私たちは、突然登場して自分の偉大さを触れ回る作家がいると危険を感じて恐ろしくなる。最近で言えば、小説家デール・ペックが出版社を替えて話題になった時がそうだった。彼は「私は今いる作家の中でも最高の一人だと心から思います。そしてそう認められたいのです」と語った、と『ニューヨーク・オブザーバー』には書かれている。私はある意味ペックは偉いと思う。「自分は最高だ」と言えるとは大したものだ。しかし彼の宣言からは自己満足の匂いが漂ってきて鼻につく。私たちとしては、作家というものは自分の芸術のために苦しんでいると考えたいのだ。誰よりも厳しくこの考えに疑問を呈したのはロバート・フロストだった。『パリ・レビュー』のインタビューで、彼は創作と個人的な犠牲という問題についてこう語っている。「書くためにどんな代償を払っているかとかどんなに苦しい思いをしているかとかいう主張が多すぎますよ。どこまで本当かわかりませんがね。」

どれほど偉大な人物であれ、ここアメリカでは未だに、自分でそう主張するより他人が「この人は偉大だ」と言う方が好まれる。自らの偉大さを宣伝して回る作家や、賞を受けた時のスピーチを胸ポケットに入れて後生大事に持ち歩く作家は、中身の薄っぺらい奴と思われがちである。ほんの少しでいいから、自分の偉大さに対する疑いを持っている方がいい。ウッディ・アレンの場合、ノイローゼ気味の登場人物を創造したことで、彼自身のイメージが完全に出来上がってしまった。この前の『地球は女で回ってる（*Deconstructing Harry*）』の時もそうだったが、彼が自分の映画に自伝的要素はないとどんなに躍起になって念を押しても、私たちの方では、映画の中心人物であるあのノイローゼ気味で妄想に取り憑かれたような男は監督自身だ、と信じたがるのである。

アレンは言っている。「私はハリーと共通点など全くないのに、みんなはハリーの生活のあれこれを私の生活と混同するんです。私はハリーと違って、べろんべろんに酔ったり薬を飲んだりしません。彼と違って、自分の息子を誘拐するような図太さも、気狂いじみたところもありません。彼のように作家として行き詰まりを経験したこともありませんし、自分の友達の生活を小説のネタに利用したこともありません。今まで二十七本の映画を撮りましたが、そんな苦情を言われたことはただの一度もありませんよ」。それでも、彼の映画の登場人物は実際のウッディ・アレンとは別物だとはどうしても信じられない。登場人物の現代風なノイローゼの諸症状はあまりにも巧みに描かれ、あまりにも身近に感じられすぎて思わず笑ってしまうほどなのだ。アレンは理路整然と確固たる目的を持って仕事をする自信に満ちた芸術家だと考えるよりはいっそ、彼は自信をなくし、自分を卑下して、自ら作った妄想に取り憑かれているのだと信じたくなる。私たちは、何かを創造するには一種の狂気や魔法が必要だと考えたいのだ。ところがアレンの方は、まるで自分の仕事はタイムカードをがちゃんと押すのと同じぐらい単調で退屈きわまりないものだと思わせたいかのごとく、こう語っている。「毎年映画を作るのはそんなに大した仕事じゃありませんよ。脚本を書くのにそう時間はかからないし。私は毎日脚本を書きます。きっちり規則を守るのが好きな人間ですから。それが楽しいんです。……毎日、全く何ごとも起きない穏やかな生活を送っています。朝起きる、毎日の雑用をする、そして朝食をとる。それから脚本を書き、クラリネットの練習をします。散歩に行き、帰ってきてまた書き、テレビでバスケの試合を見るか、友人と出かけます。それを週七日間、毎日やるのです。これだけ規則正しい生活をしなかったら、私に何かをつくることなんてできないでしょう。」

アレンは自分の日々の仕事はごくありきたりなものだと主張しているし、おそらくある程度実際にやってみた結果このルーティンに落ち着いたのだろうが、おおかたの作家は、自分が奮闘するやり方は人と違うと思っている。「心のどこかで、自分は他のみんなより優れているのだからみんなをあっと言わせてやろう、と思っていないとすれば、あなたは芸術家にはなれないだろう。……芸術家になるには、狂信的に思い込む性格とひたむきに打ち込む性格、そして確かな目標を持っていることが必要だ」とT・コラゲッサン・ボイルは打ち明ける。（ファーストネームの代わりにイニシャルを使う作家には要注意だ――そのちっちゃな古めかしいイニシャルの後ろには大きな野心が潜んでいるのだから。）

編集者の目を真っ向から見すえてこんなことを言う作家がいる。「あなたの正直なご意見が聞きたいのです、大嫌いだと言われてもかまいませんから」「今すぐ読んで頂けなくても結構です」「私は何もスーパースターになりたいわけではありません」「これがベストセラーにならなくたって別にいいんです」「何が起ころうと文句は言いません」云々。そういう作家の頭の中には、密かに誇大妄想がふくらんできている。編集者に向かって、自分の作品を熟読玩味してくれとか、まして本物の出版契約を今この場で結んでくれなんて頼む作家などいるわけがない。またどんな作家も、自分の作品が世の中に一大旋風を巻き起こすさまを空想して楽しむものなのだ。現実はこうだ。とんでもない大失敗になりそうならもちろんのこと、そこそこの成功しかできなさそうだと思う時だって、そのためにわざわざ時間とエネルギーを使う人がいるはずがない。つまり誰でも成功を思い描きはするものだが、問題は、その空想がどれだけ実際の仕事を邪魔してしまうか、あるいは逆にどれだけその空想によって野心に火がつくか、ということだ。

作品に表れる作家の性格イコールその人の個人としての性格とは限らない。けれどたいていの場合、両者には共通点がある。ちょうど犬と飼い主には共通点があるのと同じようなものだ。作品は、その作家の性格や自我、感受性、そして自分でも気づかない弱点や頭の中の予想、無意識の願望などが源となって生まれる。これら全てが、「スタイル」と一言で呼ばれるものを作り出すのだ。もちろん、誰もがオスカー・ワイルドばりの才気煥発なスタイルを持ち、パーティーの華としてその場の人気をさらうというわけにはいかない。ほとんどの作家のスタイルはもっと内的なところにある。だが、たとえ個人的なスタイルで注目を惹く作家の場合でも、その最終的な証拠は必ず作品の中に存在する。

「人は自分の目の色を意識的に選ぶことはできないが、それと同様、自分の文体《スタイル》にも意識的に到達するのではない」とトルーマン・カポーティは述べている。「要するに、自分の文体とは自分なのだ。作家の人格と作品とはとても深い関係があり、作品中にその人格が人間らしい存在として表れていないといけない。人格なんていう言葉を使うと品位が下がるようだが、私が言いたいのはそういうことだ」。そういうカポーティ自身、ふんだんに「人格」を備えていた。「作家個人の人間性、世界に向けて発する言葉や身振りが、ほとんどその本の登場人物のように見えて、読者とつながりが持てるようでなければならない。人格が曖昧で混乱していたり、いかにも本の中の作りものという感じではよろしくないのだ」。

＊

確信と恐怖をちょうどいいバランスで併せ持った作家なんて、私の経験ではなかなか見つからないものである。思い上がりも甚だしいという場合は例外として、作家というのはどんなに売れっ子でも、自分への疑いに苛まれ、自信喪失のひどい発作に苦しむのだ。スーザン・ソンタグは『ニューヨーク・タイムズ・マガジン』の特集記事で、『火山に恋して(*The Volcano Lover*)』を書き出した当初、強い不安感に襲われたことを告白している。「あの小説を書き始めた頃はエベレストにでも登ろうとでもしているような気がして、『私では力不足だと思います』と精神科医に言ったことがある。」それより十年も前の『アメリカ文学作家インタビュー集』に収められたインタビューの際にも、彼女はこの不安感を既に感じていたようだ。「私は書く方法について全く確信が持てないのです。自分が何を愛し何をいいと思うかはわかります。直接的で情熱を伴う反応ですから。でも書く時には、果たして自分の文章が読むに価するかどうか確信できないのです。もちろん、これが作家の苦しみというものですが。」

　大成功した場合でさえも、自分の実力はこの成功に見合わないのではないかと苦しむ作家がいる。ナタリー・ゴールドバーグの『クリエイティブ・ライティング(*Writing Down the Bones*)』に寄せた序文で、『普通の人々(*Ordinary People*)』の作者ジュディス・ゲストは自分の出版した本が羽根の生えたごとくに人気急上昇し、ベストセラーになった後の気持ちをこう白状している。「何年も経った後でも、私は自分に向かって、お前は本物の作家じゃなくてペテン師だ、しかもラッキーなペテン師だ、と言っていました。最初の小説を書いたら、それがとんでもなく大成功したのです。私は偶然秘密の小径を見つけ、隠された法則を発見し、そのおかげで大きな賞賛を受けました。ただ不幸にも、この一連の出来事の中で、次の小説を書くのに役立つものはほとんど何もなかったのです。どうしてそんなにあっという間に、何もかも忘れてしまったのでしょう?」

キャロル・シールズはピュリッツァー賞を受賞したほどの詩人だが、その彼女が自分の天職を確信できたのは中年にさしかかってからのことだった。彼女のこんな発言が残されている。「一時は恥ずかしさにいっぱいになって、書くことを頭から払いのけた時期もあります」。優れた作家でも、自分の書いたものにがっかりし、他の人たちにそれを見抜かれるのは時間の問題ではないかと恐怖におののくことは珍しくない。(そういう作家は、ピュリッツァー賞受賞式で壇上に向かう途中でも「これで、僕が書けないってことがみんなにばれてしまうんだろうか?」と内心呟くのだ。)メイラーやホイットマンのように、自分の広告のキャッチコピーを自分で書いてしまう作家が一人いるとすると、その一方には恥ずかしくて自分の目をまっすぐ見ることさえできない作家が無数にいるのである。

時には、作家が表面上だけ謙虚なふりをしているように思えることがある。たとえば、編集者に作品の一部を渡しつつその出来の悪さを嘆いたり、「こんな賞は自分にはもったいない」と言いつつしっかりその賞を受け取ったりする時などだ。しかし、これは決して見せかけだけとは言い切れない。成績がいいくせに「これじゃ落第確実だよ」と友達にこぼしながらテストを受ける優等生には、今までどれだけオールAを取ったかなんてどうでもいいのだ。今度もまたオールAを取らなければならないという自分の中のプレッシャーに押しつぶされそうなのだろう。実際窮地に陥ってもいないのに作家が「狼が来た」と騒ぐ時も同じことで、それはその作品がどれだけ順調に進んでいるかとか、前作がどれほど好評を得たかということとは全く関係ない。新しい作品が出来上がると同時に、狼はもうそこまで迫っているのだ。

もう五冊も本を出した小説家が、一つの作品の企画が完結するといつも強い不安や倦怠感に襲われる、と言うのを聞いて驚いたことがある。そういう時期の彼女は、自分はもう二度とものを書いたりしない、どうすれば書けるのか全くわからないし、再び書き方がつかめるという自信も皆無だ、と心から信じ込むのだそうだ。私が「でも、これまでの本が成功しているんですもの、それが多少は支えになってくれるはずですよね？」と言うと彼女はきっぱり答えた。「他の人はそうかもしれませんが、私には、今までの本は自分が書いたのではなく、まるでグリム童話でお妃を助けてくれる小人に書いてもらったんじゃないか、という気がするんですよ。」その疲れ切って泣き出しそうな声から、彼女がうそを言っているのではないとわかった。とはいえ、そんなイメージはなかなか受け入れにくかった。彼女にまつわる報道から私が勝手に作りあげたイメージとは矛盾していたからだ。その作家の作品が『ニューヨーカー』に載るようになり、本が一大センセーションを巻き起こした頃、彼女は私の同級生の多くの羨望の的だったのだから。作品と作品の合間にはどうしているんですか、どうやってその恐怖と戦っているのですか、と尋ねると、彼女は当然のように答えた。「ママに泣きついているのよ。」

＊

自分の書いたものを人々に読んでもらいたい、認めてもらいたい、と思うことは決して罪ではない。たとえばそれがジャクリーン・スーザン流に派手に着飾って高級車に乗ることでも、あるいは文壇の各賞を総なめにするという形であってもいいと思う。私が罪だと思うのは、こうすれば世間に認めてもらえるだろうという打算から、最新の流行を真似て書くことである。自分は注目に値するとどんなに思っても、そのためならどんなに地に這いつくばってもいいと思っても、つまるところ、成功か失敗かの決め手となるのはその作品の出来映えなのだ。ブレット・イーストン・エリスは運が良かっただけのように見えるかもしれない。彼の『アメリカン・サイコ』は、サイモン&シュスター社が出版拒否したおかげで恐るべき作品だと考えられるようになったからである。だが、『悪魔の詩』のせいでサルマン・ラシュディがホメイニ師による死刑宣告を受け、そのために世界的に名前が売れたからといって、彼を羨む人はいないだろう。こんな宣伝シナリオはあまりにも暴虐非道で、どんなにシニカルな宣伝担当者も夢にも思いつかない。彼のように、攻撃の的になったおかげで名前が知られるようになった作家を非難はできないと思う。それでも、作品自体がどの程度攻撃されてもしかたのないものだったかを考えてみよう。自分の本の中でイスラム教を冒涜したり、若い女性を何百人も切り刻んだりしておいて、最初の一発を放ったのは自分ではない、というふりはできない。煽動的といっても大したことのない、湿ったマッチ棒程度にパチパチいうだけで終わる本を書くか（多くはこちらの結果になる）、それとも自分の本に灯油をぶっかけておいて、それが山火事を起こすのを見守るか――結局のところ、最悪なのはどちらだろうか。

　重厚な学問的文章を書こうと、意識の流れ技法を用いて短くリズミカルな文章を叩き出そうと、作家は例外なく、自分の作品を通じて爆弾を投げつけるのだ。もの書きなら誰もが、自分の言葉で読者の眠っていた感情や精神に火をつけることができたら、と願っている。誰もが、自分の言葉であの大きな深淵、つまり人と人とを隔てる空間を越えて、他の人に気持ちを届けたい。それだけではない。もの書きはまた、人々の記憶に永遠に留まる強烈な印象を与えたいとも思っているのだ——疑うことを知らないヤッピーの女の子を数百人もバラバラにするイーストン・エリス流のスタイルでも、ラシュディ流に世界的な宗教を糾弾することでも、あるいはもっと静かで家庭的な方法でも、どんな形をとるにせよ。だからこそ、ピュリッツァーがエリザベス・ビショップのような「静かな」作家やキャロル・シールズのように「家庭的」な作家、それからジョリー・グレアムのように知的感受性の鋭い作家に贈られることもある。その場合、この賞が記念しているのは目も眩む爆発的な光ではない。それと正反対に、ほのかに辺りを照らし出す光を祝して与えられるのだ。

あなたが、画家でいえばフェルメールのような精密な絵を描くタイプであっても、キャンバス上で色を爆発させるジャクソン・ポロック型であっても、どちらでもいい。マントに身を包んで廊下をのし歩こうが、市長選に立候補しようが、カバー写真用に自分のヌードを撮ろうが、国中の有力な作家におべっかを使おうが、文壇関係者のたまり場やクラブをしらみつぶしに回ろうが、あるいはただ家でじっとしていようがけっこうだ。とにかく大事なのは、自分だけにしかない独特の印象を与えること。作品の中身がよく、世界が認めてくれれば、あなたは長い間いろいろな場で話題にのぼり、注目されるだろう。付け加えるまでもないが、その世界とは、いろいろな娯楽がひしめき合い、ラジオのリスナー数、ニールセン社の視聴率調査、映画の興業成績、インターネットのアクセス回数などの形で売上げ高を競い合っている世界である。だからこそ一部の作家、特に若い作家には、耳を傾けてもらいたいばかりにこれ見よがしに騒音をたてようとする人がいるのだ。

読者を惹きつけておきたかったら、どうにかして彼らの目を奪うしかない。ところが読者ときたら、ワーズワースの「孤独な雲の一片」にもキノコ雲にも、同じように目を奪われる可能性がある。いよいよ思い切って作品を世に出そうという時には、評判というものはごく僅かな材料からつくられ、さらに僅かな材料で失われてしまうことを覚えておくといい。誰かを誉めたたえたと思ったら次の瞬間罵倒するような気まぐれなこの世間と、どうすればうまくつき合っていけるだろうか？　たとえばメイラーの場合、暴れ回りわめき散らしつつ世に出る道を選んだ。作品を生み続けることには大きな犠牲と苦痛が付き物だ、と彼は語っている。「文学の世界は、俗物や取り持ち役、マネージャー、熱狂的な体制信奉者に大部分牛耳られている。彼らはぼくには何の関心もない。語るのが真実だとぼくの怒りが告げることを語り続けるつもりなら、ぼくはもっと上手に彼らの無関心をはねつけられるようにならないといけない。……これまでぼくは喧嘩をしすぎたかもしれない。……この胸が悪くなるほど厭らしい文学の世界で、ごく小さな挫折にも脳みそを吹き飛ばすほど怒り狂った、それも度が過ぎたかもしれない。文学の世界は骨の髄まで死体愛的だ ― 奴らは作家を殺しておいて、その墓を飾り立てるのだ。」

メイラーの発言は誇張しすぎだと感じられるかもしれない。しかし悲しいことに、ある作家が生きている間は全く顧みずにいながら、亡くなってから世間がその作品に飛びつくことは実に多い。死ほど作家の運命を決定づけるものはないだろう。ありがたいことに、どんなに注目を浴びたい作家にとってもこれは極端すぎる方法だが。しかし、自ら命を絶った作家を挙げれば、悲しいことに長いリストが出来上がる。ジョン・ケネディ・トゥールの『愚物同盟（*A Confederacy of Dunces*）』は彼の死後出版されたが、ジョナサン・スウィフトから採られた巻頭句は、理解してもらえなかった芸術家にまつわる強力な神話を浮き彫りにしている。曰く「真の天才が世に現れた時、そのしるしとなるのはこれであろう。愚物どもが同盟を組み、彼に反対することである」。トゥールが三十二歳にして悲劇的な自殺を遂げたこと、そして彼の母親が出版のため雄々しく奔走したことが、この本にさらなる伝説を加えている。死後の成功というこの物語が私や数少ない友人グループの頭にこびりついたのは、おそらく、この作品が出版されたのが私自身かなり苦痛に満ちた大学生活を送っている時だったからだろう。私たちは、もし作者が生きていたらこの本がこれだけの注目を集められたかどうかについて果てしなく意見を戦わせた。言葉には出さないが、誰の頭の中にもある疑問が大きく立ちはだかっていた。どんな魔物がトゥールに取り憑いて、小説を書けと命じたのか？　そして死へと駆り立てたのか？

ある意味では、作家が自分の名声よりも長生きしてしまう場合の方がもっと悲しい。ブレンダン・ギルは『ポータブル・ドロシー・パーカー』の序章でこう述べている。「一部の作家は、実際に亡くなるよりずっと前に、世界にとっては死んでしまう。それが自らの選択による場合も時にはあるだろうが、他人からそういう運命を押しつけられ本人はなかなかそれを受け入れられない場合の方がずっと多い。ある作家がもてはやされ、それから流行が終わってしまう。自分が追いやられた無名の生活を堪え忍ぶことを作家自身が受け入れようと、虚しく抵抗してあがくとにかかわらず。そして作家の力が弱まって行くにつれ、苦しさは増していくことが多いのだ。」パーカーの辛口のウィットと有名な友人グループは伝説となっている。パーカーといえば決まって、バーボンと、ラッカー塗りのホルダーにぴったりおさまったタバコ、そして刺すように辛辣な言葉を放つイメージがある。彼女が輝く栄光の中で姿を消すか、あるいは深酒と薬の海の底に消えていくかのどちらかの運命を辿ることは間違いないと思われた。ギルが指摘するように、「彼女の詩では多くの部分が、きちんと、かつ、てきぱきと自分を葬り去ることの魅力について書かれていた。そのため、一九六七年に彼女が七十三歳の老婦人にふさわしい自然な亡くなり方をしたという記事を読んだ時には、多くの人が心底驚いた。……パーカーはいつも、自分は世界を見下げていると主張していたが、その世界を去るまでには途方もなく長い時間をかけたのだった。」

最近、文学界の大御所たちを巻き込んだ小競り合いがあったが、私にはそれが、不滅の名声を得た作家の列に自分の名をとどめようとする人々の最後の咆哮に思えた。トム・ウルフがここ十年ぶりに発表した『成りあがり者（*A Man in Full*）』が、だしぬけにベストセラーリストの第一位にその巨体を見せた。すると御歳六十を超えた人気作家たちが、ダンクシュートをしようと列を作る少年たちよろしく勢揃いして、ウルフを叩きつぶそうとしたのである。ノーマン・メイラーもジョン・アップダイクも、そしてハロルド・ブルームも、ウルフを狙い撃ちすることは自分の義務だと感じたらしく、この小説は単なる娯楽作品だと方々の有力紙で主張した。いい作品ですとも、たしかに。だが文学とは言えませんな。ウルフはこれに対し、『ニューズウィーク』のインタビューでこう述べている。「あのご老人方はなんだって、わざわざベッドから起き上がって僕の本を非難するんですかね？　それはですね、僕の本はすごく『影』響力があって、メイラーやアップダイクのような人たちは、自分がその『影』に入ってしまっているのに気づいたからですよ。自分が暗がりにいると気づいたらどうします？　口笛を吹いて恐さをごまかしますよね。あの人たちも、平静を装って暗闇で口笛を吹いてるんですよ。」もちろん、これはウルフ側の主張といっていいだろう。しかしこの不運な一件が自ずと証拠になって示していることがある。どれほど大物になろうと、作家は自分の文学のため地位を確保し、売り込まずにいられないものなのだ。

この唯一の例外はウラジーミル・ナボコフだ。彼の『ロリータ』は文学界に突如現れた魅力的な美女（もしそんなものが存在すればの話だが）だった。しかし彼は自分の名声に全く何の関心もないようだ。「私は天才のように考え、卓越した作家のように書き、そして、子供のように話す。」インタビューや断片的作品を集めた『強硬意見（*Strong Opinions*）』で、彼はのっけからこんな発言をしている。「私は世間に対してアピールするところが全くないことに誇りを抱いている。……クラブとかグループに入ったことは一度もない。いかなる信条にも流派にも影響を受けたことはない。……文学界のグループとか運動とか流派とかいう類には興味がないのだ。……釣りもしなければ料理もしないし、ダンスもしない、本を薦めたりサインしたりもしない、何かの声明に連署することもない、牡蠣も食べないし酔っ払ったりもしない、教会にも精神分析にも行かないし、デモに参加したりもしない。」そして最近の小説についてどうお考えですか、と訊かれると、ナボコフは、ごたごた騒ぎをはるかに超越したところで活動する芸術家特有の絶対的な自信をもって、こう答えている。「あの人たちはみんな、全く同じに思える。そしてみんな、私の影の影にも満たないくらいだ。」

つまりこういうことなのだ。大きな影響力を持つ作家もいるし、その薄暗い影の部分から出てこようとしない作家もいる。エミリー・ディキンソンのように、独自のモールス信号を打つこと以外は外界と接触を持たず、長い人生の冬の間ずっと影に隠れていた作家もいる。かと思えば、ノーマン・メイラーのように、その時代に最も大きな影響を与えた作品をいくつも生み出しながら、その一方で市長に立候補したり、自分の二倍はありそうな人たちを叩きのめしたり、はたまた妻を刺したりするような作家もいる。どちらのタイプであろうと、作家として生きるか死ぬかを究極的に決めるのは、その人がどんな作品を書いたかなのである。

5 神経症患者

作家は悩むのが大好きだ。彼らは生来神経症《ノイローゼ》のようなもので、神経性のチック痙攣や不眠症に始まり、真性の偏執狂《パラノイア》や発作的妄想に至るまで、ありとあらゆる恐怖症の症状を呈することが多い。自分の皮膚をつっついたり、髪の毛を引っこ抜いたりする者もいれば、もっと極端な例では、我と我が身に切り傷や火傷、後々まで残るような傷跡をつける者もいる。アレルギーや喘息、皮膚の発疹や吹き出物に悩む作家も多い。ジョン・アップダイクは、自分の乾癬へのラブレターもどきの文章を書き、乾癬こそ自分が作家の仕事に邁進できる起動力だと言わんばかりだった。「私の創造力、生産に対する容赦ない欲求は、この肌の恥ずかしいほどの過剰生産のパロディでなくて何だろうか？ 作家としての私の面の皮は分厚く、出版社からの断り状や恩着せがましい書評が束になってかかってきても痛くもかゆくもない。この皮膚は、傷つきやすくて哀れな実際の肌よりずっと優れてはいないだろうか？ そして紙の上での私の恥知らずさ加減は、実際の私が感じる恥ずかしさ、実際の皮膚のうさ晴らしなのではないだろうか？……私の皮膚と私自身の間に存在するこのような二重性こそ、人間を行動に駆り立てるエンジンだと私は本能的に感じたのだ。」

作家の中には、極度に憂鬱症的な者もいる。あまりにも想像力が活発で頭に浮かぶ想像が真に迫っているため、その延長として憂鬱症的になる場合もあるだろうし、周りの助けや注目を求めてそうなっている場合もあるだろう。小説家で批評家のウィリアム・ギャスによれば、「仕事をしているとよく神経が極端に張りつめた状態になる。すると私は立ち上がり、家中をうろつき回るはめになる。これは全く胃に悪い……潰瘍がそこら中にでき、薬を山ほど飲まされる。仕事が順調に進んでいる時、体はたいてい不調なのだ」。だがその一方で、書くことが自分の悩みを和らげる唯一の方法だという作家もいる。たとえば、ウィリアム・スタイロンは、「何か書いていると、今こそが自分が完全に沈着冷静だと感じられる唯一の時間なのだとわかる。実際には筆があまり進まない時でさえそう感じられる」と述べている。「私のように、大体いつも名状しがたい恐怖に怯え続けている、つまり神経過敏な人間にとっては、これはいいセラピーだ。さらにまた私は、何も書いていないと、自分はある種の神経性チックと憂鬱症を起こしやすいということにも気づいた」。

身体的な症状に加え、作家は自分の仕事に関して、ある儀式的な行動をとる傾向がある。いつ、どこで、どういう状況でなら書けると思うかが、あるお決まりの行動に支配されているのだ。朝型もいれば夜型もいる。明るいカフェの中でなければだめだという人もいる。逆に、世間から離れた場所か、スパイのアジト同然に誰にも素性を知られていない場所にこっそり引っ込まなければ書けない人もいる。ほとんどの作家は孤独を必要とする。マルグリット・デュラスは、「本を書く人は常に他人と離れていなければならない」と書いている。「それが作家の孤独、書くという行為の孤独なのだ。まず最初に、自分を取り囲んでいる静寂がどのようなものか、自分に問いかけてみる必要がある——家の中で文字通り一歩進むごとに、一日のうちのいかなる時間であろうと、それから、たとえば外からの光であれ昼日中でもつけてあるランプの明かりであれどんな光の中にいようと、問いかけてみなければならない。肉体を取り巻く現実の静寂こそ、書くという行為における侵すことのできない静寂になるのだ。」一方、たとえばスタイロンのように、孤独でいることと誰かと一緒にいることのどちらも必要とする作家も多い。「南太平洋の孤島やメーン州の森の中に独りぼっちでいてはやっていけないだろう。私は人付き合いや娯楽、周りに人がいるのが好きなのだ。だが、実際に書くというプロセスでは、物音に邪魔されず完全に自分一人でいることが必要だ。音楽さえあってはならない。どこか離れたところから赤ん坊の泣き声がするだけで、私は怒り狂うだろう。」

また私は、多くの作家が、自分の執筆用の道具を、民衆がアジ運動家を崇拝するのにも負けないほど熱狂的に信奉していることにも気づいた。ナボコフは、作品を書く時の習慣について訊かれるとこう答えている。「仕事の時間的な段取りはあまり一定していません。ですが、道具についてはちょっとばかりこだわりがあります。罫線付のブリストル社製カードと、きっちり尖らせてあって硬すぎない、お尻に消しゴムのついた鉛筆ですね」。カポーティはというと、「まず最初のバージョンを普通の書き方で書く。それから完全に手を入れる、それも普通に紙に書く。……そして第三稿は黄色の紙、ある種類の決まった黄色い用紙にタイプで打つんだ」。またマイケル・コーダは「素敵だったろう、彼女?」と題した『ニューヨーカー』の記事で、自分が女神のように崇拝する作家ジャクリーン・スーザンの習慣をこう描写している。「ジャッキーはピンクの用紙を使っていた。自分のタイプライター（ピンクのＩＢＭセレクトリック）のシフトキーがどこにあるかわかっていないのはどう見ても明らかだった。彼女は全部大文字で書いたので、草稿は長い電報のように見えた。それから、先が丸くなってアイブロー・ペンシルのように見える鉛筆で修正を書き込んだ。大きくて力強い、丸っこい字だった。」さらに、ヘミングウェイは仕事に取りかかる前に二十本の鉛筆を削って尖らせた、と言われている。こんなに面倒でない手順をふむ作家もいる。ゴア・ヴィダルは「まずコーヒー。するとお腹が動き出す。そうしたら芸術の神の降臨と相成るのだ。」

作家として成功すると、こういった儀式的な行動がその人の「プロセス」として知られるようになる。どんな用紙を使うか、一日のうちどの時間帯に書くかなどという細かいことに興味を寄せる読者が実際現れる。また一部の大学院生も、その作家の天才の謎に迫ろうとする中で、こういったディテールに関心を持つ。すると、登場人物の奇妙な癖はどれも、作家自身の原動力の一つだということになる。動いている乗り物の中でしか第一稿が書けないとか、一日の仕事を始める前に蓋を開けたお棺に横たわるのが好きだったとか（イーディス・シットウェルはそうだったという噂だが）、突如そういうことが重大な意味を持つと考えられるようになるのだ。

仮に成功できなかったとすると、この手の行動は全て、言い訳か病的な振る舞いにすぎないと見られてしまう。午前中しかだめだ、一人きりでないと書けない、フランスで勉強した時使っていたのと全く同じノートが要る、恋人がいる時は無理だ、逆に恋人がいないとだめだ云々、自分はこういう条件下でなければ書けない、という条件を挙げる度に、あらゆる偉大な作品に共通する真実をつかみ損ねることになる。真実とはこれだ――偉大な作品を書くのに条件付は認められない。「この『気分』の問題については、情けをかけてはいけない」とジョイス・キャロル・オーツは言う。「ある意味で、作家自身が気分を作り出すのだ。もし、私の信じるように、芸術が本当に普通の経験を超えた力の働きであるとすれば――私たちの心が偏狭で限定された状態から飛び立てる手段だとすれば、その時どんな心理状態にあろうと大した問題ではないはずだ。」

作家になる運命にあれば、書くことが自分の務めだという確信があり準備が整っていれば、紙と鉛筆さえあればいい。ある有名作家の娘が、大学生活を始めるにあたってパソコンを買って欲しいと父親に頼んだ。父親の答えはこうだった。「ディケンズが鉛筆で事足りたのなら、お前だってそれで十分だよ」。よく考えてみよう。トルストイはタイプライターもなしで、『戦争と平和』を五回以上も書き直した。また、パソコンが登場する前の作家は、羽根ペンの先で羊皮紙をひっかいたり、うまずたゆまずタイプライターを叩き、マイクロソフトから今月出たアップグレードの恩恵に預からなくてもなんとかやっていけたのだ。そう考えると、実のところ自分の新作の企画に新しいパワーブックが必要不可欠というわけではない、と認めざるを得ないだろう。だが、いわば「書きたい」という魔物に取り憑かれていながら実際文字にすることができないと、言葉を見つけるためにどんなおまじないにでも頼ろうとする。そこら中の作家が、高価なハイテク商品を買い求め、別に仕事場を借り、愛する家族を離れて自ら草葺きの小屋に隠遁生活をして、それでもなお、悪くするとただの一つも作品案を形にするまでに至らないのだ。問題なのは、今挙げた行動のどれも、実際に書く行為ではないということだ。単なる口実にすぎない。そして、書くにはこれこれの条件が必要だ、というノイローゼじみた考えに夢中になればなるほど、目指す獲物の足跡は薄れてわかりにくくなってしまうのだ。

＊

恐怖症を定義すると、ある特定のものに対し理性を超えた異常な恐怖をずっと抱き続け、そのため恐怖の原因となるものを避けようとせずにいられないこと、となるだろう。多くの作家にとって問題なのは、書くこと自体が彼らの恐怖の原因であるということだ。編集者なら誰もがそうだろうが、私も編集者時代、原稿が遅れることの言い訳を散々聞かされた。一度でいいから、なぜ原稿を出せないのか彼らに本当の理由を言ってもらいたかった。一度でいいから、誰かがこう言うのを聞きたかった――「言葉が出てこないんです」と。そう言った作家が一人としていなかったのは、言葉がなかったら何物も助けてくれることはできないからだ。どんなに優秀なノートパソコンも、特別休暇も、「自分自身の部屋」でさえも。言葉が浮かばない時には、たとえベルサイユ宮殿を丸ごともらっても何の埋め合わせにもなりゃしない。こんな時のあなたは、時計が今まさに夜中の十二時を打つのを聴くシンデレラの心境なのだ。あるいはもっと悪くすると、映画『シャイニング』で同じことわざを何度も何度もタイプで打ち続けるジャック・ニコルソンの心境かもしれない――「仕事ばかりで遊ばないとジャックはばかになる。」(ニコルソンはもっと最近の映画『恋愛小説家』でも作家を演じているが、なかなか興味深い役柄だった。ベストセラー作家で経済的にも恵まれていながら、神経性のチックや儀式的な行動などの困った癖を山ほど抱え、ただ通りを渡ることすら一苦労なのだ。) こんな状況を考えると、原稿が間に合わない作家が嘘の言い訳をしても不思議はない。そして多くの作家にとって、今書いている単語のほんの一文字先には、書けなくなるという恐ろしい可能性が常に待ちかまえているのだ。

時には、出版契約までこぎつけたとたんに不調に陥る作家もいる。何年もの間、出版などは無理な高望みだと思いながら作品を書き続けてきたのに、ついに念願の契約を手に入れたがために却って身がすくんでしまうのだ。最初の一作で成功した場合、第二作目が結局書けないこともある。それから自伝的色彩の濃い作品を書く作家の場合も、作品の題材がつきてしまうのではないかと心配させられる。書いている時はいつ何時行きづまるかわからない。そして時には、失敗への恐怖に縛られて身動きできなくなることさえある。その両方に直面しながらそれでもなお書き続けることの難しさは、作家人生の中でもこれまであまり語られてこなかった。ほとんどの作家はノイローゼの気があるように見える。けれど本当のところ、私たちはその実体の半分もわかってはいないのだ。

なぜこんなにも多くの作家が恐怖症や儀式や迷信に取り憑かれるのか、これで少しは説明がつく。神経症的な行動には、形の定まらない一日に骨組みを与えられるという利点があるのだ。必ず黄色い用紙を使ったり、エスプレッソ二杯を飲まないと執筆にかかれなかったり、毎日午前中の三時間しか書けなかったりするおかげで、少なくとも計画を立てることができる。原稿用紙のマス目を埋める成功の方程式があるとないとでは、決定的な差になりうるだろう。「滑稽劇団」を設立した脚本家の故チャールズ・ラドラムの下で勉強した時、彼は、私はたとえ調子が乗っている時でも一場面の途中でペンを置くことにしているんだ、と言っていた。この戦略を用いている人は他にも大勢いる。ラドラムはこうも言っていた。まだ何も書かれていない真っ白なページの恐怖に怯えるという気持ちが私には理解できないね。ほんの二つか三つ文を書いてみれば、その恐怖に立ち向かえるのに。それに、(と付け加えて)うまく筆が進んでいる時に止めておけば、次の日にもまた急いで取りかかろうって気になりやすいだろう? 女装の達人でもある彼は、さらにこんなことまで薦めてくれた。もし何もかもうまくいかなかったら、イブニングドレスとかつらで変身してみて、それでも何か書きたくてむずむずしてこないか試してみるといい。

毎日まっさらの白紙状態から始めなければならないような仕事をしていたらどんなに不安か、ひとつ想像してみて欲しい。これこそ作家のおかれた状況なのだ。たとえ一つの作品の真ん中あたりを書いているとしても、毎日が最初に一語、二語走り書きするところから始まる。ミルトンが『失楽園』の冒頭で呼びかけたように、芸術の女神はあなたの根に雨をもたらしてくれるだろうか? また忘れてはならないのは、自分の作品の質に対する不安も、作家がノイローゼをためこむ一因となっていることだ。数学者ならある問題が解けたらすぐわかるだろうし、科学者なら自説を立証する証拠が見つかれば、あるいは弁護士なら陪審の前で被告の弁護に立てば、結果はすぐ明らかになる。だが作家は違う。作家は一人きりの孤独な状態で仕事をするため、バランスの取れた見方ができなくなりやすい。自分の書いたものを自分で判断するのは鏡を覗くようなものだ。そこに何が映っているかを自分自身に教えてみても、それはあなたが実際どう見えるかというよりはむしろ、あなたが自分自身をどう見ているかと大きく関係しているのである。

＊

作家になると恐怖症にかかるのか、それともそもそも恐怖症気味の人が作家になるのか、どちらが正しいのだろうか？　卵が先かニワトリが先かの議論同様、これは解決不能な問題だ。世間の注目を避けて暮らしている現代の偉大な作家たちを見てみると、たくさんの推測が浮かんでくる。彼らはあまりにも引っ込み思案すぎるのだろうか、それとも読者やマスコミや批評家を軽蔑しているだけなのか？　だいたい、そういう作家は自分に関する報道を読むのだろうか？　そして怒りのあまり歯ぎしりしたり、書評家に呪いの言葉を吐いたりするのだろうか？　あるいは、イギリスの生んだ偉大な詩人・小説家フィリップ・ラーキンやアメリカ文学の巨人ジョン・アップダイクのように、吃りがあるのだろうか？　アップダイクは「言葉を吐き出す」というエッセイで、自分の荒れた肌同様滑らかでない自分の話し方を熱心に弁護している。「乾癬の場合と同じように、この苦しみは不幸のもとにしかなっていないというわけでもないだろう。作家になると、大して有名でなくても人前で話をするように頼まれることがある。講演の舞台に上がったり学校に行ったり、会議で発言したりするように言われるのだが、これらは社会的には認められているが精神的には堕落を招く行為である。しかし生来他人《ひと》のためになってあげるのが好きで、しかも社会的に認められたくてたまらない私だから、吃音を恐れなかったら決してノーとは言えないだろう。ところが吃音のおかげで、そういう依頼が来ると私はじっくり考えるのだ。」

作家が恐怖症になったり、アップダイク流の防御術（吃音）を身につけたりするのは、おそらく、自分と他の人々の間に壁を造って己を守るためだと思う。この壁のおかげで、作家は自分の作品というこのうえなくナルシスト的な世界に入ることができる——ここでなら、作家は砂のお山の大将として幸せに浸っていられるのだ。ジェイン・オースティンのように生涯家から離れない場合でも、あるいはマーク・トウェイン並に広く世間を渡り歩いても、作家は本質的には反社会的な存在なのだ。作家は現実よりも自分の作品の世界で生き生きするようになるにつれ、絶対的な自己中心主義に支配されるようになる。そうやって何より大切なのは自分の作品だということを心から確信していなかったら、ほとんどの作品は決してこの世に登場できないだろう。一見ノイローゼや奇矯な振る舞いに思われるものは、現実生活のあらゆるものが共謀して作家の気を散らしたりエネルギーを消耗させたりしようとするのを撃退し、作品に取り組めるようにしてくれる重要なバリケードなのかもしれない。

マルグリット・デュラスはこう述べている。「家の中で書いている時は、あらゆるものが書いていました。書くという行為が家中に満ちていたのです。時々友だちに会っても、その人たちが誰だかほとんどわからないほどでした。数年間はそんな調子でした。大変でしたね。十年は続いたかもしれません。本当に仲の良い友人が訪ねてくれた時さえ、ひどいものでした。友人たちは私のことを何もわかっていませんでしたし、私に良かれと思って好意のつもりで来てくれたのですが。ところが何より奇妙なのは、私の方ではそんなことは全く考えていなかったということです。書くという行為が原始的だというのはこういうことです、つまり人を生命が発生する以前の荒々しい原始の状態に返らせてしまうのです。」

あなたがどんな人で、どんな突飛な行動をとるとしても、それを大事にした方がいいと言いたい。はめられた枠組みを外してしまおう。作家になったおかげで人気コンテストに優勝する人など、どのみちいやしなかったのだから。ほとんどの作家は優勝しようとしたところでできっこない。体つきはいかにも作家らしく不格好だし、服装はありきたりで面白味がないし、そのうえぺらぺら喋りすぎときている。自分の作品を話題にしないではいられず、つい最近出た自分の記事や作品に話を持っていこうとする作家はうじゃうじゃいる。パーティーで作家につかまって長話を聞かされるほど最悪なことはない。何の話をしても、二言目には「本にも書いたんですがね」とくるのだ。

神経症的な行動は、作家が身を守るために必要な要素、外界を排除して頭の中で作品の材料を見事な形にまとめあげるために必要な防御策なのだ、と私は考えるようになった。しかし、気を散らすようなものの侵入を阻止することが必要な一方でまた、ある程度のものはフィルターを通り抜けてこられるようにすることも作家には必要だと思う。作家は一方で言葉と、もう一方では社会生活上どうしても必要な諸々のものと格闘しながら、なんとかこの外界からの流れをコントロールしようと必死になっている。そのため突発的に気分や態度が変わったり、突然性の発疹まで出てしまうこともやむを得ない。自分を満足させたい、だが一方で、配偶者や家族からの期待にも必要最低限は応えたいと奮闘し、その結果、自分の自由を拘束するこれらの檻を愛すると同時に心底憎むことになる。カフカは愛する人にこう叫んだ。「私は鎖につながれているのだ。鎖にさわるな。」

書くことほど自分を惨めにするものはない、と主張したその同じ口で、誓って言うが必死で作品に取り組んでいる時ほど幸福な時はない、と言い切る作家がいる。こういう人々をどう理解すればよいのだろう？『パリ・レビュー』のインタビューを集めた単行本の序章で、マルカム・カウリーはこう説明している。「プロなのに書くのを怖がっている作家はたくさんいる。そういう人は批判的感覚が強く、しかもそれが常に働いているため、たとえラフな最初の草稿さえぱっぱと書くというわけにいかないのだ。ほとんどの場合、そういう人は一度に一文しか書けず、しかも前の文を手直ししてからでないと次の文に進めない、『血を吐きながら書く作家』である。」カウリーによればウィリアム・スタイロンはその一人だ。スタイロンは、書くのは楽しいかという質問にこう答えている。「楽しいわけありませんよ。順調に筆が進んでいる時は気分もいいですが、毎日始めなくちゃならない苦痛でその楽しさも半減してしまいます。単刀直入に言えば、書くのは地獄ですね。」ヘミングウェイにとっては、この喜びと苦痛はもっとエロティックな形で結びついていたようである。「私には全く（苦痛では）ない」と彼は書いている。「書いていない時や書く直前はくそいまいましいほど辛いし、終わった後では空っぽでセックスの後のような気がする。だが書いている間ほど気分がいい時はない。」彼は『移動祝祭日』の中でもまた、ものを書く行為と性行為とを並べて考えている。「物語を書いた後はいつも空っぽで、悲しいと同時に幸福だった。まるでセックスの後のように。」

書くという行為と性行為の間の類似点は誰もが認めるところのようだ。『なぜ書くのか（*Why I Write*）』と題されたアンソロジーの中でデイヴィッド・フォスター・ウォレスは、「まず最初、初めて小説を書こうとする時には、純粋に楽しむためだけに努力を注ぐものだ。誰か他の人に読んでもらおうなどとは考えていない。書く理由というのはほとんどただ一つ、自分が気持ちよくなりたいからだ」と述べている。「そして、もし運良く自分の書いたものが人々のお気に召したらしくて、実際にそれでお金が入ってくるようになると、……事態はもっと複雑でわけのわからない、(言うまでもなく)恐いものになってくる。……もはや自分が気持ちよくなるためだけに書いているわけではない。それは、おそらくいいことなのだろう――マスターベーションというものはどんな種類であっても、寂しい空虚なものであるからして。だが自分を満たすという最初の動機に取って代わるものは何かというと……それは他人を誘惑するという試みである」。

本のページとページの間であれ、ベッドのシーツとシーツの間であれ、他の誰かとつながりを持つことには一種の誘惑が含まれている。夫婦の間で何が起こっているか、本当のところは他人にはわからないと言われるが、作者と読者の間についても同じことが言えるかもしれない。ただ、ここまでは確かだ――読者を口説くにはある程度こちらから求愛しなければならない。ただし、作家はそこで、強引に迫りすぎる求婚者と同じように振る舞ってしまうという大きな誤りを犯しかねない。興奮のあまり、最初の数分間にもてる限りの情熱を爆発させたり、読者が本当に必要とする、または知りたいと思う以上の情報まで暴露してしまったりするのだ。まだ自分の声が信頼しきれていない神経症的な作家の場合、後に残しておいた方が面白くなる秘密を焦って漏らしてしまうことがあまりにも多い。

情報を与えないでおいたり、ごく微妙な身ぶりで示すにとどめるおかげで、非常に強い緊張が生まれ興味をそそることはよくある。小説家カズオ・イシグロが『日の名残り』で見事に描き出した、かなわずじまいの愛情と抑圧を思い浮かべてみるといい。若き日のミス・ケントンは、想いを寄せる執事頭ミスター・スティーヴンスが食器室で安っぽい恋愛小説を読んでいるところにたまたま出くわす。その場面でイシグロは驚くべき瞬間を作り出した。執事はどんな本を読んでいたか彼女に悟られまいと必死で隠すが、ミス・ケントンはかまわず近づいてくる。「彼女は私の目の前に立ちました。すると突然、場の空気が独特の変化を遂げたのです――あたかも、私たち二人が突然どこか別の存在次元に押し上げられたかのようでした。残念ながら、はっきり説明するのはなかなか難しいのですが」。読者はスティーヴンスがくだらない本を投げ捨て、ミス・ケントンをひしと腕に抱きしめることを切に期待する。ところがこの執事ときたらまさに彼らしく、自分の完全に統制の行き届いた世界から一瞬動かされはするものの、己の興奮をたしなめて頭から追い払うと、すぐに元の禁欲的な世界に戻ってしまう。この清く正しい場面は注意深く選んだ言葉で手短に描写されてすぐ終わってしまうが、そこにはどんなに克明で念の入ったセックスシーンよりも強い情熱が秘められているのだ。

＊

作家が書くことよりもっとノイローゼ的になることがあるとしたら、その原因はお金である。実際、もの書きで食べていけるのはごく少数の幸運な人々でしかない。そして、保証もなく利益もなく安定してもいない作家業をあきらめまいともがく中で、ほとんどの作家がきわめて強い不安を覚える。「大ヒットをとばす」、つまり作品が賞賛を浴びると同時にたくさんの人に読んでもらえるのではという期待は決して消えない。「新金ぴか時代」を取り上げた『ニューヨーク・タイムズ・マガジン』の特別記事で、貧乏だった話を書いたおかげで金持ちになったことをどう思うか、という質問に対するフランク・マコートの返事は次のようなものだった。「貧乏についての本で稼いだわけですから、いつもアイロニーにつきまとわれていますよ」。さらに、この経済的成功に何かマイナス面があったか、と聞かれた時の答えはいかにも彼らしくて面白い。「マイナス面なんてありませんね。金のおかげで、心ゆくまで泣き言を言えますし、好きなだけ幸せにも惨めにもなれますから。友だちがお前の愚痴なんか聞きたくないと言ったら、そいつらを捨ててしまえばいいんですよ！　大金を払えば、金持ちの泣き言を聞いてくれる人なんて山ほどいますからね。」

『ニューヨーク・タイムズ・マガジン』の別の記事で筆者マシュー・クラムは、友人たちがビジネス用ジェット機であちこち飛び歩いているというのに、自分が今まで稼いだ最高額は数編の短編小説とまだ書きかけの本の作品案《プロポーザル》が売れた年の年収二万一千ドルにすぎなかった、こんなに経済状態が悪くては恥ずかしい、とこぼしている。とりわけ、近々自家用ヨットを買うところだという親友と話している時には情けない、と。「いつだったか、私たち二人の会話に潜む緊張を解きほぐそうと、彼は私を羨ましがるふりをしてみせた。『君にはもの書きになる以外に道はないんだよ、クラム』と彼は言った。『書くのは君の天職なんだから、愚痴るのはやめろよ。一日中バスローブでいたっていいんだぜ。』」

作家というものは売れていようがいまいが、本当に一生パジャマ姿で過ごすのだと思っている人々はたくさんいる。私たちの文化では、書くことをはじめ芸術的創造活動はどれも、本当の仕事とはいえないのではないかという疑いの目でみられるのだ。私が担当した作家の中にも、何よりもまず「自分は作家なのだということをもっと真剣に受け止める」ことを目標にセラピストに通っている人がいた。もう二冊も本を出版し、批評家に激賞されたにもかかわらず、である。そしてそれなのに、セラピストは何の良心の痛みもなく、彼女の面会予約時間を変更してくれと一度ならず頼んできた。彼女が抗議すると、そのセラピストは、作家は「仕事」を持っていないのだから、予約時間を変更されても問題にはならないはずだ、とのたまった。そのうえ彼女に向かって、面会は午前中（ちなみにこれは彼女が最も仕事に集中できる時間帯だった）にして下さい、なぜって午前中はほとんどの人が仕事していて来られませんから、と要求した。つまりそのセラピストは五時以降の面会時間を、「ちゃんと働いて稼いでいる人々」のためにとっておいたのだった。

この世界では、作家は必ずしも筆で生計を立てられるとは限らない。しかし、お金を稼ぐ以外の目的で書くなんて愚かなことだ、と主張する作家も中にはいる。サミュエル・ジョンソンはこの考えを初めて擁護した一人である。曰く「馬鹿者でなければものを書いたりはしなかった、金のためでなければ」。あなたが書く原動力となるものは何ですかと訊かれたドロシー・パーカーは、子供時代の経験がその元になっているのではという考えをまず完全に否定し、それから彼女らしい簡潔な言葉で答えた。「お金が要ったからよ、あなた」。作家としてデビューしたばかりのカポーティも、報酬を得ることの大切さを主張している。「報酬がもらえないと思ったら、私はどんなものも絶対に書かない――実際、そんなものを書くことは身体的に不可能なのだ」。カポーティのように、作家になってすぐ稼げるようになることはほとんどない。おおかたは、努力が少しでも報われるまで何年間も苦労を重ねる。しかし、もし作家が書く目的はつまるところ作品を発表するというようなことではなく、逆にお金の方だとするなら、なぜウォール街とかその他のもっと儲かる仕事につかないのだろうか？自分が書くのは金のためだ、などと抜かす馬鹿者がいたらここへ連れてきていただきたいものだ。その人が大嘘つきだということを見せてあげよう。

サリンジャーの回想録を金儲けのために書いたと非難された時、ジョイス・メイナードが言ったことは正しい見方だと思う。「お金のために書くのは醜くて不快だ、と言われるのは嫌なものでした。この本が最初に批判の嵐を巻き起こした時には、『ああ、あの人はお金のためにあれを書いたんですよ』とみんなに言われました。そして私は、あら、もちろん払ってもらうわよ！と思いました。もし誰かが、医者は報酬をもらうべきではない、と言ったらどうでしょうか？」だが、後にもっと真実ありのままを語った（と私には思える）回想談の中で、自分の人生においてあの時でなかったら「どんなに報酬が高くても」あの話を書いてくれという説得を聞き入れはしなかっただろう、と彼女は告白している。「そして今でも、もし自分でそれが正しいと思えなければ、私はあのことに触れたりはしないでしょう」。私にわかる限りでは、書く動機というのはまさに次の二つだ。その一、書かざるを得ないから、そしてその二、愛されたいから、である。

ジェリー・サリンジャーのことを書けば嘲笑の的になるだろうと、メイナードにはわかっていたに違いない。それでも明らかに彼女は、人々が自分の話に興味を持ち、共感してくれることを望んだのだった。今となっては子供っぽくて世間知らずな望みに思えるが。どんなに巨額のお金を手に入れても、作家が生涯をかけて払った犠牲、誰に求められたわけでもなく、その真価をわかってくれる人はほとんどいない犠牲の大きさには釣り合わない。私たちの文化の傾向として成功のみが注目を浴びるため、芸術家が成功して高い評価や報酬をもらえれば、その苦しみはなかったことにされる一方、作品がうまく時流に合わなかった作家は人々の意識には全くのぼらない。つまり、どちらにしても作家は決して勝つことのできない状況にあるのだ。これほどまで理解が得られない中で仕事に取り組んでいると、作家が気力をだんだん失ってしまっても無理はない。しかし、ここである販売会議でトレイシー・キダーが言ったことが懐かしく思い出される。彼は『オールド・フレンズ（*Old Friends*）』の題材を集めるため老人ホームに泊まり込んでいて、その大変さを話してくれた。どんなに気の滅入る経験をすることがあるか、またそのおかげで、彼自身自分の死すべき運命とどう向き合わされたかを語った後で、彼は得意気な笑顔になり、目に彼独特の輝きを浮かべて、献身的な販売スタッフたちの方を見やりながら言った。「はったりを言うってわけじゃないぜ。僕は毎日釣りにも行ってるんだ。そんなにひどいことばかりなわけないだろ？」

「書くために人間としてこれだけの代価や犠牲を払った」と認めるのはとても辛いことだ。だから一部の作家にとっては、あるトピックを選んだ理由を「その方が儲かるから」と説明する方が楽で、ストレスへの対処法としてもより効き目が大きいのだろうと思う。精神的危機に陥ったチェーホフは、パトロンへの手紙でこう打ち明けている。「時々、本当に意気消沈することがあります。誰のため、そして何のために私は書くのでしょうか？　……大衆は私を必要としているのでしょうか？　私にはわかりません。お金のために書くのでしょうか？　しかし私は金持ちだったためしがありませんから、習慣的に金にはほとんど関心がないのです。金のためであれば、私はまずい仕事をしてしまうでしょう。」これを読むと、チェーホフはこの言葉の逆効果を狙っているのではないかと思わずにいられない。ちょうど同じように、それから一世紀後のヘミングウェイも、マクスウェル・パーキンス宛ての手紙でこう告白する。「芸術家としての誠実さについては疑いの余地はないと思います。今までいつも、お金を払ってもらうことよりも書くことの方がはるかにわくわくする出来事でした。もし私が書くことを続けられたら、最終的には多少のお金が私たちの手に入るでしょう。」

初めて自分の本の出版契約を結んだ時、やっと出版までたどり着けたことに興奮するあまり、報酬はいらないと宣言した作家は少なくないそうである。短編作家ネイサン・イングランダーは『ニューヨーク・タイムズ』のインタビューに答えて、自分が受け取った高額の前払い金は大々的に宣伝されたが、自分としてはその代わりに出版社からモダン・ライブラリー全巻を一セットもらっても同じように嬉しかっただろう、と言っている。あのクノップ社から本を出せることだけでわくわくしていたから、と言うのだ。まさにそのとおり！　おそらく大部分の作家が、彼と同じように、本への愛情に動かされてそう口走りたくなることだろう――実際に口に出したイングランダーはお利口とは言えないかもしれないけれど。

お金をＭＭＦに投資する場合と同じように、いい仕事をしたり一生懸命働くとそれなりの経済的報酬が戻ってくることを保証する方法が何かあれば、お金のために書く作家は自分の本をＡＴＭの機械に打ち込み、現金が出てくるのを待てば済む。同じように、金儲けだけを目的にした出版社は、資産を精算してお金を長期債券に投資した方がいいだろう。初めて本を出し、その損益一覧表を手にした時、私はショックのあまり呆然とそれを見つめながら、一冊の本はなんて僅かな利益にしかならないのだろうと思いに沈んだ。その時、私を最初に鍛えてくれたある先輩は「出版社なんてけちなビジネスだよ」と言った。そのとおり、出版社は日を追うごとに巨大化し質が低下していくように見えるが、それでもまだしみったれたビジネスだ。だから、お金が欲しければ株に投資すればいい。それだけのことだ。

作家が仕事をしたからといって、一銭の配当金ももらえるとあてにはできない。そして自分の価値が自分の作品だけで計られる世界では、入ってきた分に見合うものを提供し続けるのは恐ろしく大変なことなのだ。

ばかばかしいとしか思えない企画に高額の前払い金が支払われたと聞いたり、くだらないと思っていた本がベストセラーリストに載ったりすると、作家は、手っ取り早く自分を狂気に追いやろうとする何か大きな陰謀が動き始めたのではないか、と疑い出す。作家の考える自分の価値はいろいろなものによって決まってくるが、実体のないものばかりの中で、お金には最もはっきりしてわかりやすいという特徴がある。スティーヴン・キングが一九九一年の『パブリッシャーズ・ウィークリー』のインタビューで言ったことは驚きだった。当時既に二十七冊もの本を出し、計八千九百万部以上が売れたという人気作家だったのに、そのキングがこう言ったのだ。「全米図書賞やピュリッツァー賞、ノーベル賞を取りたいですね。誰かに『ニューヨーク・タイムズ・ブック・レビュー』でこう言ってもらいたいんです――『おい、ちょっと待てよ、俺たち勘違いしてたぞ。こいつは二十世紀最高の作家の一人だ』って。でもそんなことは起こらないでしょう。その理由は二つあります。まず一つは、私は二十世紀最高の作家ではないということ。そしてもう一つはこれです。ある程度の部数が売れた作家は、「文学」に携わるお歴々に顧みてもらえなくなるのです。そういう方々は、幅広い読者層に人気のあるような作家には主張することなどないと思っているんです。そういう作家には知性なんてほとんどないという暗黙の前提があるからですよ。批評家の姿勢を見れば明らかです。文芸誌関係者の話を聞くと、そう思っているのがわかりますよ。そこの誰かが『俺はスティーヴン・キングは読まないね』と言い出すんでしょうね。その本当の意味は、『俺はそこまで品位を落としちゃいないよ』ということなんですよ。」

作家をつかまえて、売り上げが多いのがいいか、それとも全米図書賞を受賞する方がいいか、と聞いてみれば、その作家個人がどういう動機で本を書いているかが見えてくる。もののわかった人なら迷わず答えるはずだ――多く売れる方、と。売り上げが多いとはつまり、読者も収入も多いということだとわかっているからだ。しかし、ほとんどの作家は、お金と同じぐらい名声も手に入れたいと思っている。文学界のお偉方が自分のジャンルを文学と認めてくれないことに、キングが苛立っているのは明らかだ。しかし彼はおそらく、どんな賞と引き替えだとしても、何百万人もいる自分の愛読者のうちたった一人だってそのために手放しはしないだろう。作家はお金を望んで当然だと思う。彼らはお金に値するのだ。だから私は、自分が払った犠牲に見合うだけの埋め合わせを手に入れている、と感じている作家がいれば歓迎する。しかし、作家がお金のために書くとは絶対に信じられない――少なくとも作家人生の出発点においては。作家は愛を欲しがっている。そして自分の作品を通じて、特別な存在として認められたいと思っている。だからこそ、ほとんどの作家はあんなにクレイジーなのだ。編集者に原稿の一部を手渡すのは、作家にとっては自分の心臓を皿に載せて差し出すのと本質的に同じことだ。そして編集者の返事を待っている間、作家の全自意識は、天国と地獄の間を行ったり来たりしている。病院で精密検査の結果を待っているようなものなのだ。

＊

私は編集者時代、特に神経症的な作家の担当が多いことで有名だった。この業界流の言い方でいわゆる、たくさん「手を握って」励ましてあげないといけない人たちだ。編集者なら誰もが、編集のプロセスと並んで（実際セラピーもするかどうかは別として）事実上セラピストの役を務めている。作家は編集者に向かって、患者が医者に言うのに負けないぐらい、いろいろと症状を並べ立てる。編集者は、書いたものを手放せない作家からどうすれば原稿を手に入れられるか方法を見つけ、不安で手直しをやめられない（却って手を入れる前の方がよかったという場合も多いのだが）作家を安心させてやらなければならない。いろいろな作家がいる。毎日電話してくる人、日に何回も電話をよこす人、逆に絶対電話してこない人もいる。編集者に言うこととエージェントに言うことが違っている場合もある。また、他の作家に関する情報を聞きたがって編集者を困らせる作家もいる。編集者の方にお時間やご面倒をとらせませんとか、どんなにたくさん手直しされても文句は言いませんとか、編集者に大変感謝しています、というような嘘や誇張はたいていの作家に見られる。編集者に気を遣いすぎたり、逆に全くの暴言を吐いたり、作家の不安は数え切れないほどさまざまな形で現れる。そして私たちもお返しに、その作家がこちらのどんな感情を刺激したかに応じて、相手を思いやったり逆に乱暴なことを言ったりするのだ。

担当作家たちの本を世に出す手助けをしたことで、私は彼らの人生を我が事のように体験し、彼らの最も奥深い不安をじかに感じられた。これは私にとって特別な名誉だった。出版前、神経をすり減らすような辛い数ヶ月間をうまく切り抜ける彼らのやり方に私は魅了された。作家が世間の目にさらされることをどの程度恐れるか、または待ち望むかは人それぞれだが、それにどう対処していくかで、その作家が将来成功するかどうかある程度予想がつく。また、作品が強い反発を巻き起こし、自分の信念が試された時に作家がみせた強さは、私を勇気づけてくれた。ある作家が自作朗読会に続いて起こった白熱した議論の中で一歩も退かず自分の立場を守っているのを見た時には、かつてないほど誇りを感じた。途中で一人の男性が立ち上がり、けんか腰で拳を振り上げながら、この本は面汚しだ、あんたはせっかくアイビー・リーグの名門大学で学びながらその教育を無駄にした、と作者に向かって言い放った。その時彼女はこう切り返した。お気に召さないのならこの本をお買いになる必要もありませんし、読んで頂かなくてもけっこうです。それに言わせて頂ければ、あなたがご自分で勝手にご本をお書きになればいいと思いますわ。

作家と仕事をする時、編集者はその作家の心の中にある薬棚を目にしないではいられない。そこに瓶に入ってずらりと並んでいるのは、ざっとこんなものである。ありとあらゆる恐ろしい感情、自分を弁護したいという欲望、パラノイア、他人への自己投影などなど。また他人への過剰な羨望、復讐欲、憂鬱症的な反応やさまざまな儀式的行動、自己防衛、そして執着の双璧ともいうべき性欲と金銭欲。要するに、偉大な作品の中身が全てそこに並んでいるのだ。もちろん、いくらその人が風変わりだったり奇妙な点を持っていたとしても、それがいい作品に結びつくには巧みな技が必要である。自分の神経症をうまく操り、あなたの作家としての人生をより長寿で実り多いものにするため役立てなければならない。そうできなければ、あなた自身が原因で、書くことはあなたの敵に回ってしまうだろう。恐怖症の人はその原因となるものを目の前にすると立ちすくんでしまうものだが、同じように、パラノイアが最終段階まで進むと、書くことまでもがあなたを追ってくる敵に見えることは間違いないのだ。

編集者にとって、神経症的になりすぎて書けなくなってしまった作家をなんとか助けようとすることほど大変なことはない。そういう作家は怯えて自分の守ろうと身がまえてしまい、理屈をこねたり条件をつけたり、正当化や言い訳をしたりしまくる。そうなると、書くことで自分が癒されるという世界にはもはや戻れない。しかしその人が全てに耐え、心に響いてくる真実を紙に書き記すことさえできたら、何もかも許されるのだ。

6

炎に触れる作家

アル中治療グループ（ＡＡ）の集会よりもたくさんのアル中に会える唯一の場所、それは大学院の創作文芸プログラムだ。私が大学院にいた頃、カウボーイ詩人と呼ばれる集団がいて、夜ごと出歩いては酔っ払い、喧嘩騒ぎをはじめとしたとんでもない行動に及ぶのが常だった。そして翌日、前夜の騒ぎを自慢しつつ、私たちの学科のラウンジでタールみたいに真っ黒なブラックコーヒー（この手の場所では定番商品に違いない）をがぶ飲みするのだった。泥酔して殴り合いになったあげく歯がぐらぐらになったり、どんちゃん騒ぎをしては、どんな場所か知らないが家に女を連れ帰り、ガールフレンドに隠れて浮気をしたりは日常茶飯だった。授業に来る時にはジーンズの尻ポケットに丸めたスパイラルノートを偉そうに突っ込み（ちゃんとした布張りの日記帳を使う柄ではなかった）、ふんぞり返ってお出ましだった。しかも毎回遅刻し、毎回何かしら忘れてきていて、ペンやらライターやらアスピリンを周りの誰かに貸してもらわなければならなかった。彼らは若く、その若さと自分の幻想にどっぷり浸り、強さを前面に押し出した詩を書いて楽しんでいた。まるで自分にしかない言語表現を見つけたかのような満喫ぶりだった。そして犬の群のごとくどこにでも立ち小便をして、街なかや自分たちの行きつけの場所にマーキング行動をしていた。彼らの結束の鍵となるのは酒だった――酒が入ると彼らは活気づき、夜の冒険に出かけては後でそれについて書くのだった。当然ながら、同じプログラムにいた私たちはみんな彼らに腹を立てていた。カウボーイたちは傲慢でハンサムで、まるで映画のキャスティング担当部門で選ばれて来たのではないかと思うほど、酔いどれ詩人の役にぴったりはまっていた。

キャスティング担当部門からやって来たような人々は他にもいた。たとえば、どこにでもいそうな酔っ払いが二、三人。酔うとどんちゃん騒ぎをするよりもだんだん落ち込んでいくタイプで、自己憐憫に浸った詩を書くことが多かった。それから完全な麻薬中毒《ジャンキー》が一人、ヴァリアム（精神安定剤）漬けのゾンビが一人、それに抗うつ剤のお世話になっている数名（まだプローザックが売られる前のことだった――プローザックのおかげで、全米の創作文芸プログラムの様子は大きく変わったに違いない）、躁鬱病を患っているのが一人二人、そしてシンディ・シャーマンの写真から抜け出てきたのかと思うほどやつれ果てた女性が一人。彼女はバッグから口紅か何かを取り出そうとしては、ワークショップの会議用テーブルにバッグの中身を何もかもぶちまけた。鍵だの櫛だの、ペンや紙だのに混じって、ガラス瓶に入った薬もあった。そして彼女は、今度はテーブルの上をころころ転がっていくガラス瓶を取ろうと身を乗り出し、気狂いじみた大騒ぎを演じるのだった。もちろん、私たちはみんなこの女にも憤慨していた。何よ、あんなにいちいち見せびらかして！　全く騒々しい！

私にも今になってやっとわかる。支離滅裂なやり方ではあったけれど、彼女は彼女なりに救いを求めていたのだ。アルコール依存症や麻薬中毒は詩や小説の中ではロマンチックに描かれるが、深酒を止められない人や、精神的に不安定で私たち自身のぐらつく船を転覆しかねない人に現実に出会うと、私たちはそそくさと逃げていく。アルコールその他の中毒になると、なかなか他人に近寄ってきてもらえないものだ。私は以前、一年前にようやく麻薬中毒から立ち直ったという作家の本の企画を手に入れたことがある。私も長年編集者をやってきたのだから、そんなことは無駄だとわかっていてもよさそうなものだった。しかし私は彼の作品案がとても気に入ったし、それに、この契約のおかげで彼の状態が悪化するのを止めることができたらという気持ちもあった。確かに彼はまた薬に手を出しはしなかったが、それ以上の変化は何も起こらなかった。突然何ヶ月も音信不通になることもあれば、こちらが連絡してから何週間もしてやっと電話を返してきたこともある。かと思えば、たとえおとぎ話の小人が魔法を使ったってそんなにたくさんは書けないだろうというほどのページ数を書く、と約束するのだった。私は彼に現実的な目標、たとえば月末までに二十ページ書くことを目指すように必死で言い聞かせたが、彼は二週間で七十五ページも一気に大量生産できると言って譲らなかった。この問題で私たちは行きつ戻りつし、彼は、自分には書くためのプレッシャーが必要だと言い張った。「僕はヘロイン中毒なだけじゃないんですから」と彼は笑って言ったものだ。「プレッシャー中毒でもあるんですよ」。

何ページだろうと書けるだけの量でかまいませんよ、と私は彼に請け合った。ただし企画の期間延長を認めるには、たしかに進んでいるという証拠が要るんです。すると彼は常に私の立場に対し同情の意を表明し、自分のような作家を担当してしまった運の悪さについてジョークまで飛ばしてみせた。こうして、電話の最後はたいてい、ジョークやちょっとした激励スピーチで締めくくられ、私は、彼は一ページたりとも書かないだろう、とほとんど確信に近いものを抱いて受話器を置くのだった。そして悲しいことに、その予感は的中した。こんなことが何度も繰り返されたが、それでも、彼に電話してもつながらず折り返しかかってもこないと私は取り乱し、心配で気もそぞろになって彼のエージェントに電話した。そして私たちは二人とも、彼の留守電に「心配しています」とメッセージを残し、どうか彼がまた麻薬に走り、人々の忘却の淵に沈んでいってしまいませんように、とはかない望みをかけた。そしてようやく、彼から電話がかかってくる。いや、麻薬をやってたんじゃありません。ただ、以前麻薬を手に入れようとした時と同じぐらい必死になって、この作品から逃げようとしてたんです。この後彼は決まってお詫びの言葉を述べ、罪悪感でいっぱいになって自分を非難し、そして結局延長が認められるのだった。最後にやっと私は悟った。私は彼の新しい中毒のサイクルに巻き込まれていたのだ。彼はそこで、自分の人生の中心を占めるドラマ――誰よりも出来が悪い子、救いようのない子供の物語を再現していた。三年後、私たちは契約をうち切った。これが、私が今までに実現できなかったただ一つの企画である。

　中毒になると、助けてくれようとする周りの人たちまでその強い力に捕らえられて動けなくなってしまう、という説がある。『華麗なるギャツビー』が商業的には期待はずれの結果に終わってからというもの、F・スコット・フィッツジェラルドの状態は悪化の一途を辿り、飲酒癖のおかげでいちばん身近だった人々とさえ疎遠になっていった。その中には、生涯を通じて彼のエージェントを務めてきたハロルド・オウバーもいた。数え切れないほど何度も前貸しをしてやった後、オウバーはついにフィッツジェラルドに前貸しを断り、それが原因でフィッツジェラルドは彼との仕事上の関係を断ったのだった。そこから後の彼の生活は、飲んで大騒ぎをやらかしては自分を責め、精力的に仕事ができるとか新しいアイデアが浮かんだと錯覚しては失敗し、いったん禁酒してはまた酒に手を出すという繰り返しがひたすら続いた。編集者マクスウェル・パーキンスの伝記の中で、著者A・スコット・バーグはこう書いている。この一連の行動パターンがあまりにも一目瞭然になったため、フィッツジェラルドがアルコール依存症を克服するためノース・カロライナのホテルに隔離される道を自ら選んだ時も、結局失敗に終わるだろう、とこの忠実な編集者は予期していた。「彼は、フィッツジェラルドには可能な限り多くの友人たちから支えてもらうことが必要だとわかっていた。だがまさにその時、スコットにとってそんな友人を見つけることはほとんど不可能なことであった。その年、ほとんど時を同じくして、彼はパーキンスの担当する三人の作家の友情を失った。」

ヘミングウェイ、トマス・ウルフ、そしてリング・ラードナーが旧友の治療に手を貸すところなど想像がつくだろうか？　悲しいけれど、アルコール依存症や麻薬常用癖は必ず人生の破滅をもたらしたというのが真実だ。素晴らしい才能に恵まれ、これからはばたこうとしていたはずの作家が、哀れな酔っ払いや麻薬中毒患者になり果て、何ヶ月もいや何年も、何も書いていないことをあれこれ言い訳し続ける。また約束をしても毎回何時間も遅れてやって来る。目は皿のように見開かれて焦点が定まらない。ようやく手渡された作品はといえば支離滅裂で、これをちゃんとした形にまとめることなど到底不可能だと編集者が頭を抱えるような代物である。こんな変わりようを目の当たりにするほど心の痛むことはない。

お酒や麻薬に溺れるのは、何かから逃避するためだといって間違いない――名声から、あるいは批判や拒絶から逃避する場合もあるだろうが、何と言ってもいちばん多いのは、作品を生み出せないことからの逃避である。並はずれた欲望や野心を持っていながらそれが満たされなかったり、思いはとてつもなく強いのにそれが紙の上でうまく意味を成さなかったりすると、誘惑に弱い作家はお気に入りの毒物につい手を伸ばしてしまうのかもしれない。作家がアルコールに溺れて何年もの月日を無駄にし、自分が書けないのをお酒のせいにする様子を私は見守ってきた。作家の人生には、どんな禁酒主義者でも飲まずにいられなくなるような辛い状況が山ほど起こる。そういった失望や不安への対処法は作家それぞれだ。パール・ケイジン・ベルによれば、「ディラン・トマスは三十代半ばにして悟った。自分は戦時中書いていたような詩は二度と書けず、これから書くものは今まで書いてきたものの下手くそな真似でしかないだろうと。私が思うに、彼が酒に走った理由の一つはここにあったのではないだろうか――詩と手を切るためである。」

＊

トマス・ド・クウィンシーの『阿片常用者の告白』から酒浸りの日々を描いたジョン・チーヴァーの日記まで、歴史を振り返ってみると、作家や芸術家には何かに溺れる人が異常に多いことがわかる。ここで一つ分からないのは、普通なら眉をひそめられるはずのこんな癖がドラマチックに、時には口マンチックにさえ見えるまでに誇張され美化されることだ。彼ら自身がそう仕向けているのか、それともこれは文化的な特徴なのだろうか？　実は、誰かが実際に酒やクスリに手を出し、自分で自分を制御できなくなって結局精神病院に行き着いたり、ひどい場合は自ら命を絶ったりするたびに、私たちは心のどこかでそれを非難するか、あるいは安堵の吐息をつくかしているのだ――自分がああならなかったのは神様のおかげだと。自分の中の奔放で衝動的なデュオニソス的部分に惹かれると同時に警戒するのが私たちの文化なのだ。自己破壊は何か神話的な力で私たちの無意識に働きかけ、動かす力を持っている。そして、ピューリタン的伝統に基づく禁欲と、決して奪うことのできない自由を求める気持ちとの葛藤からは絶えず緊張が生まれるのだ。

麻薬や酒浸りの作家がドラマチックに見えた時代もあった。しかしそれもここ二、三十年の間に、ロックスターやハリウッド俳優、政治家の妻などが派手に麻薬や酒に溺れてくれるおかげですっかり影が薄くなった。アイオワの作家ワークショップにデビューしたばかりの詩人を追いかけるよりも、ロバート・ダウニー・Jr.が更正施設に入ったとか出たとか、滑った転んだを報道する方が大衆雑誌のお気に召すのだ。今日では、麻薬の注射針を腕に刺したままの状態でとか、ホテルの一室で辺り一面に転がった酒瓶の中で死んでいたりしない限り、作家がパパラッチ記者の関心の的になることはまずない。そしてまた、ありがたいことに、今日の作家の多くは酒が抜けて堅気の生活をしているのだ。

八十年代のアル中治療（ＡＡ）の集会では、多くの人がデニス・ジョンソンの最初の詩集『匿名の談話ラウンジ（*The Incognito Lounge*）』に読みふけった。この詩集は、酒をやめたばかりの人々の新しい声を代表していたからだ。中でも最もよく引用されるのが「今」という作品だ。ここで書かれているように、「闇よ、ぼくの名前はデニス・ジョンソンで／ぼくはこれから／告白するつもりだ。」この詩行はＡＡの集会で話す時の一般的な挨拶文句とかなり重なる――「ハロー、ぼくの名前は○○で、ぼくはアル中だ」。ついに、魔物に追いかけられるのではなく、逆に追いかける作家が現れたのだ。

　この数年で、ウィリアム・バロウズの傑作『ジャンキー（*Junky*）』が形を変えて、リンダ・ヤブロンスキーの『麻薬中《ジャンク》毒者の物語（*The Story of Junk*）』として登場した。酒浸り報道記者の九十年代バージョンとも言えるピート・ハミルは飲酒癖を脱し、その回想録『酒飲み生活（*A Drinking Life*）』を書いた。同じように酒を断つまでについて書かれた回想録『酒――ある愛の物語（*Drinking: A Love Story*）』はベストセラーリストに載るほどの人気となった。ジェイムズ・アトラスは、古き良き酒と薔薇の日々は過去のものになった、と嘆く記事を書いた。「酒三昧のディナーパーティー、お洒落なディスコのトイレでいちゃいちゃし、マリファナを吸ってのどんちゃん騒ぎ、タクシーにすし詰めで夜明けのソーホーを突っ走る――これらはすべて、大昔のことになってしまった。本棚で埃をかぶり始めている、黄ばみかけたジェイ・マキナニーの小説に出てくる異国談になってしまった。」自分が当時の様子をロマンチックに美化しすぎだとは知りつつも、アトラスは、政治や経済の変化を背景に私たちの文化が変貌し、今では芸術家が向こう見ずなアウトサイダーとして存在することは歓迎されなくなった、と嘆く。「作家や芸術家は、健康を害し、結婚生活も破綻し、若くして死んでしまうものだった。そのおかげで普通のアメリカ人は、安全な距離を置いて芸術を享受することができたのだ。犠牲は払われねばならないものだった。それが彼らの仕事だったのだ。これこそ、ヘミングウェイが自分の頭を吹き飛ばしたり、ジャクソン・ポロックが車で木に激突したりしたことの意味でなくて何であろう。芸術が生き続けるために彼らは死んだのだ。」

アトラスの記事に出てくる当時のさまざまな乱痴気騒ぎを読むと、思わず懐かしさを感じてしまいがちである。クウィンシー・ハウスの地下室で次々とタバコに火をつける二日酔いのロバート・ロウエル。サンダーズ・シアターで「ウイスキーの瓶を大げさに見せびらかす」酔っ払った若きメイラー。キーウェストでダイキリを何杯も飲み干すヘミングウェイ。ポロックがキャンバスの上で絵の具を爆発させていた時、それは彼の死の前触れとなっていたということは容易に想像がつく。しかし、今はもう、古き良き時代ではない。十二段階のアル中治療プログラムの時代、アルコール依存症が、悩める芸術家につきものの職業上の危険でも副作用でもなく、一つの病気と考えられる時代なのだ。さらにアトラスは、『ニューヨーカー』が読者からの手紙を掲載しなかった時代をも惜しんで嘆いたかもしれないというのも、彼の記事が出た翌週、スーザン・チーヴァーからの厳しいお叱りの手紙が掲載されたからである。「私は、かつてニューヨークの文学界で味わった不愉快な経験が、ジェイムズ・アトラスの筆によってロマンチックに描かれていることに仰天しました。当時私はまだ子供でしたが、タバコの煙が雲のように濃く立ちこめる中を文壇の大御所たちが好色そうな様子でよたよた動き回る、ああいうパーティーにいた者としてこれだけは証言できます。実際の関係者たち――妻たちの大半、そしてほとんどの子供たちにとって、あの光景は愉快どころではなかったことは間違いありません。私たちより前の世代は、この国の優れた作家のほとんどがアル中だという悲劇を味わいました。作家であるなしとは無関係に、アルコール依存症は例外なく、何世代にもわたって破壊と荒廃、混乱と悲しみの跡を残すものです。私の父の小説や物語は、完璧なマティーニや理想的な不倫といったロマンチックなイメージを彷彿とさせることは確かですが、それはみなフィクションなのです。そのどちらも実際には決して手に入れられなかった男が頭の中でこしらえたイメージに過ぎないのです。」

おっしゃる通りだ。チーヴァーの日記には、彼がアルコール依存から抜け出すまでの苦痛に満ちた道のりの一歩一歩が克明に描かれている。最初の見出しから最後まで、そこには、一人の男が果てしない絶望や苦悩の中、飲酒癖と闘う姿が記録されているのだ。一九五二年のある日には、チーヴァーは完全に正気の状態でこのサイクルについて語っている。「自己破壊が心に入り込んできた最初は、一粒の砂くらいの大きさでしかないように見えるものだ。……だが、この深い淵にはまり込んでからその道筋を振り返ろうとすると、そこにはまさに一粒の砂以外何も残っていない。」五〇年代の終わり頃になると、彼は完全に諦めの境地に達しているが、それでも自分の問題に対して多少のんきに構えている節がある。「私は一人で飲むタイプだ。……四時か四時半、時には五時になると、私はマティーニをかき回しながら考えている。私ほどいいものが書けない人間は山ほどいるが、やつらもうバーのスツールに腰を落ち着けている頃だろう。」ところがそれからほんの一年しか経たないうちに、チーヴァーは鐘の音に向かって、酒が自分の命を奪おうとしていると告白する。「午前中、私はひどく落ち込んでいて、内臓はほとんど機能せず、腎臓は痛み、手が震える。マジソン・アベニューを歩いていると死の恐怖に襲われる。……私は簡単に自分を殺してしまうだろう。今十時だ、昼になったらぐいっと一杯やろうと思う。」

酒を飲まないでいられる時間が減っていく様子をつぶさに書き記す中で、チーヴァーは自分の負けを痛切に自覚している。「今は木曜の朝だ」と一九六七年のある日には記される。「十一時二十分前。

私はへとへとに疲れながら酒と闘っている。……じっと座って耐える以外にできることは何もない。自分に手紙を書こうか。自分様へ、私は酒と辛い時間を過ごしています。乗り切れ。」

一九七二年になると、チーヴァーはこう告白する。「残酷な飲酒癖」があまりにも深刻化し、夜が明ける前から飲み始める時もある。「目が覚めると同時に飲みたくなる。……今はウイスキーの味以外のことは何も考えられない。……九時半頃になると手が震えだし、紙を押えていられないし、タイプもちゃんと打てなくなる。」その数ヶ月後、彼はついに、そしてありがたいことに、助けを求めて、よろめきながら最初の一歩を踏み出す。「ＡＡに行ってみようと思いながら二十年間を過ごし、」と彼は記す。「やっと実行した。」

＊

依存症、遺伝、脳の仕組みなどについて多くのことがわかってくると、癒しを求めて何かに溺れていくタイプの人間には、生理学的にもどこか変わった特徴があって、それが欲求をますます切実なものにしているのではないかと思えてくる。ある人が他の人々よりもお酒の魔力に引き寄せられやすいのは、遺伝上何かがちょっと変だったせいかもしれない。このちょっとした遺伝上の特徴が芸術的な素質にもつながっているのかどうかはまだわからない。だが、たとえ学問的にこのつながりが疑わしいとわかっても、実際酒で悲しみを紛らせたことで知られている作家たち――たとえばエドガー・アラン・ポー、コールリッジ、ロウエル、ジョン・ベリーマン、そしてアン・セクストンやディラン・トマスなど——にまつわる伝説を見ればこの考えは捨てられない。芸術的な素質は、自分を癒してくれるものを求める行動と切っても切れない関係にあるのだ。

作家になること、あるいは書きたいと願うことは、永遠に不安の中で生き続けることを意味する。失敗の可能性の方が成功する確率よりはるかに大きいのだ。有名無名に関わらず、作家は常に（特に作品と作品の合間には）重力に引っぱられてでもいるかのようにひたすら落ち込んでいく。「意志が全てです。しかし、恐怖が大きな障害となって立ちはだかります」とゴードン・リッシュは、創作についてのインタビューで答えている。「どんな場合にも結局は、欲しいと思うものと、持つのが恐いものとの葛藤になるのです」。恐怖に押しひしがれる時、不安でぼろぼろになりそうな時、この恐怖の切っ先を鈍らせるにはジントニックしかないと思えるかもしれない。実際執筆にとりかかることや舞台に上がることを考えると精神的にパニック状態に陥る。そのパニックを鎮めるためなら、酒飲みの詩人も世間に理解してもらえない芸術家も、そして麻薬漬けの小説家もいくらでも酒や麻薬に走るだろう。ダイアン・ウッド・ミドルブルックによれば、アン・セクストンは人前に出なければならない時にはお酒なしではいられず、自作朗読ツアーを無事にやり遂げるため、「一連の儀式」を作りあげた。「ホテルの部屋に入るが早いか、どこでも、彼女は神聖な儀式を決まった手順で執り行った。まずバスルームに直行してシャワーを全開にし、ステージ衣装を吊して湯気にあてる。それから製氷マシンの所に行って氷を取ってくる。これからスーツケースの秘密の場所からウォッカを取り出してぐいぐいやる、その最初の一杯のためだ。酔っ払うと彼女は躁状態になった。そして人前に出て何かするには、躁状態が絶対必要だった。」

作家はいつも麻薬や酒の助けを借りて抑制を取り払ってきた。最初は効果てきめん、すぐに酔って興奮状態になる。けれどもいったん自分の方が振り回されるようになると、効果は薄れていくのが普通である。「神はあなたのタイプライターです」とある僧がセクストンに言ったことがあった。彼女が自分の頭に浮かんだことを言葉で表現できなくなり、精神的危機に陥ったように思われた時期のことだ。しかし、彼女の伝記に書かれているように、「アルコールこそ今やセクストンが最も頼りにして、自分で処方しては朝も昼も晩も飲み続ける治療薬だった」。作家が一線を越える、つまり酒や麻薬に全エネルギーを使い果たしてしまうようになると、芸術が持つ救いの力ですら沈黙させられてしまう。タイプライターも沈黙する。「アルコールのおかげで彼女の感情は上昇曲線を描き、すると彼女の詩は翼を広げた」とミドルブルックは続けている。「だがアルコールのせいで彼女は鬱状態に陥り、自責の念に駆られ、不眠やパラノイアなど、アル中患者を決まって追いかける復讐の女神の一群に苦しんだ。……彼女には酔っ払いの饒舌さはあっても、芸術家の狡猾さはなかったのだ。」

＊

作家の味わう苦しみの中で、酒や麻薬に溺れるよりももっとロマンチックに描かれる唯一のものは、精神の病である。精神科医ケイ・レッドフィールド・ジャミソンは『炎に触れられて（*Touched with Fire*）』の中で、芸術的な素質と躁鬱病とのつながりについて詳しく説明している。入手しうる限り最新の調査結果を再検討した結果、彼女は次のような結論に至った。一般の人々と比べて、作家や芸術家は躁鬱病や鬱病を発症する割合が著しく高い。しかしながら、「作家や芸術家は全員が重い気分障害を患うというわけではなく、大多数が、というのさえ誤りである」――これは見過ごされてしまうことがあまりにも多いのだけれど。ただ、芸術家の創造性が躁状態で爆発的に発揮されると、より質の高い作品ができるということなのだ。躁病とは酔ったような興奮状態以外の何物でもない。そしてそれが創造力や優れた構想、発想のひらめきと一体になった時、そこから目を見張るばかりの傑作が生まれることもあり得る。しかしたいていは、躁病はもっと暗い力と結びつき、芸術家の最盛期を奪う命取りの一撃となってしまいかねない。

心の病に苦しむ人が偉大な芸術家と称されるようになるのは、本人が亡くなってからのことだ。病を自分でコントロールできていない限り、生きている間は、精神病は多くの人々が（露骨な嘲笑の的とまではいかなくても）憶測をめぐらす種となるだろう。どんなことをしようとどんな作品を書こうと、あなたのいわゆる「コンディション」に関する噂がついて回り、あなたの行動も意見も、作品そのものも、どこかに病気のしるしが表れていないかと詮索されるだろう。ずいぶん前になるが、ロンドンで開かれたある編集者の会合でのできごとは決して忘れられないと思う。出席者の中では年かさのある有名な編集者が、会合の最初に、自分はウィリアム・スタイロンの『見える暗闇――狂気についての回想（*Darkness Visible*）』の英国版を出版したい、と発言した。作家自身の闘病体験を扱った本である。会合が進むにつれてその編集者は次第に口数が多くなり、その本がいかに重要かを滔々と主張した。編集長は配属されたばかりの、ちょっと生意気な感じの若い人だったが、「アメリカ的過ぎる」という昔ながらの理由をつけてこの本の版権獲得を却下した。これに対し、年かさの方の編集者はテーブルを拳でどんどん叩き始め、あっけにとられた私たちの顔をねめ回して同情を求めた。それから私の方を向き、その薄い本を私の目の前で振り回して言った。「あんたはアメリカ人なんだから、何でこれがベストセラーになったのかあいつに言ってやって下さいよ」。ティナ・ブラウンが編集長を務める『ヴァニティ・フェア』誌に連載されて以来、ニューヨークはこの本の話題で持ちきりだったから、もちろんその本の出版までの経緯はよく知っていたが、私は驚いてしまってとっさに口がきけなかった。すると彼は、私が生涯忘れられないような目で一瞥をくれた。裏切られたという目つきだった。それから、降参と不快の気持ちを全身で示しながら本を会議テーブルの真ん中にばさっと置き、足音も荒く会議室の外へ出ていった。私の隣に座っていた編集者はこちらに身を寄せて、陰謀でもするようにこう耳打ちした。「あの人頭がおかしいんですよ、わかるでしょう」。後で私は、彼が本当に躁鬱病だったということを耳にした。

仮にあなたが躁鬱病だとしよう。するとあなたの行動も作品も、それに基づいて判断される。作品数が多いのは躁病のおかげなのか？　あなたは本当に優れているのか、それとも単に芝居がかっているだけか？　本当に苦しんでいるのか、あるいは自分を甘やかしているにすぎないのか？　本の出版が予定より何年も遅れた時に、「好きなだけ時間をあげよう、あの人は狂気の天才なのだから」なんて言ってくれる人は誰もいない。また、朗読会の予定開始時刻が過ぎているのに、狂気の天才作家が姿を現すまで何時間も講堂に座って待っていてくれる人だっていないだろう。気分の浮き沈みはたいてい常軌を逸した行動を伴うものだが、世間はそういう行動に目をつぶってはくれないのだ……少なくとも、そう長くは。もちろん、ヴァージニア・ウルフやバイロン、あるいはゴッホが講演に来る予定なのであれば話は違う。おそらく何時間でも待ってもらえるだろう。名声が事実として確立し、あなたの天才が世に認められた後であれば、誰もが近づいて来たがる。だがもしあなたが生前のゴッホと知り合いでその晩年の様子を見たことがあれば、おそらく、あいつは気がふれているということで片付け、相手にしなかっただろう。事実世間の大部分はそうだったし、中でもアルルの人々は、ゴッホが耳を切った一件の後、彼を家に閉じ込めて外出禁止にすべきだと陳情活動までしたのだった。

自殺もまた、私たちを惹きつける――実行された後は、の話だが。自殺を考えている人自体は取り立てて魅力的とはいえない。実のところ、そういう人は自分のことに没頭しすぎていて、逆に嫌われかねない。もうすぐクビになりそうな同僚からはなるべく距離を置こうとするのと同じように、私たちは溺れそうな人からもなるべく距離を置いて、一緒に水底へ引きずり込まれまいとする。そしてその人がこの世を去ってから初めて、花束や賛辞が降りそそぐのだ。たとえばシルヴィア・プラスは何度も自殺を企てた。おそらく周りの人々は、彼女にうんざりしていたことだろう。彼女の気分の浮き沈みについていくだけでも、タバコの副流煙を吸い込むのと同じぐらい体に悪かったに違いない。プラスの日記のほんの一部を取り出しただけでも、感情の極端さにくらくらしそうになる。「二月十日(火)…なんとも明るくて清らかで幸せな気持ち。二月二十日(木)…私こそ悲劇的な経験を入れた器。三月十一日(火)午後…ああ、人生はなんて光り輝いて、私を手招きするのだろう……。四月十七日(木)午前…自分がお墓から起き上がり、最後の力をふりしぼって、蛆《うじ》のわいたかび臭い手足を寄せ集めているような気がする。」

躁と鬱の両極の間を振り子のように揺れたり、自分を破壊することに取り憑かれている。この二つのどちらか、あるいは両方の状態にある人がいると、周りは被害を受けるものだ。ほとんどの人は、こういう人たちにずっと依存され続け、輝かしい未来への期待を裏切られてやつれ果ててしまう。躁的に気分が高揚して舞い上がっている人は完全に自分の考えに夢中で妄想に浸っているため、その加速度のついた状態自体のせいで、内省することができない。求めるものを追ううちに、まるでイカロスのように炎に包まれて最期を遂げることになる。私たちがこういう芸術家をロマンチックに美化するのは、彼らのおかげでどこか安心感を抱けるからだ。炎に触れられた人は、私たち自身にある自殺願望や、激しすぎて自分で恐くなり、力が出せなくなってしまうような感情の受け皿になってくれる。一線を越えてしまった人は、私たち誰もが持つ自己破壊的な衝動の代役となり、ほんの一時ではあるが、荒らぶる神を鎮めてくれるのだろう。

一方、鬱状態の方はというと、全く足を引っ張る効果しかない。優れた作品を作り出すことにもつながらないし、性的能力が高まることもなければ、鬱のおかげで脳が超伝導体よりも速く働くというわけでもない。鬱状態の人の脳は分厚い毛布にすっぽりくるまれているようなもので、手の届かない明晰な思考を求めて格闘している。感情が日ごとに酸欠状態になりつつある人にとって、朝や春、生命のしるしほど嫌なものはない。強い抑鬱状態にある場合、機能はゆっくりと、だが確実に停止してしまい、この鬱状態の間に何かを創造できる芸術家はほとんどいない。躁状態になると、自分は偉大だと感じるが、実際に偉大になるとは限らない。そして鬱状態では自分は価値のない人間だと感じるが、実のところ鬱によって価値がなくなるわけではない。気分の浮き沈みが原因で価値判断が歪んでしまうと、公平な視点から本当に自分の作品が良いのか悪いのかを判断するのはとても難しいのだ。

それでも、作品を見ればはっきりすることが一つある。狂気には天才が秘められているという考えを裏づけるような、シェリーやバイロンの空想に富んだ二行対句。あるいはプラスやロウエルの赤裸々な告白。これらの作品は、私たちが狂気と結びつけて考える激しさがいかに強烈かを示す好例となっている。病から生まれた芸術は病そのもののおかげでいっそう優れたものになるとは言えない。とはいっても、病気を主題として考えると、興味深いものになりうる。芸術家が自分の精神状態を主題として取り上げ、そして躁病的な熱狂状態の中で強烈な印象を与える作品が生み出されたとする。たとえばゴッホの晩年の絵画は明らかにその一例と言えるし、プラスの場合、最後の数ヶ月は日に二つも詩を書いていた。そのような作品は決して消すことのできない印象を残す場合が多いのである。

芸術家としての人格を創造したいという若々しい情熱に燃えた作家が、このような芸術家たちの激しさの魅力に引きつけられるのも無理はない。しかし、ケイ・レッドフィールド・ジャミソンの次のような指摘は正しいと思う。「『狂気の天才』論対『健康な芸術家』論をめぐる論争のほとんどは、実は別の所から生じている。『狂気』とは実際何を意味するのかに関する混乱と、躁鬱病とはどういうものかに関する基本的な理解の不足が本当の原因なのである。」強烈な感情を持ち、その時の気分に浸りきってしまうことと、緊張のあまり茫然自失状態になったり妄想を抱いたりすることとは、全く別の問題なのだ。躁鬱病に苦しんでいたロバート・ロウエルが、初めて入手可能になった躁鬱病薬のリチウム塩剤を飲み始めたところ、効果はてきめんだった。その後出版業者ロベール・ジルーとの会話の中で、彼はこう漏らしている。「ねえボブ、全くやりきれないよ。あれだけ自分が苦しんで、それに自分も人を苦しめてきたのに、それが全部、僕の脳にちょっとばかり塩が足りなかったせいで起こったのかもしれないなんて思うと。」ロウエルのこの言葉ほど、躁鬱病のためにいかに多くのものが犠牲になっているかを端的に表現しているものはないと思う。

精神病には未だに悪いイメージがつきまとう。医師の診断も治療も受けずに狂気を切り抜けるとしても、あるいは適切な治療法や薬を必死で探すにしても、回復への道のりは困難で険しく、中傷する人も多いし、患者よりも重度の精神病ではないかというような医者にも事欠かない。薬物治療はというと、珍しく少しは役には立ったものも、長く服用するうちに効果が薄れることが多い。それに適量はどれくらいか、副作用はあるのか、長期服用の影響はないのかなどについて誰も本当のところはわかっていない。成功間違いなし、ということはあり得ないのだ。

しかしそれでも、ロウエルの人生を考えると、どうしてもロマンチックなイメージを抱かずにいられない。彼の病気や神経衰弱、そして友人たち――エズラ・パウンドやT・S・エリオット、アレン・テイト、エリザベス・ビショップ、ランダル・ジャレル、それにベリーマンやトマス。彼がボストン大学で、学生時代のシルヴィア・プラスと僅かではあるが知り合う機会があったこと。それから美しい女性作家たちと結婚もした――ジーン・スタッフォード、エリザベス・ハードウィック、そしてキャロライン・ブラックウッドの三人だ。おそらく飽くことを知らなかったと思われる、ロウエルの性的欲望。この性欲のおかげで、彼はローマ皇帝カリグラの名を短くした「カル」という愛称を頂戴したのだった。そして彼の詩である。若い頃のすばらしい定形詩、壮年期のいわゆる告白詩あるいは進歩的詩、そして晩年の作品では、その精妙な言語により余分なものは全て取り去られ、核にあるものだけが剥き出しにされていた。あるいは同じように心の病に苦しんだ他の作家――ウィリアム・ブレイク、ジョン・キーツ、マルカム・ラウリー、セクストンなど——のうちの誰かを取り上げてみればいい。その作家が高揚状態にあった時のドラマチックな出来事と、日常味わい続けた苦しみの結晶とも言えるみごとな芸術作品だけを抜き出してみよう。そこから想像できる人生は、病に苦しむどころか、ぞくぞくするほどすばらしい天賦の才にあふれた芸術家の生涯である。詩集がベストセラーになるというのはきわめて珍しく異例のことだが、テッド・ヒューズがおそらく彼の最後の作となる詩集を発表した時、さして売れそうにないはずのその本はベストセラーリストに登場した。ヒューズが自分とプラスとの生活を取り上げた詩集だった。これだけ長いこと、こんなにも深い沈黙が守られてきたのにもかかわらず、愛するシルヴィアともう一度時間を過ごしたい、と心から願う人が未だにたくさんいたのだ。まるで、そうすることで少しでも彼女を救えるのではないかというように。

＊

たいていの場合、作家とほんの数秒話すだけで、相手が今高揚状態にあるか鬱に沈み込んでいるのか私にはわかる。声が全てを物語るのだ。躁状態なら息もつかずに浮ついた調子で喋りまくる。鬱状態なら無表情な一本調子か震え声で喋る。作家がどこかに雲隠れしてしまい、原稿を渡してくれない時は、だいたい鬱に陥っている。こうなってしまうと、いずれ気分は明るくなるだろうしまた書けるようになるという自信を取り戻してやるために、編集者が言ったりしたりできることはほとんどない。同様に、作家が躁状態や大量の刺激物を摂取したおかげで興奮し、熱に浮かされたような調子で書きまくっている時にも、編集者にできることはほとんどない。こういう状態の作家は、自分は今まで最高の作品を書いていると考えがちで、もしそうでないと指摘されようものなら、こちらに敵意を抱いたり攻撃してきたりしかねないのだ。

私の担当した作家の半数以上は何らかの時期に精神科の治療を受けたことがある。しかし、私が実際に作家の主治医から連絡をもらったことは今まで一度しかない。その医者は電話をかけてきてこんなことを言った。あなたの出版社もあなたも、その作家に必要以上のプレッシャーをかけている。彼女が本を仕上げるにはもっと時間が必要だ。それに、出版後の講演旅行などさせたら彼女は死んでしまう云々。実際は、私は出版に向けて執筆が進められているべきそれまでの数ヶ月間、今回は出版を中止しましょう、あなたには休養が必要なのよ、と何度彼女に頼んだかわからないほどだった。私はやはり執筆中に神経衰弱に陥った他の有名作家たちの名前を挙げ、私たち出版社サイドは健康上の不安を考慮して、彼らに出版延期を認めたと告げた。精神科医が鼻を突っ込んでくるよりずっと前に、私は自分でちゃんと診断を下していたのだ。

しかしその作家は予定通り出版したいと言い張り、どうかお願いです、と懇願した。絶対に終わらせるから、と誓ってもみせた。もしこの本を完成できなかったらそっちの方が死ぬ原因になる、とまで言われては折れるしかなかった。彼女は昼も夜もぶっ通しで書き始め、私のオフィスに泊まり込んだ。朝行ってみると、だいたい彼女はその場にくずおれていて、私の椅子の上に書きたての原稿が広げられていた。素晴らしい出来の時もあれば、さっぱり意味がわからないものの時もあった。彼女が泊まり込んでいた部屋は、次第に、ホイットニー美術館にある現代美術のインスタレーションといった様相を呈してきた。あらゆるものの上に本やタイプ用紙、記事、食べ終わった中華のお総菜の容器、使用済みのプラスチックコップ、砂糖の包みがこぼれ出したスーパーの紙袋（彼女は大量に紅茶を飲んだ）が散乱し、下にあるものが見えないほどで、まるで彼女の頭の中を反映しているような乱雑ぶりだった。そして彼女が時にうとうとしている間、私の同僚たちがよく入り口からこの様子を覗き込んで、ひそひそ話をしていた。彼女をどう扱うべきか誰にもわからなかったし、私は本の方の見通しもなくしかけていた。それでも私が前進をやめなかったのは、彼女の優れた才能と質の高い文章を信じていたからだと思う。このおかげで私は、彼女から、他の作家にはほとんど真似できないほどのエネルギーを与えられたのだった。しかしそれでも、仕事の中でここまで苦しい状況に陥ったことはなかったので、何をすれば彼女の役に立ち何をすれば逆に害になるのか、私にはもはやわからなくなっていた。自分も彼女に劣らずつぶれそうになって、私は会社の副社長に、彼女が永久に手直しをし続けて完成を見ないのではないかと恐いんです、と打ち明けた。彼はその作家と話し合い、最終期限を設けようと言ってくれた。そして、高校時代から頭に焼きついて誰もが忘れられない、あの文句を引き合いに出した──テストの終了時刻が迫り、これでもう落第は確実だと思いながら必死で最後まで終わらせようとする時に聞こえるあの言葉だ──「鉛筆を置きなさい」。

結局彼女は少しずつではあるが前進し、私たちは本の出版にこぎつけた。今でも、私たちの決断は正しかったのだろうかとふと考えることがある。とはいえ、私はこれからもその本に強い誇りを抱き続けるだろう。自分の作家人生で最高の傑作を書きながら自らはバラバラになっていった作家は彼女が最初ではない。このような経験を経てさえも、彼女の人生のこの恐ろしい一こまを考える時は、思わずロマンチックに脚色してしまいたくなる。そして振り返ってみると、あの髪振り乱してのドラマチックな大騒ぎは、狂気と同じように、創作の方法の一部だったのだと思える。とにかく前進することで救われる、そういう確信を私に抱かせたのは彼女だった。もし彼女が間違っていたとしたら、私は自分を決して許せなかったことだろう。

芸術か生命かという問題を考えると、いつも、高校でやったゲームが頭に浮かぶ。もしルーブル美術館が火事になっていたらどうするか、というゲームだった。美術館に入れるのは一度きり。中に閉じ込められた子供か、モナリザか、さあどちらを救う？　何人かの生徒はこのルールを受け入れられず、両方とも助けると主張した。芸術を取る、という友達もいた。私には、全く迷う余地はなかった——私なら子供を助ける。

ここまで問題が深刻化していない作家には、私は水泳やランニングを勧める。それで一周コースを回るだけで、効果てきめんの場合もある。ボランティア活動でもいい。とにかく自分の殻から外に出ること！　もしかしたら、禁煙はあまり効果がないかもしれないけれど。それからもちろん、セラピーを受けてみるのもお勧めだ。「多くの芸術家や作家が、自分の感情が経験する惑乱や苦しみ、そして極端な動揺は、人間としての苦しみだけでなく、自分の芸術家としての能力にも絶対必要なのだと思い込んでいる」とジャミソンは述べている。「彼らは、精神科の治療を受けようものなら自分が変わってしまい、周囲にすっかり染まって覇気も熱情もない凡人になり、文学や美術や音楽作品を作り出す能力や意欲を失ってしまうのではないかと恐れているのだ」。確かに、ウィリアム・ブレイクがセラピストの診察用ソファに横になって自分の幻視したものを語っているところとか、ヘミングウェイが猫に対するる自分の病的な執着について、ひげをたくわえた小柄なお医者さんに長々と説明しているところはなかなかイメージしにくい。だが、もしあなたが何か不安や動揺に悩んでいてそのせいで仕事に行き詰まっているとしたら、潔く助け船に乗ってしまう方がいい。作家というのは、たいていの人よりも頭の中で生きていることが多いものだ。頭の中のもやもやをぶつける誰かがいるのはそう悪いことではないだろう。そしてさらに重要なのは、創造性というのはどんな力を使っても決して奪うことのできないものだということである。いかなる精神科医をもってしても、あなたの創造性を取り上げることは出来ないのだ。

現代の私たちは、自分を向上させようと努力することで完全な満足を手に入れようという時代に生きている。だが、自分はどんなにプローザックのお世話になっていても、それでも私たちは、天才的な創造力や極度の興奮状態、精神病、自殺などに惹かれずにはいられない。なぜなら私たちの誰もが、ほんの一度でいいから、炎に触れてみたいと思っているからだ。私たちも、太陽に向かって空高く舞い上がり、翼が広がっていくのを感じたいのだ。アン・セクストンの最も完成度の高い作品の一つにはいみじくもこう書かれている。「生きろ、生きろと私は言う、太陽が／夢が、刺激に燃え上がる才能があるから。」火遊びをすれば必ず火傷をする。その傷がどんなに痛いか、彼女ほどよくわかっている人が他にいただろうか？　それでも、セクストンは炎に触れたのである。

第II部

♦

出　版

7

ファースト・コンタクト——エージェントと出版社を探す

大学院生だった頃、私はある求人広告を『ヴィレッジ・ボイス』誌で見つけて応募した。「アルバイト急募。文芸エージェンシーアシスタント。勤務地——グラマシー・パーク。」コロンビア大学のある一一六丁目駅から地下鉄一号線で南下し、二三丁目まで出てそこから東へ。私は一路グラマシー・パークへ向かった。ニューヨークには詳しいつもりだったが、この辺りの町並みを見て私は驚いた。家の正面を形作る褐色砂岩の外壁も、優美な細長い窓も、古き良き昔ながらの美しさだった。中の様子が見えにくいように窓には濃い色つきガラスがはめられ、カラフルに塗られた玄関ドアまで優雅な曲線を描く階段には、渦巻き模様や凝った装飾がほどこされた真っ黒な錬鉄製の手すりがついていた。私は恐れおののきながらそちらに近づいた。私が握りしめている切り抜きの中の、今や手が汗ばんできたせいで字がにじみ、まともに読み取れないその住所が、この美しい家々のどれかを指すなどということがあり得るのだろうか？

大学を卒業してすぐ、私はある投資銀行に就職した。職場は商業地区と住宅地の中間に立つ高層ビルで、刑務所の独房棟並の魅力が自慢の建物だった。私はその冷たく非人間的な四角い小部屋で二年間働いたが、いつも、まるで誰かの残酷な動物実験に使われているネズミの気分だった。それなのに今はどうだ。並木道を歩くうち、私は十九世紀のニューヨークにさまよい込んでいた。何かが起こりそうだという予感で胸が高鳴り、くらくらしそうだった。まるでヘンリー・ジェイムズの本の登場人物になったかのような気がしていた。到着した玄関で私を出迎えてくれたのは、骨と皮ばかりといった体つきなのにエネルギーに満ちあふれた感じの若い女性だった。足元に気をつけて、と言いながら、彼女は私を、（その時は知らなかったが）「地下牢」のあだ名で呼ばれている、エージェンシーの地下一階のオフィスに連れて行った。彼女はそこで、先輩エージェントと一緒に働いていた。このエージェンシーはある夫婦の共同経営で、オーナー夫妻は同じ建物の上の方にロフトのようなオフィスを持っていた。

「地下牢」は廊下でつながった二つの部屋だった。廊下の壁には本棚が並んでいた。本が置ける所ならどこにでも本があふれていて、その山が今にも崩れてきそうだった。前面のオフィスは、原稿の山、ファイル用キャビネット、そしてコピー機にぐるりと取り囲まれていた。奥の方のオフィスには机が二つ置かれていた。片方は長いことほったらかしという感じで、古びたファイルがうずたかく積み上げられていた。もう一つの机が先輩用だった。この先輩エージェントは並はずれて物静かで優雅な雰囲気を持った美人だった。私は彼女の机の脇にかけられたメモボードをじっくり見たくてたまらなかったけれど、無関心な風を装おうとした。そこには、繊細で美しい絵のついたスクラップやポストカード、雑誌の挿絵や本のジャケットカバー、その他細々したきれいなものが飾られていた。私が以前勤めていた投資銀行では、唯一飾ることが許された「美術」品と言えば、合併されて消えてしまった会社の名前が墓碑のように刻まれた額縁しかなかった。それと比べてこのオフィスには、私が憧れてやまなかった生き生きした知性と創造性が満ち満ちていたのだ！

先輩の方のエージェントは私に、この仕事をしたいのはどうしてですか、と尋ねた。私は、大学院にいるうちに何か有意義な経験をしたいと思っていること、そして自分には教職か出版業が向いているのではないかとずっと考えてきたことを説明した。後で言われたことだが、それを聞いた彼女は私が出版業に就くのを思いとどまらせようとありとあらゆる説得を試みたけれど、逆効果だったそうだ。彼女に仕事内容を説明してもらううちに、私はますます出版業の魅力に取り憑かれてしまったのだ。ついに私は勇気を振り絞って、壁に飾られたあるジャケットカバーについて尋ねた。今でもその小さな写真が目に浮かぶ。真ん中に張り出した崖を男の子が飛び越えているところを撮った一枚で、人の手で色づけがされていた。なんて素敵な写真だろう、と私は思った。

「ああ、あれがお好き?」と彼女は言って、壁からそのカバーを外して見せてくれた。「これ、私の本の一冊なのよ。」

私は混乱し、ご自分でも本をお書きになるのですか、と訊いた。

「いえいえ、私の担当した作家のよ」と彼女は笑った。「これは私の担当作家、いわば私のクライアントの本のジャケットなのよ。」

私には彼女の言葉の意味が完全には理解できなかった。でも、理解できないのは自分の頭が良くないせいだと思ったので、それ以上追求はしなかった。その代わり私にも自信を持って言い切れたのは、自分はここの雰囲気に惚れ込んでしまったということだった。多少落ち着いてきて、この決して広くはない部屋を見渡す勇気が出た時、ここには、どんなに小さかろうと隙間さえあれば本がぎっしり詰まっていると気づいた。最後に部屋の裏口の外を見せてもらうと、手入れの行き届いた見事な庭があった。夕方近くなるとみんながそこで、美味しい紅茶を片手に文学談義に花を咲かせるのだろう、と想像がふくらんだ。私は矢も盾もたまらなくなって先輩エージェントに向かい、お給料が安くても大学院から遠くてもそんなこと全然気にしません、と断言して、ついにその仕事に就かせてもらうことができた。

実際仕事を始めてみると、なかなか楽ではないことがわかった。面倒くさい事務仕事はうんざりするほど多かったし、山のようなファイルの中から必要なものだけ選りだして整理する作業も待ちかまえていた。たいていの人はここで急に熱が冷めてしまっただろう。しかし私は、まるでスポンジのように、手に入る情報ならどんな僅かなものでもぐんぐん吸収していった。私にとっては何もかもが新鮮で面白く、すっかり心を奪われた。たとえば、クライアントの原稿を出版社に取り次ぐ時の送り状や出版社からの断り状。一口に断り状といっても、中には思いやりにあふれた申し訳なさそうな調子のものもあれば、作品に深い関心を寄せ、これをより良くするにはどうすればいいか面白いアイデアをいろいろ出してくれているものもあった。逆に素っ気なくつんけんした調子のものもあったし、時にはとんでもなく偉そうで必要以上に侮辱的なものもあった。(こういう断り状を作家に送るのが私の仕事の一つだった。といっても、あまりに手厳しくて、こんなものを読んだら作家はカミソリを持ち出して手首を切りかねない、と思われるようなものは除けてだが。）それから、エージェントがクライアントに大急ぎで書き送る激励の一筆を読むのは大好きだった。「すばらしい章です、この調子でいいものを書いて下さい。」もっと長い手紙も面白かった。そういう手紙では作品の構成に関するアドバイス、人物造型をどう発展させるかというアイデア、あるいは、全く違う視点からこの小説を書き直したらどうかなどという提案など、作品の編集に関わる具体的な話が書かれていたからだ。

もう一つ驚いたのが、イギリスやスペイン、日本、フランスなど海外から来るテレックスの多さだった。長旅でよれよれになった箱に入って届く外国版の本には、何と書いてあるのかわからないタイトルやお粗末なグラフィックアートがくっついていて、いつもなんとなく笑いを誘われた。時には作家本人がふらりと顔を出すこともあったが、そんな時、私はいつもわくわくすると同時にちょっとまごついた。どういうわけか、作品の後ろ、ファイルや手紙や印税通知書の後ろにいる生身の人間は、私が想像で描いていたほど魅力的には感じられなかったからだ。それから、海外の出版者に同行して来る人や、映画の原作になりそうな作品を探しに来る人、それに海外のエージェントなどもやってきた。彼らはそれぞれの目的に合った作品の企画を求めてオフィス中を練り歩いた。こういう人々との会合がある時には、私はよく、印税の報告書をファイルしたり小切手を郵送する準備をしているようなふりをしながら、彼らの話に聞き耳を立てた。

私はこの会社で思いつく限りありとあらゆる種類の事務仕事をしたが、そんなものよりはるかにわくわくして頭を使った仕事は、下読み作業だった。オーナーに初めて「君は本を読むの？」と訊かれた時、私は思いがけない質問に面食らった。私が本を読むかって？　いったい何が訊きたいんだろう？

彼が言いたかったのはこういうことだった。頼んでもいないのに送りつけられた原稿が山のように積み上げられていた。ピサの斜塔のごとく傾いて、今にも崩れ落ちてきそうだった。彼が私に尋ねたのは、そのどれかを読んでみたいか、ということだったのだ。はい、と答えると、彼はその山のてっぺんにあった箱をひょいと私に手渡し、これについて書評レポートを書いて原稿と一緒に出してくれ、と言った。その原稿を読んだ時のことは今でもはっきり覚えている。九月頃でちょうどユダヤ暦の新年に当たる時だったので、この休日の間私は家から離れた所に吊されたハンモックに毛布を持って引っ込んだ。そして全四〇〇ページに渡る作品をくまなく読み、丹念にプロットのメモを取った。それから翌日のほとんどを使って、その作品のプロット、トーン、設定、文章の質などについてのレポートをまとめた。心のどこかで私は、その本が何もかも見え見えでありきたりの、箸にも棒にもかからない作品だと悟っていた。しかしその一方で、この仕事に伴う責任の重さに恐れをなしてもいた。結局のところ、私に何の権利があってこの作家を評価できるというのだ？　何様のつもりでこのジョー・シュモーとかいう作家を良いとか悪いとか決められると言うのだろう。たしかに彼は説得力のある人物造型もできないし、句読点も正しく打てない、だがそれにしても、彼は一つの小説を完成させたではないか？　私自身は一度もそこまで到達できなかったのに。

週が明けて、私はシングルスペースでびっしり四枚分にもなるレポートを、意気揚々とオーナーに手渡した。ところが彼はそれを一瞥するとこう言ったのだ。「君は私にこれを読めというのかね？」当然だが、私はこの予期せぬ返事に呆気にとられた。

「いいかい」と彼は言った。「一つだけ言えばいいんだ。君はあの話が気に入ったかね？」

私があれを気に入ったかだって？　私があれをいいと思おうが思うまいが、それがどういう関係があるのか私にはわからなかった。私は四ページもの書評レポートを書いて、プロットを要約し、作家の意図を分析し、文章の質を評価したのだ。私があれを気に入ったか、だって？

「いいえ」私は肩をすくめた。「あんまり。」

「それじゃああれはもういらないな」これがオーナーの答えだった。「断り状を書きなさい。サインするから。」

私は奥のオフィスにある自分の机に戻り、先輩エージェントに事の次第を話した。混乱し、訳が分からないという気持ちでいっぱいだった。この休日をまるまる書評レポートに使ったっていうのに。そのうえ、この作家の将来は自分の手の中にあるのだ、と考えると私は恐怖を覚えた。私はいったい何様だというのか？

「レポートを読んでももらえなかったんです」と私は彼女に言った。「ただ、あれはいらないから断るように、って言われちゃったんですよ。」

「そうねえ」と彼女は答えた。「まあつまり、あなたもとうとう現実の世界にようこそ、ってことね。」

その日、私は出版に関わる者としての純潔を失ったのだった。しかも、編集者の道を本格的に歩み始めた後でも、エージェントのおかげでこんな「現実」を一度ならず思い知らされるはめになった。私に編集者稼業を仕込んでくれた良き指導者の一人が、文芸エージェントは「必要悪」だ、と言うのを聞いたことがある。出版社の統合や合併が進む昨今、エージェントの存在はますます必要とされるようになってきた……そして多分、それと同時にますます「悪」にもなっているのだろう。とはいえ、今より五十年も前だって、作家の良き代理となってくれるエージェントがきわめて貴重な存在だったことは確かだ。パットナム社の若き編集者ダルムード・ラッセルが、契約をめぐるトラブルで作家の肩を持ったために解雇の憂き目にあった時、あの伝説の編集者マクスウェル・パーキンス御自らこんな提案があった。ヘンリー・フォルクニングと組んで文芸エージェンシーを設立したらどうか、というのだ。パーキンスは「良い」エージェント、つまり単にクライアントの作品が出版社に売れる手助けをするだけでなく、文学的な事柄についても作家にアドバイスできる力を兼ね備えたエージェントがまだまだ足りない、と感じていたのだった。

五十年前にはどんなに足りなかったにせよ、エージェントが供給過剰になっている今日の状態を見たら、パーキンスはこれまた危惧を抱くに違いない。今やありとあらゆる種類のエージェントがいる——たとえば、超巨大エージェント、有力エージェント、小規模で専門化したエージェント。あるいは西海岸で活動するエージェント、洗練に欠ける北西部のエージェント、右翼に旧左翼、ゲイ物とレズビアン物、ホラー専門エージェント、カナダ物専門エージェント、学術出版のエージェント、心理学と自己啓発本を扱うエージェント、若くして大成功したエージェント、科学読み物、政治物専門、ジャーナリズム関連出版物のエージェント、ポップ・カルチャー関連、有名人本を扱うエージェント、そして古き良き昔ながらの素朴な文芸エージェント。中にはあまりにも大きな力を持つようになったため、ファーストネームだけで業界中に通用するエージェントもいる。芸能人で言えばシェールやスティング、マドンナのように、出版ビジネス界で最強のエージェントたちも苗字など必要としないのだ。たとえばモート、リン、エスタ、ビンキー……そしてもちろん、「敏速《スウィフティ》」のあだ名で誰もに親しまれている、あの偉大なる故アーヴィング・ラザール（彼にこのあだ名をつけたのは俳優ハンフリー・ボガートその人で、その由来は彼がボガートのために一日で三つもの取引を成功させたことだった）。

あまりにも多種多様なエージェントがいるため、彼らがどんな仕事をするのか、何をしてくれるのかについて一般化して説明することはとても出来ない。それなのに、熱意に燃える作家は例外なくまず最初にこう尋ねる。「エージェントは必要でしょうか？」答えは言うまでもなく、イエスだ。ほとんどの場合、作家は自分の最大の望みを叶える、つまり作品を世に広めるためには他人様に頼るしかないというありがたくない立場にある──ごくたまに幸運にも「見いだされる」作家もいなくはないけれど。その僅かな例外の一人がユードラ・ウェルティだ。彼女が最初に世に送り出した「外交員の死（*Death of a Traveling Salesman*）」と「魔法（*Magic*）」の二つの短編は、ある小さな夫婦経営の会社が発行していた雑誌『マニュスクリプト』に掲載された。夫妻からのウェルティ宛の手紙にはこう書かれていた。「『セールスマンの死（*Death of a Salesman*）（原文のまま）』は私たちが今まで関心を持った中で、そして今まで読んだ中で最高の作品の一つです。素晴らしい出来映えです。そして『魔法』の方も、質の高さにかけてはほとんどひけをとらないほどです。」

ウェルティは有頂天になった。「こういうものなんだろうか？」と彼女は書いている。「ただ郵送しさえすれば、相手がOKと言ってくれるなんて。たとえ百万ドル払ってもらえるとしても、そんなの私には関係ない。私はOKをもらい、出版してもらえればそれで良かったのだから。」その後彼女はさらなる幸運に恵まれる。パットナムの編集者からエージェントに転身したあのダルムード・ラッセルが連絡をくれたのだ。彼は、新しい才能を求めて南部を回ってきたばかりのダブルデイ社の編集者から、ウェルティの話を聞いたのだった。ウェルティの伝記を書いたアン・ウォードロンによると、ラッセルから連絡を受けるまで、ウェルティはエージェントのことなど聞いたこともなかった。エージェントの役割もよくわかっていなかったけれど、とにかく彼女は契約書にサインをした。ラッセルが彼女の最初の短編集の売り込みに成功する一年以上も前のことである。（一九四〇年代でさえ、出版社は、この次は長編を書くという約束を取りつけてからでないと、短編集の出版を嫌がった。）それでもラッセルには彼女の作品は素晴らしいという確かな自信があったので、あきらめずに方々へ原稿を送り続けた。ウォードロンによれば、「ラッセルはこの新しいクライアントが自分を信頼してくれなくなるのではないかと時に心配した。自分が編集者たちにウェルティの作品の素晴らしさを納得させられないようだったからだ。するとユードラはこう言って彼を元気づけた。もし彼が全くどこにも作品を売り込めないとしても自分は『辛く』当たったりはしないだろうし、もし売り込みに成功したら感心するのみだ、と。」

＊

どうすれば本を世に出せるか、どうすれば後ろ盾を見つけ、読者の支持を集めることができるか。どんな作家も、この問題に自分なりの答えを見つけていかなければならない。どんな作家も、新しく書いたものを世の中に送り出すために苦心惨憺するものだ。これから道を切り開こうという方にお教えしておこう。原稿の出だし部分や、原稿に添えられた送り状がうまく書けていると、編集者から返事をもらえる可能性が高くなる、これは確かだ。実際送り状を読めば、編集者にはたいてい相手の力量が見えてしまう。形式張ってぎこちなく、読むのが辛くなる手紙もある。その一方で、言葉を効果的に操り、生き生きとして印象的な文章もある。そういう送り状には、今後有望だということが行間に滲み出ているのだ。

私は創作のワークショップをする時、こういう第一印象がどんなに重要かを強調するために二つのエクササイズをしてもらう。まず二種類のプリントを配る。一つ目は原稿に添えてあった問い合わせ状を集めたもの、二つ目はエージェントからもらったり、勝手に送りつけられてきたりした本物の原稿から最初の数ページずつを集めたものである。次に私は参加者に向かって、この手紙と原稿サンプルから次の二つのことを考えて下さい、と言う。第一は、自分だったらこの手紙を書いた作家に実際の作品を見せてほしいと連絡するか？　第二に、自分だったらこの最初の数ページに続く残りの部分を読みたいと思うか？　すると今までやったどのワークショップでも、参加者の答えはほとんど全員一致という結果になった。

レポートの成績をつける時と同じように、原稿に対する評価を集計してグラフで表すとしよう。どれだけ天性の才能があるかによって人数を線グラフにすると、釣り鐘型の曲線を描く。どのレポートがいちばん優れているか、どの手紙がいちばん好奇心をそそるかはすぐにわかる。実際、ウィットに富んだ手紙や心を動かされる手紙にはっとすること、出来立ての原稿の素晴らしい一ページを読み、自分がその中に引き込まれるにつれて周りの世界が遠のいていくのを感じることほど、編集者冥利に尽きる楽しみはない。マイケル・カニンガムの言葉を引いておこう。「私の知っている限り、編集者たちは、今までごまんと読んできたのと同じような作品をまた読みたくて、新しい原稿の封筒を開けるのではない。彼らは何かどきっとさせられるもの、すばらしい、そして今まで見たこともなかったようなものを読みたいのだ。生徒たちにこれだけは分かっておいてもらいたいと思う。」

エージェントや出版社と契約したがっていながら、そのためにやるべきことをちゃんと果たしていない作家はあまりにも多い。エージェントや出版社の関心を引くいちばんいい方法、それは、知的で要領を得た手紙を書くことだ。そして、送るべき相手にそれを送ること。野心に燃えるあまり、相手に興味をもってもらえたらというはかない望みを抱いて盲滅法に手紙を送りまくる作家が多すぎる。エージェントや編集者宛に何十通と送られてくるこの手の手紙を見ると、私はがっかりすると同時に驚かずにいられない。がっかりするのは、向けるべき方向を誤ったエネルギーがどれほど無駄に費やされているだろうと思うから。そして驚くのは、そのひたむきな努力にである。多くの人にとって、ものを書くというのは個人的な努力の結晶だ。その結果、これはプロ同士がビジネスとして結ぶ関係だということを失念してしまう人がいる。綴りの間違いだらけ（こちらの名前も含む）の手紙や、全く見ず知らずなのに妙に馴れ馴れしい手紙を読むと、エージェントや編集者はげんなりしてしまう。これを書いたのは思慮深い著者ではなく頭のいかれた誰かさんではないかと思わせるような文章では、手紙はたいてい、ぽいと放り出されて終わりだ。一般読者が表紙で本を判断するように、私たちは添えられた手紙で原稿を判断するのだ。そして要を得た分かり易い文章で自己紹介を書くことができない場合、手紙を読んでも興味を持ってもらえるかどうかは怪しいものだ。

これまで受け取った原稿や問い合わせ状には、プレゼントやらちょっとした品が同封されたものがたくさんあった。私のご機嫌を取ること、面白がらせて気を引くことが相手の狙いだった。もらったのは、たとえば葉巻チョコレート、ステンドグラスのペンダント、ベビー靴、リボンや花、サイコロ一組、五ドル札、香料の瓶。それから作家の写真多数（男性は上半身裸のものもあった）、絆創膏やティッシュペーパーの箱、タバコ一箱、ワインが一本、ざっとこういった品々だ。一度などは、半年にわたって毎月一つずつ、アウトサイダー・アートの作品らしきものが送られてきたことがあった。どういう代物かというと、泥やボタンや小枝その他のもので装飾をほどこされたサイダーの空き缶である。こんなものを送りつけるなんて、どう見ても誰かが私の注意を引こうと周到に計画しているとしか思えなかった。ところが、である。いつまで経っても、肝心の原稿も来なければ説明の手紙が来るでもない。しまいには周りの人々が、人事部を呼び出して、証拠品としてこの「芸術」作品を全部引き渡した方がいい、と言い出した。もし万が一頭のおかしくなった作家が、自分の作品の権利を主張しに来ようとか、編集者のオフィスが並ぶ職場に乗り込んできて原稿と銃の一斉攻撃で誰もかも吹き飛ばしてやろうなどと思い立ったらおおごとだ、と言うのだった。

　ここで一つ、釘を刺しておこう。どうか、この手の奇怪な行動に打って出たいという誘惑に負けないで欲しい。カラーの用紙（コピーしづらい）や香り付きの用紙を使うのも避けて欲しい。それから、気を引こうとして出だしにふざけたことを書いたり、お涙ちょうだいの話をしたりもやめて欲しいし、へんてこな字体や長々しい前置きも、くだらない脅し文句や都合よくふくらませた市場統計を持ち出すのもご免こうむりたい。原稿は必ずダブルスペースでタイプし（編集者はたいてい目が悪いのだ）、冊子の形に綴じるのはやめて頂きたい（原稿を一部家に持ち帰って読むことが多いから。それに綴じてあるとコピーの時また厄介だ)。必ずページ番号を打ち(強風でバラバラになった時に備えて)、シールだのイラストだのを添えないこと(愚かしいだけ)。そして、両面にプリントアウトするのもやめて頂きたい(これまた、コピーが面倒なのだ)。

実力が証明されてもいないうちから、軽率に自分の作品を古今のベストセラー作品にたとえる作家にはいつも驚いてしまう。「まるで○○のようだ」なんて! 口述のルポを本にしたいという作家は判で押したように、自分こそは第二のスタッズ・ターケルだと断言する。ある一年間の生活を紙面に掬い取りたいという作家は、我こそは第二のトレイシー・キダーだと請け合ってみせる。弁護士ならみんな第二のスコット・トゥローかジョン・グリシャムを気取るし、フェミニストは第二の『バックラッシュ』を書くと言う。そして今や、南北戦争を舞台にした小説はどれもこれも、我こそ第二の『コールド・マウンテン』になると言い張っている。一度でいいから、作家が自分の可能性について謙虚に評価するところを聞いてみたいものだ。それに一度でいいから、自分の作品を商業的大ヒット作以外のものに喩えるのを聞いてみたいものである。と言うよりむしろ、出版する側に、作品の質を見て判断させてもらいたい。どんな贈り物や大げさな売り込みよりも、あなたの目的とこれまでの経歴をはっきりと述べた簡潔で率直な手紙の方がはるかに契約に結びつく確率が高い、と私は保証する。忘れないで欲しい。ターケル、キダー、トゥロー、グリシャム、そしてファルーディ、フレイジャー、……みんな、無名の存在からスタートしたのだ。

問い合わせ状の宛名を、単に「編集者御中」とか「エージェント御中」とするのはよろしくない。自分が手紙を送るべき相手の名前を見つけるくらいは最低限の務めだ。お気に入りの本、または自分がこれから書こうとするのと同じ分野の本を開いて、謝辞を見てみよう。編集者かエージェントの名前が載っていないだろうか？もし誰の名前も載っていなかったら、出版社に電話してその本の担当編集者は誰だったか訊いてみればいいのだ。ついでにエージェントの名前も訊いて、エージェントや編集者を三、四人リストアップしよう。体のどこかがおかしいと思ったら、誰でもその部分に応じてお医者を選ぶだろう。自分の書こうとする分野や専門に合ったエージェントを見つけるのも、それと同じことなのだ。

一九六三年、スーザン・ソンタグは『恩人（*The Benefactor*）』を書き上げた。彼女がこれなら出版できると思った最初の本だった。そこで彼女は出版社のリストを作る――「ファラー、シュトラウス&ジルー社が第一希望でした。そのちょっと前に、『デューナ・バーンズ選集』を出した会社でしたから」と、ソンタグは『アメリカ文学作家インタビュー集』で回想している。「第二希望はニュー・ディレクション社でした。私の崇拝する作家をもっともたくさん出版していたからです。ただ、なぜか私には、あの会社はもっとも近寄りがたく思えたのです。第三希望はグローブ・プレスでした、ベケットを出していましたから。私は『恩人』の原稿を箱に入れ、ファラー、シュトラウス&ジルー社に持ち込みました。その二週間後にロベール・ジルーから電話があり、昼食でもどうかと誘われました。そしてこういうところを直したら出してもいいですよ、と言われ、結局契約に結びつきました。私は数ヶ月かけて本を手直しし、彼らはそれを出版してくれたのです。」

それから三十六年経った今もなお彼女が同じ出版社と組んでいるという事実、それがこのソンタグの逸話をいっそう驚くべきものにしている。自分が愛し尊敬する作品を出版した相手を突き止め、派手な振る舞いも小ずるい誇張もすることなくそこに自分の原稿を置いてきたおかげで、ソンタグは自分のいるべき場所を見つけたのだ。もちろんこんなにうまく話が進むことは珍しいけれど、私だって、誰かが私を求めて来てくれ、あなたが編集した本を読んで素晴らしいと思いました、と言ってくれたら嬉しくないはずがない。最終的に契約を結ぶところまでは行かないかもしれないが、それでもとにかく私はその作家に、作品を送って下さい、と言うだろう。だってその人はわざわざ私を探し当ててくれたのだから。不運なことに、編集者やエージェントのところに頼みもしないのに送られてくる原稿を見ると、たいてい、送り主は自分が試合に参加するグラウンドの事前調査を怠った、と一目で分かってしまう。言い換えれば、もしあなたがわざわざ編集者やエージェントに手紙を書くつもりがあるのなら、最低でも、その会社が何を出版しているのか、その編集者はどんな仕事をしたことがあるのか、あるいはそのエージェントはどんな人の代理を務めているのかくらいのことはしっかり調べてから狙いを定めなくてはならない。

それからもう一つ。絶対に電話をしないこと！　これはどんなに強調してもし足りない。編集者やエージェントは一日の大半を電話にかじりついて過ごす。それが私たちの仕事のやり方だからだ。電話をもらう相手が多すぎて、その日のうちに折り返し電話しきれないことさえある。そこで、私たちは必要上、緊急度や重要度に応じてかけるべき電話の優先順位をつける。ところがこの緊急度という点から言えば、勝手に原稿を送ってきた作家に電話を返すということの順位はきわめて低いのだ。なるほど、いつかあなたの本がベストセラーリストの常連になり、かつて何週間もしてからようやくあなたに電話を返してきた人たちが今やご機嫌取りに躍起になる、という可能性だってなくはない。その時は、最後に笑ったのはあなただ、と言っていいだろう。けれど、今現在のあなたは頼まれもしないのに原稿を送った作家に過ぎず、樽の奥底に沈んでいるのだ。さらに、もしあなたが、もう私の作品を読んでくださいましたか、と訊きたくてエージェント（か編集者）に電話をするのだったら、相手の答えは分かり切っている。まだ読んでいないのだ。原稿を読んで大変気に入ったのに、それを書いた人に電話もかけないなどということはあり得ない。もし興味を持ってもらえたら電話が来るだろうし、そうでなければただ原稿を送り返してくるだろう。これには半年ほどもかかるかもしれないが、ちゃんと切手を貼った自分宛の返信用封筒を同封して送れば、原稿は必ず返ってくるはずだ。

問い合わせの電話をすれば、原稿の優先順位が上がるだろうと思っているあなた。考え直した方がいい。多分電話したことが逆効果になって、あなた自身に厄介者のレッテルが貼られるのが落ちだろう。そして編集者もエージェントも、厄介な担当作家を大勢抱えていて、これ以上はとても手に負えない。さらにまた、誰かの紹介を受けたのでもない限り、あなたがどんな人物か相手は全く知らないのである。そんな見知らぬ誰かさんのたわごとだの、頼んでもいないのに送ってきた問い合わせ状だのを読む編集者やエージェントはほとんどいない。そういう仕事はアシスタントに任せて、興味を惹きそうなものがあれば自分に回すようにと言い渡してある。そんな編集者が、自分のアシスタントに面倒をかけるような相手を良く思うわけがない。原稿を送った編集者やエージェントに電話をかけても許されるのは、ただ一つ、他の誰かがそれを読みたがっている時だけである。そうやっていったんことが「動き出して」しまえば、状況は一変する。これは恋愛によくあるパターンと似ていなくもない。恋人もなく、電話さえほとんどもらえないまま何ヶ月も寂しい時を過ごす。そしてやっと誰かとつきあい始めたとたん、なぜか他の人たちからもデートに誘われ出す、というパターンだ。競争には刺激的な力がある。ライバルがいそうだというだけで、エージェントも出版社もにわかに乗り気になるケースは決して珍しくない。

原稿は一カ所だけでなく何カ所かに送るべきでしょうか、というお決まりの質問がある。答えはイエス。（あなたが組みたいと思うエージェントが、自分は複数の相手に提出された原稿は読まない、と明言している場合は別として。）特定の出版社かエージェンシーにいい紹介者がいるとか強力なつてがあるというのでない限り、私は五、六人の相手に作品を提出することをお勧めする。そうでもしないと、一つの作品を三、四回送っただけで一年が終わってしまいかねない。しかし同時に、せっかく何カ所にも作品を出すのだからそれを最大限に活用できるように、相手の反応を注意深く見極めることもお勧めする。私なら、高校時代の進路相談で言われた大学受験のテクニックを応用してみるだろう。背伸びしないと届かない挑戦校を一つ、実力相応校を二つ、そして「安全牌《パイ》」を一つ。有力な大エージェンシーに所属するエージェントを一人、中規模の会社のエージェントを二、三人、そして自分一人だけでやっているエージェントを一人、試してみよう。出版社にも送りたいと思う場合は、巨大企業を一つ、もっと規模の小さい会社を二、三、そして（もし内容が合いそうなら）地元の出版社か学術出版関係を一つあたってみるといい。

初めて家を買う時と同じように、エージェントや出版社を探している時は小さなことにもすぐ傷ついてしまうものだ。一連のしきたりがもう少しわかっていさえすればこんなに心配ばかりしなくてすむのに、と思う人もいることだろう。たとえば、作品を送ったのに待てど暮らせど何の反応も返ってこないと、不安で気が狂いそうになり、欲求不満とパラノイアが募るだろう。時々、そういう怒り狂った作家が編集者に電話をかけてくる。誰も自分の傑作に飛びつかなかったなんて、また、これほど話題性十分のノンフィクションの企画が何ヶ月も、未読原稿の山に埋もれてまだ触れられてさえいないなんて到底信じられないのだ。多くの作家が動揺して思い悩み、中には敵意を抱く人もいる。まるで私たち出版する側の人間が、意図的にその人の作家としてのキャリアを妨害しようとしている、と言わんばかりだ。たしかに、さんざん待たされたあげく、宛名以外はどれも同じ文が印刷された素っ気ないフォームレターしかもらえないなんて、これほど満たされないことはないだろうとは思う。けれど、どんなエージェントも編集者も、それ以上のことをあなたにするという義務はないことも分かって欲しい。とどのつまり、あなたが求めているのは教育的サービスではなく、プロのビジネスとしてのサービスなのだから。

問い合わせ状の返事としてこんな印刷されたフォームレターしかもらえなかった場合、自分の今までの姿勢をよく反省した方がいい。おそらく真剣に内容に磨きをかけ直し、手を入れ、考えを改めることが必要だろう。そしてこれ以上時間を無駄にする前に、創作ワークショップ、企画提案書《プロポーザル》の書き方を学べるコース、あるいはフリーの編集者か編集担当者など、何か教育的サービスを見つけ出し、自分の作品を検討してもらい、必要な手助けをしてもらうといいだろう。その手のサービスは、『ポエット&ライター（*Poets & Writers*）』や『ライターズ・ダイジェスト（*Writer's Digest*）』といった雑誌を見れば広告が載っている。これと違って、原稿を送った相手があなた個人に宛てたメモをくれた場合、それはとてもいい兆候だと考えていい。おそらく、もしあなたが多少手を加えたら、書き直した作品を読むとまで言ってくれる人もいるだろう。恋愛と同じだ。あなたのすべきことはただ一つ、あなたを信じてくれる一人を見つけることなのだ。

イーディス・ウォートンは自伝の中でこう告白している。彼女はまず試しに数編の詩を当時有名だったいくつかの文芸誌に送ろうと思ったが、どうやればいいのか全くわからなかった。「私には作家がどのように編集者とコミュニケーションを取ればいいのかわかりませんでした。それでなんと、自分の詩を出来るだけきれいな字で清書し、一つ一つ、名刺と一緒に封筒に入れて送ったのです！」一、二週間して、彼女はこの三つの雑誌から返事を受け取った。どの作品も掲載を許可されたのだ。「三通の手紙のうち最初の一つを開けて、自分が活字になると知った時の気持ちと言ったら！　私は死ぬまであの気持ちを決して忘れないでしょう。今でも目に浮かびます。狭い玄関ホール、手紙が入っていたレターボックス、そして階段。私は体を動かして興奮を鎮めようと、意味もなく階段を一気に駆け上がっては下りることを繰り返しました。」さらに、これではまだ驚かせ足りないと言わんばかりのことが起こる。『スクリブナー』誌の編集者エドワード・バーリンガムが、もっと作品を見せて欲しいとウォートンを招いたのだ。「彼は私の詩を採用してくれただけでなく、さらに（ああ、なんて嬉しいこと！）他にどんなものを書いたか知りたいと言ってくれました。これに勇気づけられ、私は彼に会いに行きました。そしてそれが基になって、私たちの間に彼が亡くなるまで続く友情が芽生えたのです。」

＊

コンファレンスで話をしていると、信じられないことに、出版社の興味を惹くよりもさらに難しいのはエージェントを見つけることだ、とぼやく作家が少なくない。エージェントなんて星の数ほどいるというのに。エージェントにまつわる恐ろしい体験談を聞かせてくれる作家もいる。仕事を引き受けると言っておきながら、いくら電話しても梨のつぶてだったり、二、三の出版社に企画を持ち込んでくれたものの、それが駄目だと知ったとたん興味を失ってもう動いてくれなくなるエージェント。新しい作品を読むのに何ヶ月もかけて作家の時間を無駄にする。取引を成立させればそれで満足で、作品自体に何の愛着も抱いてくれない。作家の著作権（海外での出版、オーディオ化、映画化、シリーズ化など）を売り込んでくれない、などなど。私が今まで耳にした中で最悪のケースは、あるエージェントが著者への前払い金《アドバンス》も印税もがっちり抱え込んで渡してくれず、ついに著者が法の裁きに訴えると脅かしてようやく諦めたらしい、という話だった。どんな職業でもそうだが、このように業界の面汚しが多少はいるものだ。しかし、もうどこかの出版社からお声がかかっていて、しかも今後いかなるもめごとが起きようと自分で解決できる自信がある、というのでないなら、時間とエネルギーを惜しまず、いいエージェントに力を貸してもらえるように努力した方がいいだろう。

そうは言っても、エージェントがこちらを向いてくれれば何でもいいというわけにはいかない。事前の用心をしておくに越したことはない。作家には、エージェントとの契約の際、ある程度情報を知っておく権利がある。次のようなことは聞いておくべきだろう。他にどんな人のエージェントを勤めているのか？　今までどんな本をどこの出版社に売ったのか？　本が売れた時のエージェントの取り分、あるいは手数料はどれくらいか？　そしてもし追加料金が発生する場合(たとえば通信費、コピー代、それから海外に出版依頼をした場合)、どれくらいの金額がクライアント（つまり自分）に請求されることになるのか？　また、こんなことも知っておかなければならない。そのエージェントとの契約に伴ってどんな義務が発生するのか？　実際に契約書を交わしサインをする必要はあるのか？　それから、クライアントである以上、少なくとも作戦計画の大筋は知らせてもらっておくべきだと思う。そエージェントはどの出版社にその本を送ろうと考えているのか？　そして、送付先をほんの数社に限るのか、それとも手広く送るつもりなのか？　仮に、最初に送った数社に全部断られた場合、どうしようと考えているのか？　その作品の持ち込みを諦めるのか、それともこちらに差し戻して手直しさせるのか、あるいはどこか受け入れてくれるところが見つかるまで粘り強く探し続けるのか？　それに、二次的な著作権（映画化、海外出版、オーディオ化、電子化）の活用についてはどういう方針でいるのか？　云々。若い作家の中にはエージェントを恐がって、相手に迷惑をかけたくない、手がかかる奴だと思われたくない、と考える人がいる。確かに、初めて自分の作品を心から気に入ってくれたらしい相手に嫌われたくない、という彼らの気持ちもわかる。しかし、著者がエージェントを信頼できるというのはとても大切なことだ。あなた自身や作品を代表してくれる人なのだから。もし遠すぎてどうしても無理というのでなければ、あなたの代理人になることに興味を示してくれたエージェントには必ず会いに行くことをお勧めする。今言ったような質問のリストを持っていって答えを聞くといい。手紙や電話を通じてでも実際に会うのでも、そうすれば、相手があなたの作家としてのキャリアを長い目で考えてつき合おうと思ってくれているのか、それとも単なる一回きりの仲でいいと思っているのかがはっきりするはずだ。

最初に勤めたエージェンシーでのある出来事を、私は死ぬまで忘れないだろう。そこのオーナーは非常に仕事熱心なエージェントで、たくさんのクライアントを商業的に成功させていた。彼は文芸作品が大好きで、たとえ他のクライアントより儲けにならなくても、すぐれた文学的才能を持った作家となら喜んで契約する人だった。そんな彼に才能を見込まれた若い女性作家がいた。彼女の最初の小説を彼は二年にも渡って三十社近くに持ち込んだが、どこも答えはノーだった。そこで彼は作者を説得し、中でも好意的な断り状のアドバイスに従ってその小説を違う視点から書き直させた。一年後、私の上司は書き改められた原稿を手に、まずは、書き直したら考えてもいいと以前言ってくれた編集者から当たり始めた。そして悲しいことに、またもや、胸の痛む断り状の山が出来始めた。およそ二十二社から断られた頃だろうか。ある晩遅く、私が奥のオフィスで残業していると電話が鳴った。ちょうど例の上司が翌朝用に原稿や手紙の山を抱えて地階に下りてきていて、彼が受話器を取るのが聞こえた。次に聞こえたのは、すすり泣きのような声だった。私が何事かと正面のオフィスに行ってみると、まだ私が残っていたとは知らなかった彼は慌てふためき、ばつが悪そうな顔をした。そして笑って眼鏡を取り、こぼれた涙を手の甲で拭き拭き言った。「オファーが出たんだよ、やっとオファーが出たんだ。」

そんなに粘り強く本を依頼し続けてくれるエージェントは最近ではいない、と作家はこぼす。文学作品に自分の名前と評判を喜んで賭けてやろう、というエージェントなら最後までやり通すはずだと私は思うが。金儲け目当てに地味な文芸小説を引き受けるエージェントなどどこにもいない。自分がその作品を愛しているから、そして、その作家はやがて成長して評価されるようになるだろうという期待があるから引き受けるのだ。文学作品に賭けてみようというエージェントが減っているのは、賭けようという出版社が減ってきているから、そして出版社の数自体が減ってきているからだ、という意見もあるだろう。お説ごもっともだ。とにかく大事なのは、自分のエージェントにはちゃんとするべきことをするだけの判断力も能力もある、とあなた自身が信じられることだ。それができなければ、あなたとエージェントの関係は辛く厳しい、苦痛に満ちたものとなるだろう。

著者とエージェントの関係が不幸で苦痛なものになってしまったという場合、信頼が欠けていること、あるいは期待が満たされないことへの不満が大きな原因になっているのではないだろうか。作家の中には、エージェントはただ自分の言うことに従い、本を売っていればいいのだ、という考えの人もいる。そしてそのくせ、エージェントが選んだ依頼先や依頼のしかたを結果論で批判してばかりいるのだ。また、エージェントとの友情を切望する作家もいる。だが時にはエージェントに友だち以上の万能の存在——どんなことでも打ち明けられる聴罪司祭、兄弟、そして自分のために闘ってくれる擁護者——の全ての役割を期待する作家もいる。一部の作家はエージェントが自分の心を読み取り、必要な時には手を差し伸べ励ましてくれて、必要ない時には放っておいてくれることを期待する。それから、クライアントに有名な売れっ子作家がたくさんいるエージェントの世話になりたい、という作家もいるが、いざそこに加わると、大海の中の小魚のような惨めな気がするものだ。また別の一部は成功に憧れ、自分のエージェントには最高の契約を取りつけるような勢力があるんだろうか、と怪しむ。

作品の最初の読者となるのはエージェントであることが多い。だから著者にとってエージェントの感想は、編集者以上とはいかないまでも、負けず劣らず大切だ。実際に編集を行うエージェントもいる。また、編集者はよその出版社へと移ってしまうことも多いので、作家とエージェントとの関係の方が長続きすることもある。だからこそ、かかりつけの医者があなたの病歴を知っているのと同様、あなたの出版歴を知り尽くしていて、そのうえ、あなたの仕事のしかたも必要なものも分かっていてくれる、そして出版社だけでなく世界に対してもあなたの作品をどう売り込めばいいかを十分心得ている、そんなエージェントを持つことがとても重要なのだ。最高のエージェントはこれだけの、いやこれよりもっとたくさんのことができる。何人かは、印税の支払い前にクライアントにお金を貸しさえしたそうである。たとえばハロルド・オウバーは、きかん坊のF・スコット・フィッツジェラルドに何度となくお金を貸してやった。これはエージェントのすべき、あるいはやれる仕事の範囲をはるかに超えているのだが。しかし、実際はどれほどたくさんすばらしい人物がいようと、「お姑さん」の評判同様、彼らの評判もかんばしくはない。『バラエティ』誌で「一割分捕り屋」呼ばわりされていたように、エージェントと聞いて偉大なる人徳者を思い浮かべる人はまずいないのだ。

エージェントはしばしば金の亡者だと非難される。実際は背後にいるクライアントが要求させている時でもだ。ある作家に巨額の前払い金《アドバンス》が支払われた、と新聞で報道されたりすると、なぜ自分はそんなにもらえなかったのか知りたい、という作家が必ずエージェントに連絡してくるものだ。また有力なエージェントについてもらっている作家は、もっと売れっ子の作家は特別扱いを受けているのに

（と思い込んで）、自分はそうしてもらっていないのでは、と考えることもある。こうした作家の怒りや嫉妬や羨望は、ある程度自然なことだと思う。なぜなら、自分の書いた作品の売り上げから一定の歩合がエージェントに取られてしまうからだ。そして手数料を含む仕事はどれも、一方がもう一方にある程度恩義を受けることになり、その取り決めから緊張関係が生じやすい。自分の最初の作品、あるいは二作目、三作目が売れたことにどんなに感謝していても、作家はどこかで自分はもっと稼げるはずだと思い込んでいたり、別のエージェントならもっといい取引ができるのではないかと想像したりするものだ。もしかしたら、そういう作家は単に自分のエージェントに飽きてしまったのかもしれない。ちょうど、妻のいる男性が、ふと気づくと空港のバーで出会ったウェイトレス相手に浮気を楽しんでいるように。

ある作家がそれまでのエージェントをきっぱり捨て、別の相手に乗り換えた、という話は毎年のように耳にする。当然ながら、ことの次第はいつもどぎつく毒を含んでいる。金銭（時には巨額の）と自我とにかかわる一大事なのだ。最近のこの手の事件で最も悪名高く、ここまでひどいケースはなかなかないと思われるのが、マーティン・エイミスの一件である。彼の小説『情報（*The Information*）』は、作家同士のきわめて健全な競争精神を事細かに描いたとても面白いものだった。「芸術が人生を模倣」した中でも、この小説にまつわるエピソードは傑作とされた。ここで描かれた一件、つまりエイミスが長年のつき合いだったイギリス人エージェントから離れ、アメリカ人エージェントのアンドリュー・ワイリー（「ジャッカル」のあだ名で世に知られる）についたことは、大西洋を挟んだイギリス・アメリカ双方で、作家やエージェントや出版社が何週間もゴシップにどっぷりつかる種になった。『ニューヨーク・オブザーバー』では、このごたごたを「『情報』の中で最も自虐的で胃けいれんを引き起こしそうな瞬間と言うにふさわしい、文学上の羨望と悪い因縁のごちゃまぜ」と表現した。この悪い因縁とは、エイミスに捨てられたエージェントの夫というのがたまたま、彼の文学界での長年の友人、ジュリアン・バーンズだったことを指している。さらに追い打ちをかけたのが、小説の中心人物である無教養で下卑たベストセラー作家は、明らかにバーンズその人をモデルに描かれていることだった。「ビジネス上の決裂と共に二人の友情も終わった」と、編集者ジェラルド・ハワードは『レビュー・オブ・コンテンポラリー・フィクション（*Review of Contemporary Fiction*）』誌で不快そうに述べている。彼の指摘によれば、「文学界では仲間に対する憎しみがあまりに強いため、作家同士がフィギュアスケートのトーニャ・ハーディングばりの行動に出ることになりかねない。この小説は、それを証明する実例と呼んでいいかもしれない。」

時には、エージェントも契約期間を満たさずに無断で船から下りてしまうことがある。たとえば一九八九年、ＩＣＭ社の文芸部編集長だったリン・ネズビットは持ち場を去り、弁護士のモート・ジャンクローと手を組んで、これまた大評判になった。『マンハッタン・インク』誌に掲載された「本年最大の『ロイヤル』ティ（印税）・ウェディング」と題された記事では、これを「マス（大衆）とクラス（一流）の結婚」と呼んでいる。ネズビットは文芸作品の著者をたくさん抱えていることで知られている。彼女の出した最初のベストセラーは、トム・ウルフの第一作『キャンディいろのタンジェリンオレンジの流線形のベイビー（*The Kandy-Kolored Tangerine-Flake Streamline Baby*）』である。その後、彼女はドナルド・バーセルミの最初の短編を『ニューヨーカー』に売った。そして一九六八年には、無名の新人小説家だったマイケル・クライトンの代理を引き受けた。一方ジャンクローの顧客リストには、ジュディス・クランツ、シドニー・シェルダン、ジャッキー・コリンズが勢揃いしている。彼のライバルであるアンドリュー・ワイリーによれば「モートはヘロインと同じものを本の形で売っている」のだ。「ヘロインは体をだめにする。モートの本は心をだめにするんだ。」しかし、ベストセラー作家たちと仕事をしてきたおかげで、ワイリーが「海水浴客のごときお気楽さ」と斬って捨てたその視点から、ジャンクローは著者を国際的に売り込むマーケティングの可能性を見て取ることができたのだ。これまで、出版社は文芸作品の著者に対してマーケティングや宣伝の道具をあまり用いてこなかった。だが、そういう作家の将来を批評家の手に委ねるのではなく、作家を宣伝して売り込むことでどれだけ大きな利益が生まれるか、出版社はついに気づき始めたのだ。

「かつては、出版はいわば家族経営だった」とジャンクローは『マンハッタン・Inc.』でコメントしている。「だが今は過渡期である。出版はより国際化しつつある。販売や流通の仕方は大きく変化し、マーケティング面はめざましく向上した。出版は非常に真剣なビジネスになってきているのだ。製品を売ることとは非文学的ではない、という考えが育ってきている。」しかも彼がこう言ったのは、巨大書店やコーヒー・バー、アマゾン・ドット・コムやリーダーズ・ガイドやグループ読書会の普及よりずっと前、まだブライアン・ラムの番組『ブックノート』もケーブルテレビのC-スパンもない頃、オプラ・ウィンフリーやドン・アイムスやチャーリー・ローズの人気番組も始まる前のことだった。ジャンクローがあっぱれにもICMのトップ・エージェントと手を組んでのけた十年間に、彼が口にこそ出さなかったが見通していたに違いないことがある。それは、まさに今こそがエージェントの時代になるだろうということだ。今日、人々はかつてないほど取引の技術《アート》に興味を持っている。そして取引が大物であればあるほど良いとされるのだ。

アーヴィング・ラザール、別名「スウィフティ」ほど、この「技術」の模範となるエージェントはいない。ノエル・カワードやテネシー・ウィリアムズ、クリフォード・オデッツ、リリアン・ヘルマン、そしてアーネスト・ヘミングウェイといったそうそうたる面々の代理を務めたエージェントだ。名編集者の誉れ高いマイケル・コーダが『ニューヨーカー』に書いた回顧談「取引の王者」のラザールは、仕事の離れ業といい哲学といい、まるで伝説の武将アッティラ王とメジャーリーグ最強の捕手ヨギ・ベラを合わせたかのごとき人物として描かれている。（これは実際よりもやや誇張されているけれど。）彼は真の意味で東西両海岸を股にかけて活躍した最初のエージェントの一人で、彼の恐れを知らぬ向こう見ずさは有名だった。その有名なやり口は、まず、実際は代理を務めてもいない有名俳優の名を挙げて、その人の企画のオファーを出し取引をする。そしてこうして探りを入れた結果首尾良く事が運ぶと、契約手数料を取り立てた。コーダによれば、ラザールが五十年もの間不動の首位を保つことができたのは三つの利点があったおかげだという。一つ目は、彼が普通なら考えられないような人にまで、ありとあらゆる人に接近していったこと。二つ目は、絶対に下っ端と取引しようとせず、トップと直接交渉したこと。そして三つ目は、その場で即答することを求めたということである。コーダはこう書いている。「今でも、もし私がアーヴィングに向かって、ちょっと考えさせて下さい、とか、ちょっと相談してみます、などと答えようものなら、『もういいです、興味がないのはわかりましたよ』と彼にぴしゃりとやられるだろう。」

長老格の大御所や期待の新星、それに古いしきたりを打破しようとする挑戦者はどんな産業にも必要だ。同じように、どの産業にも、その業界のスウィフティ氏やジャッカル氏が必要だと思う。古くからの慣習を守ろうとする人だけでなく、それをものともせず新しいことを試みる人がいないとだめなのだ。エージェントが、これまで慣例的に正しいとされてきたことに背いて行動し、おかげで（より有利な条件であれ高いアドバンスであれ）とにかく有利な取引を成功させれば、クライアントのためという大きな目的を一歩前進させたことになる。またエージェントが新人を発掘し、注意深く育ててうまくプレゼンしてあげることで、出版社が目の玉が飛び出そうな大金を払ってでも飛びつきたくなるような企画のオファーができれば、これはエージェントの勝利だと言える。だが多くのエージェントにはこんな夢のようなことは起こらず、出版界の他の人々と同じように日々汗水垂らして奮闘している。確かに出版社が新しい作品の開発、製作、流通にかけるコストと比べたら、エージェントの経済的なリスクは決して大きいとは言えない。けれどエージェントの場合は、自分の生計と評判の両方がそこにかかっている。なぜなら、クライアントはいつでもエージェントの元から離れて行けるからだ。そして、エージェントも業界の他の人々同様、売り上げが期待に反して延びなかったりがた落ちしたり、書評が良くなかったり、どこの出版社からも断られたり、もとが取れなかった印税報告書が来たりといったことの後始末に追われるのだ。

とはいうものの、エージェントには思いがけない幸運が転がり込むこともある（そんな時、編集者の方は逆に嫉妬に燃え上がることが多いのだが――その本の成功は編集者の協力のおかげだったというような場合は特に）。『ニューヨーク・オブザーバー』で最近、「ザ・ベビー・ビンキーズ」という見出しで、若くて（全員三十代前半だった）今が旬のエージェントたちの一群が紹介された。まるで新しい子供向けテレビ番組のタイトルのようなふざけた見出しだが、ここで取り上げられた人々といったら、心臓発作並にシリアスだった。記事はこう嘆いている。「今や、損得勘定ばかりで危険に満ちた出版界で作家がいちばん心頼みにするのはエージェントであり、編集者の影は薄れた。そういうことだ。」ニューヨーク中の編集者がこの記事を読んだが、その後の反応は人それぞれだった。一部の編集者は、ここで挙げられた「旬の」エージェントの中に、まだ知り合いでもなく昼食を共にしたこともない名前を見つけて慌てふためき、すぐにでも顔合わせをセッティングしようと電話に飛びついた。あるエージェントによると、記事が出た後五ヶ月間というもの、昼食はずっと予約でいっぱいだったそうである。一方、くやしがる編集者たちもいた。こいつらはこれから、ああ書かれたことをフル活用するに違いない。いわば降参寸前の編集者部隊に対し、もっと返答を速くしろ、もっと前払い金を多くしろと要求して来るだろう、と考えたのだ。世界は今やエージェントの時代であることが公認されたのだった。

大学を出たての新人は、エージェントになることを目指す方が編集者を目指すよりもいいと思うかもしれない。特に経済的な動機に目が行っている人の場合はそうだろう。かつては、俳優の出演料やプロ野球選手の契約料もだが、作家の前払い金も金額は公にされなかった。でも今は違う。大きな取引が成立すると、エージェントは誰かとか前払い金はどれくらいになるかが大々的に報じられ、肝心の作家の名前や本の内容の方は二の次になることも多い。有名人本のアドバンスとしては最高額だとか、今まで処女作にこんな大金が払われたことはなかったとか、映画化の選択権では最も高額だとか、誰もがそちらを報道したがる。まるで本の取引はスポーツ競技と同様、記録が破られるためにあるとでも言うかのようだ。

この話と釣り合うのが、プロゴルファーの故ハービー・ペニックの逸話である。当代きってのゴルフの名インストラクターと考えられていた彼は、小さな赤い革の手帳に、これまで自分がしたアドバイスを生涯にわたって書き留めていた。ICMのエージェント、エスタ・ニューバーグによれば、ライターのバド・シュレイクがこのペニックの文章に秘められた可能性を見いだし、作品化する準備を手伝った。ニューバーグはこのことを、サイモン&シュスター社のチャーリー・ヘイワードに話した。ヘイワードはスポーツ気狂いである。ニューバーグによると、話を聞いたヘイワードが「九万ドル出す、と言うまでに二十五秒ほどしかかからなかった」。そこで彼女は（ペニックはこの時既に耳がほとんど聞こえなかったので）彼の妻に電話をかけ、サイモン&シュスター社が九万ドルでその本を出すことに関心がある、と伝えた。妻はこのオファーについて夫と相談してみると答えた。その後彼女はニューバーグに折り返し電話をかけてきて、ハービーと相談したが、ぜひそれで出版を進めていただきたい、と答えた。私たち、家を担保にしてそのお金を都合しますから、と言うことだった。自分が払うのではなく、出版社の方が自分に九万ドルを払ってくれるのだとようやくペニックが理解した時、よくぞショック死してしまわなかったものだ。しかも、それではまだ驚かせ足りないと言わんばかりに、『奇跡のゴルフレッスン（*Harvey Penick's Little Red Book*）』は一九九二年に発売されて以来、今までのスポーツ本の中で最も成功した一冊となったのである。

だが、出版業界の潮流の変化を最も象徴的に現していると思われるのは、ある文芸作家がエージェントと一緒に出版社を回っていた時起こった出来事だ。私はその作家の書くものがとても好きだった。エージェントはこの作家を、最初に作品を出してくれた小さな地方の出版社から、ニューヨークのもっと大手の出版社に移らせようと計画していた。その頃私はまだあまり実績がなかったので、それでもこのエージェントに彼女の新作の原稿を送ってもらえたのは我ながら上出来だったと思う。いよいよその作家と面接することになって、私は相当舞い上がっていた。会社のお偉方も何人か、その場に同席する予定だった。その作家は南部から出てきていたので、まずお天気のことや、ニューヨークまでは遠くていらっしゃったでしょう、などと社交辞令が交わされたが、その後彼女はつとテーブルに両手を置き、ビジネスのお話を始めてもよろしいでしょうか、と訊いた。もちろんですとも、と私たちは答えた。出版社に実際どんなことを求めていらっしゃるのか直截にお話し下さい。すると彼女は母音を延ばす南部人特有の話し方でこう言ったのだ。「マクスウェル・パーキンスみたいなことは大変結構ですけど、私が知りたいのは、そちらではどう私を売り出して下さるのかということなんです。」作品を編集されるのはもう十分。彼女が今出版社に求めるのは、契約金額の提示だったのだ。これは、例の映画『ザ・エージェント』がヒットする十年前の話だ。あの映画のおかげで、何もかも明らかになった――編集者マクスウェル・パーキンスの座は、エージェントのジェリー・マグワイヤに取って代わられたのである。

8

断られる

物書き人生に断られることはつきものだ。まだ作品を出版された経験が一度もない人は、出版さえされれば、それが自然に全ての苦しみを癒してくれる、という大きな誤解を抱いていることだろう。しかし、出版契約が結ばれたからといって拒絶される苦痛を二度と味わわなくてすむわけではない。実際は、出版契約書のいちばん下に署名したその時に、あなたは今まで想像もしたことがないほど多くの失望に対して署名したのかもしれないのだ。作家なら皆、聖テレサの金言「叶えられなかった祈りよりも叶えられた祈りに流れる涙の方が多い」を書斎の壁に貼っておくべきだろう。時には、拒絶されたおかげで苦労が省けたという場合もあるかもしれないのだ。だが試しに、できたばかりの原稿を手にした飢えた作家にこんなことを言ってみるといい、どんなことになるか!

作家として出発したばかりであれば、拒絶は一本のはしごだと思ってみよう。最初に足をかける一番下の段に当たるのは、元々文面が印刷してあって宛名だけ書き込むような、誰にでも同じフォームレター。あなたの作品がその文芸誌なり出版社なりにふさわしくないことについてありふれた慰めの言葉が並んでいるだけである。二段目もおそらく同じようなフォームレターだろう。ただ今回は、編集者が走り書きで一言添えてくれている。「また今度やってみて！」編集者のサインはたいてい判読不能である。これはよくあるテクニックで、作家がその編集者とつながりを持てるかもしれないとか、（もっと悪くすると）電話をかけてみても許されるかもしれない、とはかない希望を抱かないようにするためだ。ジェイムズ・ディッキーは『パリ・レビュー』のインタビューに答えて、出版社やエージェントの世界はあまりにも自分から遠くて、太陽系の外にあった方がまだ近くに思えるほどだった、と語っている。「自分が書くのが好きで、いい詩になりそうだと思うアイデアをいくつか持っていることだけはわかっていました。それでその詩を書いていろいろなところへ送りましたが、断り状の多さといったら、それで壁紙を作ったら私のベッドルームを貼り替えられるほどでした。……詩を送り、フォームレターの断り状をもらう。その繰り返しでした。一九四八年か四九年だったと思いますが、断り状に初めて正真正銘手書きの文字を見た時にはとても驚いたのを覚えています。『悪くない』の一言でした。」

次の一段は一見小さな進歩にしか見えないかもしれないが、実は、月面着陸と同じぐらい大きな一歩である――個人的な手紙だ。この段階ではごく短いものだろうが、肝心なのは、それがフォームレターではない、ということである。そして四段目はこれだ。この物語や企画は失敗だけれど、もっと他の作品を送って下さい、と編集者（もしくはエージェント）が招いてくれる！　そして五段目……大当たり！　ついにあの魔法の言葉がやって来る。「謹んで申し上げます。この度めでたく……」断り状を山とため込まずにいきなりこの段まで駆け上がれる作家はほとんどいない。もし自分がそういうごく一部の幸運な人々に含まれないとしても、はしごを上りながら気を取り直そう。あと少しで手が届かない時同様欲求不満がたまるけれど、それはあなたが確かに正しい道を辿っているということなのだから。そしてあきらめず粘り抜けばおそらく、その「あと一歩」が最後には「採用」という完全な形に実を結ぶだろう。不幸なことに、動揺したり意気消沈したりは簡単に起こる。特に一段逆戻りして下がってしまった時はなおさらだ。たとえば、しばらくの間ある本か雑誌の編集者から個人的な短い手紙が来ていたのに、突然それがフォームレターになるかもしれない。あるいは、もっと悪くするとこんなことにもなりかねない。やっと小説の第六稿を書き終えて、ここ何年も励ましの一筆や編集上のアドバイスをくれていた編集者にさあそれを送ろうということになる。ところがいざ出版社に電話してみると、彼女は平和部隊に参加してしまったと知らされるのだ。あなたのこれまでの努力を唯一評価してくれた人が、ソマリアのどこかに行ってしまった。一言の電話も便りもなく、ただ行ってしまったのだ。ソマリア！ソマリアだって?!

こういうことは実際に起こる。そしてしばしば、採用されるという待ちこがれた瞬間を実際味わえるのもそうならないのも、純粋に運不運の問題だと思えることがある。私は自分が父親の強い影響を受けてきたことは本当に幸運だったと思っている。父は自力で成功を手に入れた人で、懸命に努力しさえすればどんなことでも達成できる、という生きた見本だった。父の世界観が身にしみこんだおかげで、私は、人間は幸運でも不運でもない、と信じるようになった。人生はむしろ、確率のゲームに似ている。そこでは、隣の人より多く努力するだけで、勝率を上げることができるのだ。つまり、正しい時に正しい場所にいることではなく、たくさんの場所にしょっちゅういること、勝算が低そうな時にでも顔を出すことが肝心なのである。この考えを作家の場合にどう応用できるかはそこそこはっきりしているけれど、念のため大事な点を検討しておこう。五十回でも作品を提出し、何回でも必要なだけ直す、それが成功する人とできない人の分かれ目ではないだろうか。

大ベストセラー作家ジョン・グリシャムの逸話は、出版史上最高と言っていいだろう。彼は週に六十から八十時間ものストレスの多い仕事と幼い子供のいる家庭生活とを巧みに両立しながら、夜明け前の時間を使い、三年間かけて最初の小説『タイム・トゥ・キル（*A Time to Kill*）』を書いた。だがこの小説は何十人ものエージェントに断られ、その後やっとある人が引き受けてくれた。今度はそのエージェントが一年の間出版を依頼して回り、またしても山ほど断り状がたまった後で、ようやく今はなきウィンウッド・プレスに一万五千ドルの前金で引き受けてもらうことができた。初版は五千部印刷されたが、「そのうち一千部は私が買い、一千部は倉庫で眠っていました」とグリシャムは一九九三年の『パブリッシャーズ・ウィークリー』のインタビューで語っている。「ですから、そう多くは世に出ていないわけです」。非常に幸先の良いデビュー、とはとても言えなかった。

だがグリシャムは、自分の習慣通り、『タイム・トゥ・キル』を書き終えた翌日には次の小説に取りかかった（そしてさらに重要なのは、それが『タイム・トゥ・キル』が大あくびと共に世に迎えられるずっと前だったということだ）。この次の作品『ザ・ファーム（*The Firm*）』出版の経緯は第一作とはかなりちがう道筋を辿った。まだこれがいくつかの出版社に送られて返事待ちだった間に、一冊がハリウッドに流出した。そしてまだただの一社からもオファーが来ないうちに、パラマウント・ピクチャーズが六十万ドルで映画化の権利を買い取った。「この取引の知らせが東西両海岸の電話に火をつけた」と『パブリッシャーズ・ウィークリー』は報じている。「二週間も経たないうちに、グリシャムはダブルデイ社と契約を結んだ。この会社は二年前に『タイム・トゥ・キル』出版を拒絶した数多くの会社の一つだ。」

グリシャムの成功はまるでおとぎ話のようだ。それから十年が経ち、さらに十冊の本を出した今でもなお、彼は世界一のベストセラー作家であり、初版は三百万部を突破しようかという空前の部数である。ジョン・グリシャムは運が良かったのだ、と言う人もいるかもしれない。けれど私はこう断言する。骨身を惜しまぬ勤勉さと粘り強さ、アンソニー・トロロープが常にしていたように、一作を書き終わったその日に次の作品を書き始める習慣、そういったものが彼の成功の理由なのだ。くじで大当たりをとることは幸運だと言える。だが原稿をいくつもいくつも書き、何度も何度も送るということは、根気強い努力以外の何物でもない。

作家ビル・ルアバックはウィットと示唆にあふれたエッセイを『ポエット&ライター』誌に寄せ、こう言っている。「作家にとって幸運というのはすてきなものだ。でもご注意。優れたものを書くことが幸運を作り出すのだ。……優れた作家がどの作品もきちんきちんと出版できるようになるまでには、あらゆる形と大きさの断り状が何百通も手元にたまっているものだ。……友人の作家ボブ・キンバーはこれをピンポンと呼ぶ。原稿を向こうに投げる、すると相手が投げ返す。それを向こうに打ち返すと、また戻ってくる。誠実に仕事に取り組み、自分が質の良いものを送り出しているとわかっていれば、試合に参加する立派な理由があるわけだ。」では、返されてきた自分の原稿を打ち返すのをやめてしまうのは勇気を挫かれてしまうからなのか、それとも怠慢でいつまでも続けられないからか？

私たちの目に作家の怠慢と映るものは、実は恐怖や傷つき易さなども含むさまざまな感情のカムフラージュであることが多い。出版先を探そうという努力をあきらめてしまい、グリシャムのような売れっ子作家たちは単に運が良かったか強力なコネがあったかしたのだろう、といつのまにか考えるようになる。あるいは、他の作家たちの成功が面白くなくて、自分だけが今回もいい匂いのするパン屋を閉め出され、外から窓ガラスに鼻を押しつけて中を覗いているような気がしている。もしあなたが上のような例に当てはまるなら、このことを理解してほしい。甘くておいしい菓子パンはあなたの手が届くところにある。もしグリシャムがもう一度相手に原稿を投げていなかったら、彼は今、いちばんたくさんお菓子をもらえてはいないのだ。

＊

断られた作家ほど苦しいものはない。たとえ自分を叩きのめすところまでいってはいなくても、そういう作家は、自分がないがしろにされ無視されたと感じることに相当のエネルギーを消耗している。同年代で背景も似た作家が成功をおさめている場合、自分は明らかに不当な判定を受けたと感じることもある。そのもう一人は自分と違って成功に値するのかもしれない、とは考えないのだ。他の作家は本を出してもらえるというその事実は、作家の精神にぱっくり開いた傷口にすりこまれる塩のようなものだ。作家のコンファレンスに行くと、傷心ぶりを全身からにじみ出させている人々にたくさん出会う。作品を出版してもらおうと試みながら、まだ成功していない人々だとすぐにわかる。彼らはあこがれに満ち、その一方で自信を失っている。一部の人々は、実際に書くよりもむしろ書くことについて話す方がしたいように見える。また、他の作家たちと接触したくて必死になっている人もいる。他の人々はといえば、疑いに満ちて用心深く自分を守ろうとしているか、疲れ切っているか、そして中には敵意を露わにする人も何人かいる。その場に出席したエージェントや出版社社員は敵側についていると思っているようである。何度も繰り返し断られたら、当然の反応だけれど。

ある時、そういうコンファレンスに出席した後で、何人かの編集者やエージェントが夕食を共にした。自然その席では当日出席した人々が話題となり、誰それは見込みがあるとか誰それは絶望的だというようわさ話が始まった。私は、自分自身もこの気軽でいい加減な評価を下されているような気分になった。もとを辿れば、リングにタオルを投げて出版業に転ずる前は私も、こうしてチャンスを求めて作家のコンファレンスに出席していたのだ。私はちゃんと創作のワークショップに参加したし、MFAまで取った。とはいえどこかで、大学院の創作プログラムは真剣に熱中する対象ではなく、現実世界に身を投じることから逃れて時期を待つための場所にすぎないという気がしていたが。文学における私のヒーローの一人、トルーマン・カポーティはあるインタビューに答えてこう言っている。「私がこの世で最もやりたくないのは、大学に行って時間を無駄にすることです。私には自分が何をしたいのかわかっていますから。……大学に行く意味が唯一あるのは、医者や弁護士や何か特別な専門分野で仕事がしたい人だけです。……もしあなたが作家になりたくて、既にものを書いていて、綴りがちゃんと書けるのであれば、大学に行く意味なんてありません。」

理屈の上では、私もカポーティにおおむね賛成だ。しかしそれでも、作家たちと一緒にいられる場や出版に関するアドバイスを求めてしまう人々に対し、私は深い共感を覚える。実際、大学院で創作を勉強しているおかげで、自分の作品について貴重なアドバイスを受け、さらにエージェントや編集者に直接コンタクトを取る道まで手に入れることができる学生は大勢いる。しかし仮に統計をとってみれば、コンファレンスや大学院に参加している人々の大半は、一度も作品を出版できずに終わることは明らかだろう。今まで書いたうちの最高傑作のおかげで大学院には入れるだろう。だがいったんその一員になると、今度は別の生存競争システムが待っていて、弱い者は自然に強者から振り分けられ脱落していく。ここでいう強者とは決して作家として優れた者という意味ではない。決して諦めない作家という意味なのだ。

ゴードン・リッシュ（またの名をキャプテン・フィクション）は侮辱的な言動で知られていた。彼の授業ときたらマラソン並の長さで、辛抱強く粘る力の大切さについて熱弁を振るった。まれに、大胆にもその最中に席を立ってトイレに行こうとする学生がいると、その学生を、大人の犬といっしょにおしっこするまでガマンできない子犬呼ばわりしてからかうことさえあった。学生の多くは、リッシュは頭が狂っていると思っていた。また、六時間にもわたる長いセッションで膀胱が破裂しそうになる学生もいた。このやり方自体は決してまともとは言えないだろう。だがリッシュは自分の仕事に対して、軍隊の教練教官にも負けないぐらい真剣だった。彼は知っていたのだ。世の中に出たら私たちのほとんどが作家としてやってはいけないだろうということ、そして彼のいわゆる有象無象がごまんとあふれる世界は私たちの文章には関心がないこと。だから彼は私たちを鍛えたかったのである。

彼は現実の世界と同じくらい冷たく無関心な立場から、私たちの作品を細かくあら探しした。彼のクラスはワークショップなどではなく、新兵訓練所だった。そしてかなりの数の歩兵が脱落した。

コンファレンスに参加したり創作クラスに入ったばかりの作家に対するいちばんいいアドバイスはこれだと思う。他の参加者と比べてみて自分がどのあたりに位置するかをしっかり突き止め、自分よりほんの数歩先を行っている人から学ぶこと。テニスで自分よりちょっとうまい相手と対戦する時と同じで、相手が自分と張り合うくらいの実力だといい勝負になる。断られ続けて挫けてしまいそうになる長い年月の間、本当に必要なのは、自分の作品を分かち合える一人の友人、率直に意見交換ができる作家仲間一人だ。ワーズワースがコールリッジと友人だったように、ヘミングウェイがフィッツジェラルドに助けてもらったように、ウェルティはキャサリン・アン・ポーターに頼り、ケルアックはギンズバーグに頼った――作家にはお互いが必要なのだ。ブルームズベリー・グループやカナダのアルゴンキン族の「円卓」、あるいはビート詩人たちのように、ゆるやかなグループを作り、そのおかげで強力な人脈作りの手段や文学上のマニフェスト、自分の発言に耳を傾けてもらうための演壇を確立した人々もいる。大学院を出てから何年もの間、私は数人の友だちと同人誌を発行し、毎月詩の朗読会を開いていた。最後にはみんな忙しくて時間がなくなってしまい、それぞれ違った職業で生きる道を選んだことで共通の目的も薄れてしまった。だがあの時期私たちは、まるで自分たちが、自分の作家としてのアイデンティティの決め手となる重要な何かに属しているかのように感じていたのだ。

もし自分がどこの作家のグループにも入っていないというのであれば、自分で作ればいい。エージェントなり編集者なりの出版業界の団体に対し、個人的に指導したりフィードバックしたりしてくれる役割を期待してはいけない。一部の作家は（きわめて完成度の高い作家も含めて）、信頼できるあるたった一人、もしくは数名の創作仲間で作ったグループからのフィードバックや支えに全面的に頼っている。ある有名作家と契約を結んだ後で、その作家が担当編集者である私に原稿を見せる前に五人以上もの創作仲間からの批評に頼っていたことがわかり、私自身ショックを受けたことがある。しかも彼女は私の編集した部分に反駁し始め、そこで決まって例の仲間の誰かからのコメントを引き合いに出すのだった。私は委員会を組んで編集しているのではないし、船頭が多すぎれば言葉の船は山に登ってしまいますよ、と私は彼女に言ってやりたかった。特に彼女が元恋人だった男性の意見を引用する時はその気持ちが募った。まるで彼が客観的な立場から真実を述べていると言わんばかりじゃないの！　けれども同時に私は気づいてもいた。活動中の作家である彼女が生き残っていくために、この友だちの輪がどれだけ大切なことか。彼らは読者以上の存在、一緒に奮闘してくれて、それゆえに避難所にもなってくれる存在なのだった。

作家にとって、特にまだ自分が共にいるべき仲間が見つかっていない作家にとって、コンファレンスは非常に大切な場だと思う。だがそれでも、そこに出版業界の一代表として出席すると、私は反射的に追い詰められているような不安を感じてしまう。突然、自分が作家たちに投げ返した断り状の山から目を背けようのない状況にいることに気づくのだ。毎週毎週、私たち編集者は大量の断り状を出す――「こちらのリストには合いません」「当方の好みにあらず」「他社とのご縁を」「幸運を」云々。そしてここで突然、私たちはその「好みでなかった」人と真っ正面から向き合っているのである。「他社とのご縁を」祈った相手が最前列に腰を据え、近親相姦を扱った私の回想録に興味はありませんか、と尋ねるのだ。いったい何を言えばいいのだろうか？　私はまるでタイタニック号の乗客のような気分になる。全員を乗せたいのは山々だが、そうしたらこのいまいましい救命いかだは沈んでしまうだろう。

＊

書くことは長距離レース以外の何物でもない。長距離レースでは、ちゃんとトレーニングをしないでいきなり出場したランナーは、故障という形で思い上がりの報いを受けることになる。同じように、作家が手抜きをした報いは、目標にたどりつけないという形で返ってくる。また、ベテランランナーは一マイル先からでもその人が初心者かどうかすぐわかる。たいていは真新しいランニングウェアでそれとわかるのだが、同じように編集者も作家の卵はすぐ見分けがつく。作家志望者は、例外なくいちばん手がかかり、しつこく助けを求めてつきまとってくるからだ。そして書いたものに、あるいは書かなかったことに対するお詫びや言い訳をごまんと並べ立て、最後には私たち編集者が担いで下山してやる羽目になる。私たちに本のアイデアを売り込もうとするくせに、いざこちらが、それではまずは雑誌に載せるくらいの短い作品で試してはどうか、と提案すると急にしり込みする。まるでデートに行ったこともないのに結婚を急くようなものである。

実際に出版を試みる前に、断られることへの耐性を強化するためにできることは山ほどある。たとえばノンフィクションを書いている人の場合は、まず試しに自分のテーマについての特集記事を新聞に載せるか、雑誌に出してみるといい。連載記事にできるならなお結構。地元の新聞に定期的にコラムを載せてもらえるようになるかもしれない。もしそのテーマに関する権威として認められたければ、おそらくもっと上の学位を取り、その分野の専門誌に文を載せることが必要だろう。あるいは、地元に支援者を作るために、講座を開いてもいい。クラリッサ・ピンコラ・エステスは『狼と駆ける女たち（*Women Who Run with the Wolves*）』を出版する前に、物語と神話のワークショップを開いていた。ジョン・グレイの『男は火星人、女は金星人（*Men Are from Mars, Women Are from Venus*）』は、国内ベストセラーリストに永久にとどまるのではないかと思えるほどの根強い人気を誇ったが、彼も既にその前何年間もセミナーを開いて成功していた。中には自費出版までする作家もいる。自分の言葉を世に広めたいという気持ちはそれほどまでに強いのだ。過去数年の間に、自費出版して成功した本の噂を大手出版社が聞きつけ、その版権を買い取って全国的に出版したことが何度かあった。たとえば『神との対話（*Conversations with God*）』や『天青石の予言（*The Celestine Prophecy*）』、『クリスマス・ボックス（*The Christmas Box*）』などがその例だ。いずれの場合も、作者が断固たる決意とハードワーク、そして燃える使命感から夢を手放さずにいたおかげで、最後には誰かがパスを受け止めてゴールに走ってくれるという結果になったのである。作家のコンファレンスで講演する時、私はいつも参加者にこう質問する。あなた方は書きたいとどれくらい強く思っていますか？　借金をし、車のトランクに自分の本を詰め込んで方々のショッピングモールを渡り歩く……本を出すことにはそれだけの価値があるのでしょうか？

小説家 E・リン・ハリスは大手の出版社に全て断られた末、いくつかの小説を自費出版した。ストレートとゲイのアフリカ系アメリカ人たちの関係を扱った作品だ。彼は出した本を車にいっぱい詰め込み、地元の美容院に持ち込んで回った。そこなら興味を持ってくれる人がいるだろうし、かなり強力な口《クチ》コミのネットワークがあるだろうとにらんだからだ。彼の推測は正しかった。ハリスの本はある地元の書籍販売業者の関心を惹き、今度はその人から話を聞いた出版社の販売代行業者《セールスレップ》がそれらを本社に持ち帰った。そして結局その出版社がハリスの小説を買いとり、その全てが全国規模のベストセラーになった。

もし、どうしても単行本の長さの作品以外は書きたくない、雑誌に記事を載せたりワークショップを開いたりするのにも惹かれない、と言うのであれば、とにかく作品の企画提案書《プロポーザル》を書くか、できれば完全原稿を書き上げて、それでどこまで行けるか見てみるといい。もしかしたら、あなたの考えの持つ力、文章の力強さ、文体の圧倒的な魅力などのおかげで、出版してくれるところが現れるかもしれない。そう前のことではないが、「遺伝か、育つ環境か」論争に関する『ニューズウィーク』の記事で、最近出たジュディス・リッチ・ハリスの『子育ての大誤解——子どもの性格を決定するものは何か（*The Nurture Assumption*）』という本が大きく取り上げられていた。「この小柄な白髪のおばあちゃんが、子供の発育について後生大事に守られてきた考えに爆弾を投げつけた当人とは到底考えられない」と記事は述べている。私が興味を惹かれたのは、この六十歳になる著者はどこの学術団体にも所属していないし博士号を持っているわけでもないということだった。それどころか実のところ、彼女は一九六一年にハーバードから放り出されているのだ。「理由は、彼女には有意義でオリジナリティのある調査をする能力が全く欠けている、と教授陣が考えたからだった」。その三十八年後、ジュディス・リッチ・ハリスは『ニューズウィーク』の表紙を飾ったのだった。言うまでもなく、彼女の論敵はあの本は無責任だと主張した。それでもハリスは、自分の考えが広まり議論の的になるところを目の当たりにするという満足を味わうことができたのだ。明らかに、彼女は決してあきらめなかったのだ。

つまりことわざで言えば、猫の殺し方は一つとは限らない、ということなのだ。あなたに必要なのは、優れた作文（ないしはコミュニケーション）の技術。まだ誰も言っていないこと、あるいは言わなければならないこと。それに中心となるテーマ、書きたいという強い思い、そして自分へのドン・キホーテ並の強い信念。これだけあれば、おそらくあなたは作家として世に出ていけるだろう。当然ながら、小説を書くのとセルフ・ヘルプ本を書くのとでは全く異なる種類の努力が必要だ。だが編集者の立場からあえて言うと、どんな著者も心の中はそう違わないのではないかと思う。誰もが自分の物語や考えを人々に伝え、分かち合いたいという気持ちに駆り立てられている。誰もが書かれた言葉の力、本の力を信じているのだ。小説家は人々を自分の物語の中に送り込むことによって、彼らの人生を変えたいと思う。一方ジャーナリストは、ありきたりの見解の中に隠された物語を見つけたいと思う。セルフ・ヘルプ本の著者は、人々が自分の人生に変化を起こす手助けをしたいと思う。いかなる作家に対しても最高の賛辞となるのは読者のこの言葉だ――「あなたの本のおかげで私の人生は変わりました」。

作家やエージェントは、出版業界はベストセラーにしか興味がない、と不満をこぼすが、実際はそうではない。私たちのほとんどは、成功すると思っていなかったものの人気が急上昇することに生き甲斐を感じる。もちろん、ビッグな有名作家の本を出版するのは楽しい（相手にまるで借金で縛られた奴隷のように扱われなければ、の話だが)。けれども、まだ無名の作家がこれまた無名のトピックについて書いているのを見いだし、その作品が実を結んで市場で成功するところを見届ける喜びに勝るものはない。たとえばデーヴァ・ソベルの奇妙な歴史読み物『経度への挑戦(*Longitude*)』であれ、あるいはデヴィッド・セダリスの『すっぱだか(*Naked*)』の、自分の神経性チックから母親の癌までありとあらゆる話題を扱った愉快なエッセイであれ、ある本が大ブレイクするのを見る嬉しさと言ったらない。そして出版業界の人々は皆、これがあるからなんとか前進して行けるのだ。新しく送られてきた原稿箱の蓋を取る時、ボール紙のこすれる音が聞こえる。そして中の新しい原稿のページの匂いをちょっと嗅ぐ、あのうっとりするような最初の瞬間。この時どんな編集者も、たとえその瞬間だけにせよ、これこそ「それ」ではないかという新たな期待を抱くのである。

不幸にして、出版界のプレッシャーのせいでその期待感が薄れてしまうことはあまりにも多い。それに送りつけられる原稿も多過ぎて、編集者はそれに対処するだけで手一杯になり、いちいち手を止めてページの匂いを嗅ぐ時間などとてもない。何が売れて何が売れないか、私たちは慣例として受け入れられている常識に基づき(ありがたいことに、それは誤りだったという結果になることも時にはあるが)、持ち込まれた企画を瞬時に評価したり断ったりするシステムを持っている。編集者と出版担当者が集まり、その週出された企画のオファーについて話し合う編集会議をじっと観察してみると、同じフレーズが何度も繰り返されていることがわかる。そこには、編集者が断る時に用いる婉曲語法、と私が呼ぶものが暗号のように隠されているのだ。「こちらのリストに合わない」(外してしまおう)、「ペースに問題がある」(つまらない)、「読んでいてエネルギーを消耗する」(アカデミック過ぎる、あるいはつまらない)、「やや軽妙さに欠ける」(お説教くさい)、「魅力がないわけではない」(気取りすぎ)、「よく書けているが最終的には足りない点がある」(プロットがない)、「登場人物の掘り下げが不足」(全く型通りでありきたり)、「場所の感覚が優れている」(内容なし)、「テンションが不十分」(展開が遅すぎて眠くなる)、「見覚えのある感じ」(またこの手の、旅行道中記/成長物語/『醜いアヒルの子』型ストーリー/機能不全家族小説かよ)、「楽しめる」(凝って書きすぎ)、「市場が混んでいる」(もうたくさんだよ!)、……そして私が個人的に好きな文句はこれだ。「特殊すぎる」(売れそうにないという意味であることは言うまでもない)。

自分のプロポーザルや小説にこうした攻撃への耐性をできる限りつけておくこと、それが著者としての義務だ。何が命取りになるかわからない。だから予防策を講じ、余裕を持っておくことが必要だ。もし文法や句読法や綴りに自信がなかったら、しかるべき人にちゃんとチェックしてもらった方がいい。できれば、自分が取り上げた分野の専門家に推薦の言葉をもらってから出版社を探すといいだろう。専門家として知られている人が紹介文や推薦文句をつけてくれれば、あなたの企画は当然注目を集めやすくなる。他の作家からのフィードバックをもらおう。もしノンフィクション作品のプロポーザルを出そうと考えているのなら、ライバル作品をじっくり研究し、自分の企画はそれとどう違うのか、なぜより優れているのかをプロポーザルの中で説明することが肝心だ。時には、タイトル一つで他の本と差がつくことがある。はっきりターゲットを定めた、魅力的なタイトルのおかげで、企画自体の魅力が倍増して見えることもある。読者を誘い込むことこそ、タイトルの究極の目的だ。いいタイトルは大きな助けになるだろう。もし中身がタイトルから抱く期待に見合ったものであれば、何年にもわたって売れ続ける本になるかもしれない。たしかにタイトルなしでも、あるいはひどいタイトルをつけても版権を買ってもらえる本はたくさんあるけれど、タイトルが素敵であれば出版社が採用を決めてくれる可能性も高くなるのだ。

それから、出版社に手紙を書く時には、私が「プロポーザル用の声」と呼ぶ調子の文章を書くという間違いを犯さないで欲しい。奨学金に応募しているのとは訳が違うのだから、自分の持っているものに高潔な志などという詰め物をしてふくらませる必要はない。編集者やエージェントがまず知りたいのは、あなたは書くことができるか、そしてどんな調子の声で書くのか、ということなのである。だから作品のプロポーザルを出す時は、自分がこれまで、そしてこれから本を書く時に用いる声の調子と文体で書く方がいい。私は長年、これと逆方向に進んでいってしまう作家たちがあまりに多いのを目撃してきた。彼らは自分の考えをできるだけ単純な言葉で表現しなければいけないと思い込んでいたのだ。僕は最小共通分母のため、つまり人々が最低でも共通に持っている知識を基準に書いているんです、と彼らは言う。そして私が、いったいどういう人を読者として想定しているのですか、と訊くと必ずこんな答えが返ってくる。「どんな人もですよ。」自分の取り上げた主題は万人向けではないとは思ってもみないらしく、むしろもしこの本のことがオプラ・ウィンフリーの耳に入りさえしたら、彼女が自分の番組でこの本を取り上げて宣伝してくれるだろうと考えているようだ。その本の内容はたとえばメリット・パークウェイに見られる植生についてであったり、口臭の解消法であったり、ジェイン・オースティンの小説に描かれた希望的観測の力であったりするにもかかわらず。もちろん、自分の考えを人々に広めたいと思うこと自体は決して珍しいことでもないし間違ってもいない。ただその過程で、自分が自分を支持してくれる人々よりも上に立っているというイメージを抱いてしまった時にはこれが問題となる。どこに自分の本の調子を合わせればいいのか、あるいはむしろ、どれが正しい調子なのか？　私なら、自分の読みたいと思う本を書きなさい、とアドバイスする。自分の持っているもの全てを出し切るような本を書きなさい。二人以上読み手を想定してはいけない。市場の読者をなめてかかってはいけない。

出版界では、読者は医学的な問題以外のことについては医学の専門家のアドバイスなど欲しがらない、というのが常識とされてきた。もし『月別の妊娠できごと事典（*What to Expect When You're Expecting*）』の著者たちがこの常識に耳を貸していたら、大成功をおさめたこの本は書かれていなかったことだろう。実際は、今やこの本はどの妊婦もベッドの横に置く定番の一冊となっている。さらにこの本の著者たちは、乳幼児期の子供に関する本をシリーズで書いた。文章は親しみやすくかつその道の権威といったスタイルだった。ちょうど、あらゆることについて十冊は本を読んでいる物知りの女友達のような、女性が信頼できる声だった。また、ジョナサン・ハーがノンフィクション『シビル・アクション（*A Civil Action*）』に取りかかった時にも、おそらくかなりの人々が彼の意志を翻させようとしたことだろう。急性白血病で死ぬ子供の話など読みたい人がいるだろうか？有害物質による中毒の話など読みたい人がいるだろうか？　ハーがこの本を書くには、計画していたよりもはるかに長い時間がかかった。その間、彼は何度となく意気阻喪したにちがいない。締切の延長が認められ、それがまた過ぎていくたびに。あるいはお金が底をついた時に。彼の作品の中心人物ジャン・シュリクトマンはこの裁判の原告側弁護士となったために破産状態に追い込まれたが、恐ろしいことにハーの経済状態もそれと重なった。ハーの本の成功は、無一文になっても持てる限りの誠実さと根性を奮い起こして本を書き続けた作家に対して敬意を表するものだと言えるだろう。

フィクションについても同じことが真実だと言える。書いているのが文芸小説だろうが、金儲け目当ての通俗小説だろうが、スリラーだろうがロマンスだろうが関係ない。とにかく、その小説が人間の経験に実際に含まれる何かに訴えなければならない。常に理想的な読者を念頭に置いて作品を書くこと、これが大事だ。ジャクリーン・スーザンほど、自分の読者をどう評価しているか遠慮なくずけずけ言った作家はいない。スーザンは、自分は「あのクソ地下鉄」の車内で自分の作品を読む女性たちのために書くのだと言った。「私には彼女たちがどういう人かわかるんです」と彼女は続けた。「だって私もかつてはその一人だったんですから」。スーザンは自分の作り出す幻想の世界が、彼女の読者、つまり高価な宝石、有名人がきら星のごとく居並ぶパーティー、そして魅力的な男性たちを夢見る女性たちの激しい羨望と好奇心に火をつけることを知っていた。だが同時に彼女は、作品の中の美しく裕福な女性たちを皆苦しませることで読者の欲望を満たしてもいたのだ。「こうすることで、私の本を読んでいる人たちも地下鉄から下りて、自分のうんざりするような生活もそう捨てたものではないと思いながら家路につくことができるのです」と彼女は語っている。

スーザン自身の生活も相当うんざりするようなものだった。乳ガンの苦しみと自閉症の息子を持った辛さ（そのどちらも見せるまいと彼女は必死で働いたけれど）。ジャクリーン・スーザンなんてどぎついだけのくだらない作家だ、と片付けてしまう人もいるかもしれない。けれど私は、スーザンが自分の読者と一体になれたことが彼女の成功をさらに大きなものにしたのだと思う。彼女は決して気持ちを内に押し込めたりはしなかった。それよりむしろ、自分の心を筆で描き「出し」たのだ。

書く時は、自分が師と考える人か、いちばん手厳しい批評を加える人のために書くように言いたい。自分の最高の形式を目指して書くといい。そうすればたとえ断られても（断られるだろうが）、少なくとも自分でできる限り最高の仕事をしたということだけはわかっていられるだろう。断られてできた傷を説明でごまかそうとして、あれが最高傑作というわけではないから、と自分に言い聞かせる。実はそのたびに、目的に近づいて行けなくなっているのだ。

＊

もし、断り状の束だけが原因で書くことをやめるのであれば、その束にそれだけの力を与えたのはあなた自身だということはわかっていなくてはならない。そのうえで、その結果起こることは当然受け入れなければならないのだ。

時折、憤懣やるかたないという作家からの手紙が編集者宛てに届くことがある。その編集者からの断り状が、ついにラクダの背骨を折った一本のわらになってしまったのだ。作家は断られたことに毒舌を吐き、断り状の言葉を引用して編集者に切り返し、その批判は見当違いだと言い張る。中には、編集者は本当に原稿を読んだのかと疑ってかかる作家もいる。ページをめくった跡がほとんどないというのだ。また、編集者が読むのをさぼったにちがいないという確信に満ちて、もう一度読んでくれと要求する作家もいる。文学関係の逸話を集めたロバート・ヘンドリクソンの素晴らしい本『作家の生活とその他の面白い話（*The Literary Life and Other Curiosities*）』にこんなエピソードがある。ある編集者が、少し前に作品を断った著者から手紙を受け取った。「貴方は先週私の作品を送り返されましたが、貴方があれをお読みにならなかったことはわかっております。というのも、私は試しに十八ページ目と十九・二十ページを糊で貼り合わせておいたのですが、小説が戻ってきた時そこはくっついたままだったからです。従って、私には貴方がいんちきをして、作品を読みもせずに却下したのだとわかっているのです。」編集者はこう返事を出したという。「マダム、朝食にゆで卵が出た時、全部食べてみなくてもその卵がおいしいかまずいかくらい私にはわかります」。

断られた作家からの非難の手紙を読むと、こちらも落ち込むものだ。相手の気持ちに同情し、絶望の深さと無力感に共感を覚えずにはいられない。だがこういう手紙に返事を書くことは狂気の沙汰を招きかねない。ほとんどの編集者は手紙を捨て、気の毒な相手に心の中で同情する。しかし私が以前勤めたことのある出版社の一部では、こういう手紙が来ると全社用の掲示板に貼り出された。手紙でいっぱいになった掲示板はその全体に漂う絶望感から、指名手配中の犯人像が貼り出されてこちらをじっと見ている、郵便局の掲示板にどこか似ていた。怒りにまかせて手紙を書きそれを発射することで、作家は少なくともいくばくかの尊厳を取り戻せるのだ、と私は考えたい。怒りの手紙が何の良い結果も生まないことぐらい、作者の方でもどこかでわかっているはずだが、それでもこの手紙のおかげでその作者はまた一日を耐え抜くことができ、ゆくゆくは作家魂を復活させて「俺を消すことはできないぞ。俺は断られるのを断るぞ」と言えるのだと思いたいのだ。

編集者にとってもっと嬉しいのは、当然ながら、時間を割いてくれたことに感謝の意を表し、また将来作品をご覧になっていただけないでしょうか、と尋ねる手紙の方である。親愛なる読者よ、こちらの方が賢い戦略である。受け取ったのがフォームレターでなければ、感謝の一言を書いて出すのは悪いことではない。しかし、丁重な断りの手紙を励ましと勘違いしないように気をつけて欲しい。どんな編集者も他の編集者からの断り状がいくつも添えられた作品を受け取った悲しい経験があるものだ。明らかにどの手紙も、はいこれまでよ、という内容なのだが、当の作家はそれをその企画に魅力があることの証明として送ってくるのだ。つまり、お情けでほんのちょっぴり添えられた褒め言葉を、本物の激励の言葉だと思ってしまったのである。確かに、自分の才知を見せびらかし権力を行使して断ることを楽しんでいる編集者もいるが、ほとんどの編集者にとって、ノーと言うことはつくづく心苦しい。よく思うのだが、編集者が企画を断るまでになぜこんなに時間がかかるのかという理由の一つはここにあるのかもしれない。実際検討する時間がほとんどないという他に、断って相手を失望させるのが嫌でたまらないから、という部分もあるのだ。相手が作品を提出してきたエージェントであれ、会ったこともないその作者であれ同じことである。さらに、業界中でせっせと断られて回ったのに、いざ出版されるとベストセラーになったり書評で絶賛されたりした有名な例をいろいろ見聞きしているということもある。

丁重なだけの手紙を励ましと勘違いしてはいけないのと同様、手厳しい手紙にも必要以上に傷ついてはいけない。それを書いた編集者は奥さんに捨てられたばかりだったのかもしれない。あるいは手に負えないくらいたくさんの企画を抱え込んでいるのかもしれないし、アメフトの勝敗予想をしくじって職場での賭けに負けたのかもしれない。断り状その他の編集者から来る手紙に注意を向けすぎないというのは難しい。それが唯一手に届くフィードバックだということが多いからだ。しかし、断り状は一度読んでファイルにしまえばそれで十分で、どうかそれ以上時間をかけすぎないでほしい。私が創作のワークショップに通っていた頃のある仲間がやっていたように、バスルームの壁いっぱいに断り状を貼ったりしてはいけない。悶々としながら断り状をなでさすって、つるつるした滑石のようになるまですり減らしてもいけない。文字の並び具合から象徴的な意味を引き出そうと、中国の易経でも読む時のようにじっくり吟味するのもよろしくない。編集者やエージェントの「真意」や「真情」を探り出そうとすることは何の役にも立たない——相手があなたも共鳴するような何か建設的な批評を加えてくれた場合は別として。どこかの編集者がくれた返事のおかげで作品を完全に見直す気になったのに、いざ手直しが終わって連絡してみると肝心のその人は今アフリカの奥地にいることがわかる、そんなことがあると確かに自分の努力が水泡に帰す気がするものだ。けれど本来これは編集者とは関係なく、作品の完成度を高めるには手直しがベストの方法だと自分で確信できさえすれば、そうするべきだったはずなのである。

編集者にそう言われたからというだけの理由で何かをしては絶対にいけない。これまで私は、実に多くの作家が、編集者がそうしろと言ったんだ、とアイデアや手直しが失敗に終わったことの不満をもらしたり責任逃れをしたりするのを聞いてきた。エージェントや編集者をつなぎとめようとどんなに必死だったとしても、正しいとか理にかなっているという確信を自分が持てないアドバイスには従うべきではない。どういう場合には譲らないか、どういう場合は相手の意見を容れるかを判断するのは難しいかもしれない。たいていの場合、作家は一人で仕事をする時間が長すぎて、釣り合いのとれた見方ができなくなってしまうからだ。けれど実は、作品を出しては断られるという一連の動きでいちばん大切なのは、このプロセスをどう利用して自分の題材をより良いものにし、結果的に出版してもらえる確率を増やすかの方法を見つけだすことだと言っていい。「断られた時作家がどううまく対処するかが、その人が本物の作家になるか、それとも単なる文学趣味で終わるかを決める。これは決して誇張ではない」と、名編集者として評判の高いテッド・ソロタロフは、『寒さの中で書く』と題したすばらしいエッセイで述べている。「エスキモーにとって、雪や寒さは生活の一部である。全く同じように、作家にとって断られることや確信が持てないことは生活の一部なのだ。どちらの状況も、それと共生していくことだけでなくそれを利用してやることを学ばなければならない。……才能豊かな若い作家は、自分がいちばんすべきなのは粘り抜くことだということを学ばなければならない。」

作家の中で、私が唯一軽蔑を禁じ得ないのは、出版すると言ってもらえないのなら自分はもう書くのをやめると言ってはばからない人々である。たしかに、そうすればおそらく、一生悲しい思いをし続けなくて済むだろう。しかし私には、それは驚くほど思い上がった態度だと映るし、またそういう作家は、人が世界に何を求められ、逆に何を求めていいのかについて驚くほど何もわかっていないとも思う。この世界は不思議に満ちた場所である。そして私が知る限り、なぜ私たち皆がある作品を囲んで踊り回り、それを掲げて街を練り歩くのか、その理由は誰にもわからないのだ。ただ、一つ確かなことがある。誰かに断られることが本当に決定的な意味を持つのは、あなた自身が自分の作品を断った時だけ。どんなにたくさんの人に作品を突き返されても、あなたに荷物をまとめて出て行かせることができる相手はただ一人、あなた自身なのだ。

9

編集者が求めるもの

編集者は何を求めるものかと訊くのは、女性は何を求めるものかと訊くのと似ていなくもない。ここに編集者が二人いるとしよう。二人とも同じことを言うとする――たとえば文学的な小説がいいとかノンフィクションの物語がいいとか、心の内奥に鋭く切り込む心理学の本、それともハンカチが四枚もびしょびしょになるようなお涙ちょうだいものが欲しいとか。あるいは、二人とも同じプロポーザルか作品の現物を受け取ったとする。どちらの場合でも、その二人が全く同じような反応をするという保証はどこにもない。もちろん、あの人はかくかくしかじかの類の本が大好きでその手の作品を選ぶ、という評判の編集者もいる。けれど普通は、編集者がどういう好みでどんな判断をしてどんな反応を示すかは、実にたくさんの要因によって影響される。それに決して一定ではなく、その日のお天気や今抱えている仕事の量から始まって、同僚への感情、この前一冊採用してからどれくらい経っているかなどあらゆることで変わりうるものなのだ。

編集者の中には、有名人本やスポーツ本、ビジネス本、大衆向け小説、健康本、ハウツーものなどといった、ある特定のジャンルの本を編集するために雇われる人もいる。出版社も同様で、特定の種類の本しか出さないところもある。だが総合出版社で働くごく普通の編集者の場合はおそらく、いわゆる大人向け一般書の範疇に入るようないろいろな本を扱うだろう。そして、ジャンルをさらにいくつかのカテゴリーにきっちりと、あるいは大まかに分けるかどうかはその編集者と会社次第である。たとえば、健康本編集者として通っている人が文学的な小説についてあれこれ言っても、ダイエット本について評価した時ほどは重視してもらえない。それに対して、社内では犯罪物の第一人者で通っている人が「第二のジェイムズ・エルロイを発見した」と言ったとしたら、おそらく皆がその人の意見に従い、その作品を採用するだろう。だいたいの場合、自分の出したある本が大売れするか大きな文学賞を受賞してヒットだと認められると、その分野の専門家だと見られるようになる。編集者は作家あってのものだ。どんな競技でも、優勝チームのコーチは、チームのメンバーあってこその優勝であり、自分本人のおかげではない、と認める。それと同じことである。

私がサイモン&シュスター社の編集アシスタントになった頃、編集部には二人の大物編集者がいて、こちらがひれ伏してしまうような偉大な作品を出して名声を博していた。そして私は幸運だったと思う。それをじっと観察する機会に恵まれたのだから。廊下の片方の端にはアリス・メイヒューのオフィス。彼女はボブ・ウッドワードとカール・バーンスタインの『大統領の陰謀（*All the President's Men*）』の出版を手がけた——二十世紀を代表する政治本の一つで、全世界とは言わないまでも全米に衝撃を与えた本である。もう一方の端にいたのは、目に興行師《ショウ・マン》の輝きを宿した細身の男性。入社早々私は、この人、マイケル・コーダこそジャクリーン・スーザンとカルロス・カスタネダの二人を担当した編集者だと聞かされた。高校の頃、つまり七十年代に私が貪るように愛読した作家たちである。私にとっては、この二人の編集者は歴史の一部であり、編集者の個人オフィスが並んだ通称編集者通りと呼ばれる廊下で彼らとすれ違おうものなら、恥ずかしくてどぎまぎしてしまい、目が回りそうだった。（ちなみにこの廊下は別名「死の通り」とも呼ばれていた。会社のトップがワンマンで、務めを果たさない編集者はあっという間にクビにされたからだ。彼自身のオフィスは幸いにもずっと上の階にあったが。）

本の仕事をする人なら誰でも、なんとかして出版史に名をとどめたいと思っている。作家が自分の本を出版することで永遠に名を残したいと考えるように、出版界の人の大部分は、読んだ人を感動させ楽しませる本、人の目を開かせ違う人間に成長させることのできる本、国中で話題になり誰もが知っている本を作りたいと考えているのだ。時が経つうちに、多くの出版人はこの仕事に幻滅しシニカルな見方をするようになる。しかし自分の会社が人気急上昇のベストセラーや意外な大ヒット作を出し、自分がその本と関わりがあることに誇りを抱けるような本を作った時には、どんなに頑なになった心でさえたいていは和らぐのである。

編集アシスタントとしてのあの最初の一年間に、私はサイモン&シュスター社がまさにそんな一冊を発見する様を目の当たりにした。それはシカゴ大学のある学者が書いたもので、当時アメリカの大学に突如現れて拡大しつつあったＰＣ（政治的正しさ）運動とは相反する本だった。驚くのはそればかりではない。その本の初版部数はごく僅かだった。だから、この本が日刊紙『ニューヨーク・タイムズ』

でクリストファー・リーマン＝ハウプトにべた褒めされ、おかげで一気にベストセラーにのし上がった時、誰よりも驚いたのは出版社自身だったのである。書評はこう始まる。「アラン・ブルームは驚くべき新著『アメリカン・マインドの終焉（*The Closing of the American Mind*）』で我々に一杯食わせる。この本の衝撃は電気ショック療法にも引けを取らないと思われるほど力強く、強烈な効果を持っている。情熱的かと思うとウィットに富み、筋が通っているかと思えばそれをめちゃくちゃにする。そうすることでこの本は、私が思いつく限りこの五年間に出たどんな本よりも大きな注目を集め、効果的に我々の心を惹きつけるのだ。」これぞ、大反響の嵐を告げる稲妻だった。幸運が突如降りかかったのだ！

この時期にサイモン＆シュスターにいることができたのは胸躍る経験だった。もちろん私自身はこの本とも成功とも全く無関係だったが、それでも、本が未だに天変地異を起こしうるのだということが肌で感じられた。映画に四〇〇〇万ドルもの予算が投入され、マドンナが活躍する時代、レーガン経済やＧＡＰが幅を利かせる時代にありながら、浮世離れした「偉大なる本の地」から発したこの小さな炎が見る間にぱっと広がり、でかでかと見出しを飾ったのだ。ある夜更け、他の二人のアシスタントと毎週恒例のスクラブルゲームをやっていた時のことだ。自分の担当した本がベストセラーリストに載り全米に論争の渦を巻き起こすのはどんな気分だろうと思いながら、私はふと、担当編集者はこの成功を満喫しているのかな、と疑問を口にした。すると「彼があの本を持ち込んだってわけじゃないからねえ」とその場にいた友だちの一人がせせら笑った。私にはその意味がわからなかった――公式には彼が編集したとされているのに？　一緒にいた友人たちは私が来る前からアシスタントをやっていたので、すぐに事情を教えてくれた。あの本の採用を決めて契約書にサインをした編集者は既に会社を去り、別の会社で部署を任されていたのだ。そこで私たちは議論になった。あの本が出版されるまでの面倒を見た編集者とあれを持ち込んだ編集者、どっちの方が重要だろうか？　最後に、いちばんアシスタント歴の長い友人が、経験を積んでいろいろなことを見聞きしたおかげでいかにも世の中が嫌になったという口調で説明してくれた。結局大事なのは、本を契約して採用した編集者なんだよ。

二人の編集アシスタントが隣り合った間仕切りに座っていたとする。似たような状況にいても、結局編集業をあきらめてロースクールか大学院に行く人と、初志貫徹して編集者になれる人とを分けるのは、要するに、著者と契約し企画を採用できるかどうかなのだ。成功したいと思うなら、自分しかできない企画を採用しなければいけない。そうしなければ、昇進して間仕切りから専用の個室にオフィスを構え、五人ものルームメイトとシェアしなくても一人で家賃を払って生活していけるだけのお給料をもらい、名刺や必要経費その他、最初はとても手が届くとは思えないような編集者必須アイテムを手に入れることはできないのだ。編集アシスタントを数人、ランダムに選んでじっくり見てみよう。どういう種類の人々がいるかすぐにわかるはずだ。実は密かに作品を書いていて、この仕事の経験を生かして自分の作家業の足がかりにしたいと考えている人。また「文学」に惚れ込んでいたりロマンチックな世界観に浸り切っていて、厳しい競争社会という現実にぶつかっても絶対にそれをあきらめようとしない人。そして、出版が大企業ビジネスになったこの時代でも成功をつかみ取れるだけの本を見る眼、センスの良さ、マーケティングの手腕と社交術を兼ね備えた人である。

私が出版業界に入った一九八七年、「ノーベル・ハウス」と銘打った記事が『ニューヨーク』に載った。尊敬すべき独立系出版社ファラー、シュトラウス&ジルー社に関する記事だった（この名前自体、本の出版元というよりむしろ、古くからある親しみやすい法律事務所のように聞こえる）。私の好きな詩人のほとんどが、この会社から作品を出していた。記事を読みながらよだれが出そうだった――著者に対する心遣い、作品の質と文学に対する熱心な姿勢！　記事によれば、この会社は業界の常識にあえて逆らい、無名、あるいは無名に近い作家の本を出してはあまのじゃくに喜ぶそうだ（「FSG社が出す本はこれでもかと言わんばかりに売れないことが多く、しかも同社はそれを誇りにしている」）。そしてこの会社は、無名のポーランド人作家に対しても、トム・ウルフのような有名作家に対する時と変わらない時間を割いてくれる。また記事には、設立者の一人ロジャー・シュトラウスは私の勤務先の代表ディック・スナイダー氏との「熾烈な舌戦」で有名だと書かれていた――いわく、「彼はスナイダー氏の本を作るため犠牲になった木々を思って泣いた」そうである。さらに、FSG社の魅力について、フィリップ・ロスやアリス・マクダーモットなどたくさんの作家が褒め言葉を並べ、そこで働く人々はみんなとても親しみが持てるとコメントしていた。スコット・トゥローの言葉を借りると、「驚くほど文学的教養のある販売営業部員から宣伝広報部まで、誰もが並はずれて素晴らしい。私の本が売れるずっと前から、どんな時でも皆ものすごく親切だった」。またウォーカー・パーシーは設立者の別の一人ロベール・ジルーを評してこう言っている。「彼はすばらしい審美眼の持ち主だ。作家は自分の読者がどんな人物か想定して書くものだが、ボブ・ジルーこそ私が想像する読者である」。しかし当時まだ若く理想に満ちていた私の心に最も強く響いたのは、製造部長の言葉である。他の出版社はどこも、コストを安く上げるためオフセット印刷に切りかえたが、ＦＳＧでは今でも金属活字を使っているということだった。「金属活字で組んだ方が、活字面の感じがいいし、表情も豊かになると思うんです」そう彼女は説明していたのだった。

出版業界に入る人なら誰もが、本と特別な関係を持っている。もし思いがけない事態が起こって結局別の業界で働くことになったとしても、そういう人は皆、本の持つ神秘と力を理解しているのだ。編集業のキャリアを積んでいくのと、作家が出版を求めるのとはどこか似たところがある。まず、とにかく修業期間が長い。若い編集者が上司のところにアイデアや原稿を持っていっても、全部とは言わないがたいていは却下される。本当に自分がやっていることはそれだけの価値があるのだろうか、と自問することも多い——特に、誠意のかけらもないような同僚が昇進するのを見たりするとなおさらである。昇進が保証されているわけでもない。情熱を抱いて出版界に入った編集者が先の見えない将来に長いこと耐えていけるかどうかは、会社の先輩や上司の励ましにかかっている。

幸い私の場合は、どの勤め先でも、直接あるいは間接的に指導してくれる人に恵まれ、その人たちからインスピレーションをもらうことができた。ホートン・ミッフリン社では、ルース・ハプグッドと一緒に仕事をする光栄に浴した。透き通るような肌をしたきれいな人で、白くて長い髪を三つ編みにして、ピンでいつもきちんとおだんごにまとめていた。彼女は代替療法がメジャーになり始めるずっと前に、何人もの健康法教祖を人々に紹介した。彼女の退職を祝うパーティーでのことだ。ルースは集まった人々に向かい、友達や同僚としての思いやりに感謝の言葉を述べた。もとから決して無駄な長話をしない人だったが（出版界ではこれ自体一つの美点である）、この時も彼女は、私のことは心配しないで、退職後の夢は人の何倍もあるのですから、とあっさり言った。しかしここで彼女は言葉を切り、部屋を見渡して私たちの顔をじっと見た。そして声を低めてこう言った。「あなたたちはみんな、本の申し子なんです。そのことを忘れないでね。」

この「本の申し子」という言葉（あるいは戒め）は私の頭に焼きついている。そして出版業界にシニカルな空気が濃くなる時や、人々が自分はなぜ、何をしようとしてこのペイも良くないし報われることもない仕事を続けているのか忘れてしまったように見える時には、この言葉を頭に浮かべ、ルースを思い出すようにしている。私だって、自分が心血を注いだ本がどこへとも知れず消えてしまうことがある。また、お気に入りの作家が公の書評でこっぴどくやっつけられ、うちの子にひどい成績をつけたお偉方に「彼女はあんなふうに書かれるいわれはありませんよ！　あれだけ頑張ったんですから！」と文句をつけたくなることもある。私はそのたびにこの言葉を思い出すようにしている。けれど特にルースのことを思うのは、大学を出たての新人が何かのつてで、自己PRのため私に会いに来た時だ。どうして編集者になりたいんですか、と訊くと、相手は誠意にあふれて、私本が大好きなんです、と答える。昔先輩エージェントが私に警告しようとしたのと同じように、私も相手にこう言いたくなる。お逃げなさい、出版社で働くことくらい、あなたのその本への愛情を確実に殺してしまうものはないんですから。ちょうど、文芸創作教室に通ったがためにものを書くことへの情熱を失ってしまう人がたくさんいるのと同じことなんですよ。

編集の世界はますます四面楚歌の状態に陥りつつある。今日では、本が市場価値を持っていられる期間は非常に短い（本の寿命は牛乳よりは長いがヨーグルトよりも短い、というカルヴァン・トリリンの言葉は今や名言とされているほどだ)。そして出版界でのキャリアは先行き不透明なことこのうえない。だがこういったことが全部わかっていてもなお、本を読んでその偉大な力を発見した時の気持ちを私たちはみんな忘れられないのだ。(ファラー、シュトラウス&ジルー社の設立者の息子、三代目ロジャー・シュトラウスはこう語っている。自分が初めて「文学的オーガズム」を体験したのは、全寮制の学校に入っていて「J・アルフレッド・プルーフロックのラブソング(*The Lovesong of J. Alfred Prufrock*)」を見つけた十四歳の時だった。……この瞬間を忘れられる人がいるだろうか?)本の編集者をしていれば、作家を見いだして育てる中でこの時の気持ちを再び味わうことができるかもしれない。文字には奇跡を起こす力があると信じる人々にとって、原稿を編集し、自分が力を貸して形になった本を手にする喜びは、助産婦さんが赤ちゃんを取り上げる時の喜びに匹敵するのである。

＊

麻薬中毒患者《ジャンキー》がクスリを欲しがるのと同じように、編集者も新人作家を発掘するスリルに夢中になる。作家を追い求める編集者の行動には恋愛に似たところさえある。特にライバルがいる時にはそうなりやすい。契約書にサインをするまではとても熱心だったのに契約したら編集者の態度が変わった、自分を獲得することに意味があったのかと思ってしまう、と作家がこぼしているのを耳にしたことがある。編集者は、欲しいと思う作品に時には何ヶ月も巡り会えないことがある。自分の心をかき立ててくれる作品、寝る時間も降りるバス停も忘れて夢中になってしまう、あるいは感情が揺さぶられて喉がぎゅっと締めつけられる作品。他の編集者が「この前本を契約してからこんなに経つんですよ」と愚痴るのを聞くといつも、「この前エッチしてからこんなに長い時間が過ぎちゃった」と友だちと嘆き合っていたのを思い出す。そしてセックスと同じように、多分、間隔が長くなればなるほど、相手に求めるものの規準が下がってしまうのではないだろうか。恋の相手でも企画でも、やけっぱちで行動するととんでもない結果になることが多いのだ。

あまたのライバルを破って話題の企画を勝ち取った編集者は、獲物をつかまえた後のライオンに似ていなくもない。手に入れた肉をのんびりともぐもぐ咬み、お尻の辺りで飛び回っているハエを気のなさそうに尻尾でぴしゃりとやりながら、サバンナを見渡して他には獲物がいないことを確かめている。だが、社内で支持が得られない、あるいは前払い金として提示された金額が高くなりすぎてそこまでは払えないとか払いたくない、といったことが重なり、企画獲得競争で負けが続くと、編集者の気持ちも行動も、空腹をつのらせた獣じみてくる。この状態が二、三ヶ月も続けば、識別眼も洞察力もかなぐり捨ててどこの馬の骨にでも飛びつくだろう。私がある出版社を辞めてもっと営利主義の強い会社に移るという時のことだ。退職のためオフィスの片づけをしていると、四年間上司だった編集長が私を物陰に呼び、一言忠告したいと言った。私は何を言われるのか見当もつかなかった。「ほんの一言だがね」と彼は身をかがめて小声で言った。「辛抱が肝心だよ。」

会社に入ったばかりの編集者にとって、最初の契約を取り、いわば旗を立てることは途方もないプレッシャーになるものだ。そしてその結果、高価なものを手に入れようとすることが多い。プレッシャーに加えて問題なのは、その人があるプロポーザルを読んでわくわくし心を動かされたとすると、おそらく他の五、六社にも同じように感じる編集者がいるはずだということである。コピー機が普及する前は、エージェントは原稿を一度につき一社にしか送れなかった。出版社間に現在のような激しい競争を招いた責任は、文化的な変化だけでなくゼロックス社にもあると言っていいだろう。さらに今では、電子データによる作品提出という怪物がすでに鎌首をもたげていて、これによってさらに展開がスピーディになることだろう。もちろん、これで効率が上がり、森林資源を無駄にしないですむならそれはそれでいいことだ。ただ、どんなに速く原稿が送れるようになっても、実際に書いたり編集したりする作業自体は、真面目にやれば非常に長い時間がかかることは変わらない。それに、企画についてある程度時間をかけじっくり考えることは権利として保証されていると思う。

マクスウェル・パーキンスみたいに偉大な作家を発掘し、ランチにはマティーニを三杯やり、紳士協定を結ぶのが仕事だという幻想を抱いて編集者になった人は、今日の出版界は食うか食われるかの様相を呈していると気づいたらきっと深い幻滅を味わうことだろう。今日では、統合や合併によって作業工程や流通ラインをまとめないとみんな仲良くこの世から消えてしまうことになる、という認識が出版社自身に生まれたのだ。『ニューヨーク』誌にファラー、シュトラウス&ジルー社についての記事が載ってからちょうど十年経った時、独立を誇っていた同社はドイツの巨大複合企業《コングロマリット》ホルツブリンクに買収された。それと同時期に、ランダムハウスがやはりドイツのベルテルスマン社の傘下に入った。ワーナーは既にリトル・ブラウン社を買収していたし、ピアソンはパットナムを買収して、ヴァイキングやペンギンと合併させた。ハーパーコリンズはウィリアム・モローを買収した。アガサ・クリスティの小説のように、そして誰もいなくなったのだ。

今や編集者が企画を獲得する時は、これまで以上に大きなプレッシャーがかかっている。会社の数が減っているため、参加プレイヤーの数も減り続けている。まるで出版は椅子取りゲームだとでも言うかのようだ。質の良い売れそうな企画を見つけ、さらに良い編集を加えられたら編集者たるには十分だ、という時代はもう終わった。他社だけでなく同僚の編集者たちよりも行動が速く、賢く、なおかつ元手も多くなければならないのだ。提示される契約の価格は競争入札でだんだん高くなる。だから編集者は、この人にならオークションで目玉作品を手に入れるための大金を払ってもいい、と会社に考えてもらえるだけのヒットを飛ばしていなければならない。ポーカーをしている人が自分の持ちチップを全部テーブルの中心に出す時のように、付け値を毎回引き上げていく。こうしてだんだん激しくなっていくこの熱狂の中に身をおくことは、とんでもなくエキサイティングである。

大金を賭けたこのギャンブルに参加していても、全くお気楽な編集者もいる。別に俺の金じゃないからいいさ、と自分に言い聞かせているのだ。しかしこれは決して、編集者は好きなようにお金を使っていいということではない。ごく少額のオファーを出すにも会社のご意向を伺ってからでなければできない場合がほとんどだ。それでも、大金を注ぎ込んだ本が大失敗した時にはたいてい個人のクビが飛ぶ――編集者のこともあるし、もっと上の階層にいる誰かのこともある。または、関係者一同が給与をカットされ、予算の穴埋めをさせられることもある。また一部の編集者は普通よりも大きい財政責任を負わされ、おかげで、自腹を切ってでもいるかのように大きな金額を払うことにびくびくしている。実際そういう人々にとって、長いオークションが終わってエージェントから電話が入り、安心をくれる魔法の言葉――「入札に負けました」――を耳にした時ほどほっとすることはないのである。

出版界には、編集者が大金を稼ぐにはまず大金を使わなければならないと考えている人もいる。そうやって一度に全てを注ぎ込むよりも、卵をもっと小さいカゴに小分けして入れ、そのいくつかでもひよこが孵ってベストセラーに成長してくれないかと期待する人もいる。それでも、お金のかかる注目作品を欲しいと思わない編集者はいない。だからこそ、半年かそこらに一度は『ニューヨーク・タイムズ』に記事が出て、出版産業はもうつぶれかけている、中堅の作品を無視し、発展途上の作家を支えることも新しい才能を発掘することもしていない、と批判されてしまうのだ。またマスコミに振り回される巨大出版企業は、自分が投資したものに対して本の印税というよりハリウッドの興業収益に近いような現実離れした見返りを期待しているという非難を浴びる。だが業界がいよいよ存亡の危機に瀕しているようだという時には、ジャーナリストも学識者もこぞって編集者を糾弾し、もはや編集者は編集をしていない、これこそが業界の終わりを告げる決定的な証拠だと言いたがる。

実のところ、編集者にこんなに多くのことが要求されるようになったのは比較的最近になってからだ。マクスウェル・パーキンスが登場するまでは、編集者が原稿に手を加えることはほとんどなかった。彼が働いていたスクリブナー社の方針も断固無干渉主義だった。イーディス・ウォートンに宛てた手紙の中で、主席編集者ウィリアム・C・ブラウネルは同社の編集方針をこうはっきり説明している。「下手にいじくり回すことがいいとは思えません。それに出版社が修正を勧めたところで、非常に大きな貢献ができると思うほど私は思い上がってもいません。」こんな風潮の中で、若きパーキンスがある無名の作家の書いた『ロマンティック・エゴイスト』なる小説に対して何カ所もの見直しを提案したのはかなり異例のことだった。この小説の原稿は編集者の手から手へと渡ってきたものだった。その都度どの編集者もこれでは出版できないとして、「全く消化不能」とか「きわめて状況不利」というコメントをくっつけて返してきていた。

パーキンスの伝記を書いたスコット・バーグの説明によれば、スクリブナー社の編集者連にとって、却下した原稿に批評を加えることなど全く関心外だった。「だが、パーキンスはさらにコメントを加えずにいられないほど熱狂していた」。その作家は一度手直しをした後パーキンスを訪ねて来ている。その時何が起こったかは知られていないが、戻った彼は再び原稿に手を加え、特に語り手の視点を一人称から三人称に変更したのだった。七ヶ月が経ち、完全に書き直した原稿がパーキンスの元に届いた。語りの視点を変えることも含め、全てパーキンスが提案したとおりに直されていた。バーグの説明では、タイトルも変更され、今は『楽園のこちら側（*This Side of Paradise*）』となっていた。バーグの説明では、パーキンスはこれを月例編集会議に持っていったが、「三度攻撃される」羽目になった。先輩編集者たちはまたしてもこの作品をそっけなく斥けたのだ。だがその時、チャールズ・スクリブナーが割って入り、パーキンスに彼の考えを言ってくれと頼んだ。「出版者たる者、まず第一に優れた才能に対して忠誠を尽くすべきだというのが私の気持ちです。そしてこのような才能ある作家を出さないとしたら、事態はきわめて深刻です。」作者フィッツジェラルドは他の出版社に取られてしまうだろうし、そうしたら若い作家たちの関心はその会社に集まってしまうだろう、とパーキンスは主張した。「フィッツジェラルドのような作家を断るのであれば、私はもう本を出すことに興味が持てません」。次なる世代の読者との接点を失ってしまったら、いずれ商売あがったりになる――若くて頭の切れる編集者は皆この主張を繰り返して、頭の固いお年寄りたちを説得してきたのだ。

＊

今日では出版のペースが速くなり、編集者が版権を手に入れるまでのプレッシャーがきつくなりすぎて、作品の編集まで望むのは贅沢だと言う人もいるかもしれない。けれど本の一生を考えれば、編集は出版や版権と同じくらい大切なものだ。編集者の能力について誰が何と言おうと結局のところ、その編集者が言葉の才能を持ち、構造を理解し、プロットやペース、テンションそして結末、それぞれの関係を把握できるかどうかいちばんよくわかっているのは作家本人だ。つまり、自分の編集者が編集できるかどうかは作家のみぞ知るのである。鉛筆片手に考え、言葉の選び方やシンタックス、時制などについて疑問を出して、感性の鋭い読者の役を務めてくれる編集者が理想的だ。そして核心を突く質問を投げかけて作者を徹底追及したり、場面が変わる時に話がなめらかに進むようにしたり、今までなかったところに転換を示すつなぎ言葉を入れてはどうかと提案したりするのだ。有能な編集者なら、ある章冒頭の三ページが単なる前置きに過ぎなかったりすると即座に見抜いてしまう。そして四ページ目の余白にこう書き込むだろう。「ここから始めること。ここが本当の始まり。」それから、良い編集者は初めだけでなく終わるべき場所も心得ていて、読者が何度も同じ主張にぶつからなくてもすむように教えてくれるだろう。

一九四六年、当時ダブルデイ社の編集長だったケネス・D・マコーミックは、こんな歓迎スピーチでマクスウェル・パーキンスをニューヨーク大学出版コースの学生たちに紹介した。この偉大な編集者は「担当した作家たちにとっては厳しい先生と言うより良き友であり、あらゆる点で彼らの力になった人物です。必要な時は本の構成に助言し、タイトルのアイデアを出し、プロットを考案しました。精神分析医代わりになったり、失恋アドバイザーや結婚カウンセラー役を務めたり、進路指導をしたり、お金を貸したこともあります。彼以前の編集者でこれほど原稿の内容に深くかかわった人はほとんどいません。しかし彼は常に自分の信条に忠実でした。『本は著者のものである』という信条です。」編集の質が批判され、その責任は関係詞節の制限用法と非制限用法の区別もつかないような編集者にあると指摘される時、私はパーキンスのことを思い出すようにしている。名編集の代名詞となったパーキンスだが、綴りは間違いだらけで句読法も自己流だとは本人も認めるところだった。

良い編集者は、作家がちゃんと手直しを完成するまで、何度でも必要なだけ編集と書き直しを繰り返せるようでなければならない。しかし実際はこの逆の方程式が成り立つ方が多い。つまり、手がかかる作品ほど、編集してもいっこうにいいものにならないのだ。そもそもの初めからありきたりでつまらなかった本にいちばん手がかかることは珍しくない。そして作品の構造から文法まで、初めから終わりまでありとあらゆるものに手を入れても、その本はせいぜい「読み易い」という程度にしかならないことも多い。優れた作家には完璧主義者が多く、編集者にほとんど時間をとらせないものである。考えていることの質と文章能力が共に絶妙でうまくマッチしている作家との仕事ほど大きな満足を味わえるものはない、と言ったら、おそらくほとんどの編集者が賛成してくれるだろう。私が初めて一緒に仕事をした編集者は、ほぼ全ての行に編集を加えたすばらしい伝記を、十一年もの歳月をかけて完成した後こう言った――「まるで銀を磨いているようだったよ」。

編集は一つの学問であり技巧である。どんな本にも基本的な構造があるもので、その上に立つ作家の語りが不安定だったり、論点が不十分だったりする時には、編集者が基本構造の青写真を見つけてあげるか、ない場合は作ってあげなければならない。編集経験を重ねるにつれて、完全にそっくりな原稿は二つとないが、どうなるか予測のつく一定のパターンが出てくることに気づくだろう。数学の問題と同じで、経験を積めばそれだけ答えも見つけやすくなるのだ。私は自分が詩の形式について知っていることを一度ならず本に応用してみたことがある。駆け出し編集者だった頃は、たくさん章がある本だと頭の中で全体を把握するのに苦労した。ところが、一つの章を一つの詩連《スタンザ》だと考え、詩の流れ全体を通して一つのメタファーがどう形づくられるかについて勉強したことを活用すると、全体像を常に念頭に置きながら作家が文や段落や章を形にしていく手助けをしやすくなった。散文を書く作家は誰でも、一つの文の構造から段落や章の長さに至るまで、独特のリズムを持っている。そして編集者は作家がその形式の効果を最大限に発揮できるように力を貸さなければいけない。ちょうどパーキンスが、別の視点から書けばフィッツジェラルドの小説はいいものになると見抜くことができたように。

編集の技巧とは、著者が最高の成果を達成するためにペアで踊るダンスのようなものだ。編集者が一段落、一ページをばっさり切れるようになるためには、まず著者の確かな信頼を得なければならない。自分の書いた言葉を消せと言われるのは耐え難い苦痛だと感じる作家もいるので、削除する時はデリカシーが必要だ。時には、余白に微妙な質問を書き込むという形で削除を勧めることもある。「ちょっとぎこちないかも?」「言葉OK?」「本当にありそう?」「場面転換?」「繰り返し?」などなど。もちろん、編集者が本当に言わんとしているのはこういうことだ。「きわめてぎこちない」「言葉がめちゃくちゃ」「現実味ゼロ」「自分が場面転換しないでどうやって読者にさせようってつもり?」「繰り返しばっかりでもううんざり」。しかし、作家にこれらの問題に取り組んで欲しいと思うなら、鉛筆で薄く書き込んだ質問の形で合図を送った方がためになるとわかるはずだ。同様に、編集者は原稿に褒め言葉をぱらぱら振りかけることだろう。「ステキなフレーズ」「言葉最高」「ナイスな転換」……。こういうコメントや質問は、作家にとって安全網の役割を果たす。このおかげで作家は危険を冒して綱渡りに臨み、下で見ている人々をどきどきわくわくさせることができるのだ。編集者が声をかける。「君を落っことしたりしないよ」「私が捕まえてあげるから大丈夫よ」。

私は自閉症の女性の作品を編集するという珍しい体験をしたことがある。彼女ときたら、言われたことを全く額面通りに受け取ってしまうし、思考回路はワンパターン。これにつき合うには驚くほどの忍耐強さが必要だったけれど、決して報われなかったわけではない。彼女が頭に描いたことを言葉に翻訳する手助けをする中で、私は彼女の目を通して世界を見ることができたからだ。編集者が普段使い慣れている微妙な合図、私たちが意志を伝える基本技術の重要な一部であるあの言い回しは自分には理解できない、と彼女は何度も言った。だがそれでも、私が彼女に注意する時婉曲的な言い回しを止めるまではしばらくかかった。最後に行き着いたのはこれだった。私は余白に大きな濃い字で、「つまらない!」「繰り返し!!」「ここで場面転換しなきゃダメ!」と書き込んだ。そして彼女はついに理解した——いや、むしろ私が理解したと言っていいだろう。

著者と編集者の編集ダンスは、書き込みされた原稿を著者が持ち帰って仕事を再開し、編集者の提案に従って（とこちらは信じたい）作品をより良いものに書き改めるところまでいって初めて終わりになる。編集者が「割合」について話す時というのは、自分の編集をどれだけ作家が受け入れたかという話をしているのだ。編集者によってこの割合には大きな差があるようだが、作家が自分の編集について大体は感謝してくれたと感じられるのでなければ、この仕事を続けるのはとても辛いことだろう。

＊

編集者が作品に真剣に関わり、より良いものにしてくれているかどうか確実に判断できるのは著者自身だけである。紙の上で編集者がどれだけ有能かを本当に知っているのも著者だけである。出版産業を観察してあれこれ批判する人々は、本当に編集する編集者がいかに少ないかを何かにつけて指摘したがる。だが彼らは、著者ではなく編集者がほとんど全部書き直したり、もう少しでなくなる寸前まで削りに削った本があることは決して報告しない。

これには二重の理由がある。まず一つは、いったん本が出版されてしまえば、編集者の残した跡は目に見えないということ。第二は、私たちの文学観にとって、作品が正真正銘、その著者の手によって書かれたという点がとても大事だということだ。ゴードン・リッシュが編集を加えたことがレイモンド・カーヴァーの成功にどれだけ影響を与えたかについて熱い議論が戦わされたことがあった。その時ドン・デリーロが、騒ぎに巻き込まれないように距離を置くことに友人リッシュに勧めたのは正しかったと思う。「カーヴァーをさらし者にすることなどとてもできません」とデリーロは書いている。「たとえカーヴァー自身の口から、君が彼の最高傑作に大きく貢献したと聞いたとしても、そんなことはすぐに忘れられてしまうでしょう。人々には複雑すぎて意味が理解できないのです。」そして彼はさらに、読者はカーヴァーが編集者に依存しすぎだと言って批判するよりも、むしろリッシュが作家と名声を分かち合うことに腹を立てるだろうと述べている。

元編集者で作家のダン・マックスは、カーヴァーの作品がどうやって生まれたかの真相を『ニューヨーク・タイムズ・マガジン』に書くため、インディアナ大学のリリー・ライブラリーを訪れた。書庫に保管されている原稿を直接見て、リッシュがどれだけ編集したか探るのが目的だった。「小説の原稿に目を通し始めて私が見たのは……どのページにも編集記号がいっぱいに書かれていることだった。削除のしるし、付け足し、余白部分のコメントなどが、リッシュののたくるような筆跡で書き込まれていた。まるで気まぐれな七歳の子供がたまたまこの原稿を手に入れたかのようだった。」マックスはここで、二人が交わした手紙から、古典的な父と息子の物語のような筋書きを描いてみせる。父親の支配の下で息子が息を詰まらせ、なんとかして自由になりたいと願っている、という例の構図である。だが父親は息子に感謝の気持ちがないことに驚くばかりで、ますますきつく息子を縛りつける。

初めのうち、カーヴァーはリッシュに対して深い感謝の意を表し、一九七一年の手紙ではこう書いている。「あなたの言われた変更点に全て従い、さらに数カ所つけ足しました。……あなたは誰の力も借りずただ一人で、アメリカの文学に大きな影響を与えました。……そしてもちろん、おわかりでしょう、あなたが私の人生にどんなに大きな影響力を持っていたか。」その十年後、カーヴァーは人気絶頂にあり、なんとかして自分の文章をリッシュの強力な青鉛筆からもぎ取ろうと格闘して最終的にはこう書く。「私にはこんなふうに文章の一部をぶつぶつ切り離すことはできません。……お願いですから、この本の良き編集者として私に力を貸してください、せめて……私のゴーストライターではなく。」

「編集者は作品に何かをつけ足したりするものではありません」。隠退を間近に控えたパーキンスは、学生たちにこう警告している。「せいぜい、著者の侍女役として補佐するくらいのものです。自分を買い被るようになってはいけません。編集者はどう頑張ってもエネルギーを発散するのがいいところで、何も創造することはないのですから。」作家を発掘し、何年もかけて育て上げ、時にはその人の代わりに作品を書き直して世に送り出す準備をしてやった編集者にとって、自分がしたことは僅かなエネルギーの放出にすぎないということを覚えておくのは難しい。創造に対する自分の情熱の全てを注ぎつくし、自分の評判を賭した作家から「やめてくれ、窒息させられそうだ」と言われたその時、$e=mc^2$という公式を思い出せ、自分の注いだエネルギーの成果を期待しすぎるなというのは難しい。パーキンス自身、この辛い道を歩んだのであった。

トマス・ウルフの第二作『時と河について（*Of Time and River*）』の執筆と編集が進められている時のことだ。パーキンスとこの才能にあふれた奥の深い作家との関係が変化し始めた。ウルフは熱に浮かされたようなスピードで月に五万語もの文を書きついでいった。そして彼が倒れる寸前だと考えたパーキンスは、明らかに、心配のあまり本を彼から取り上げたのである。何年も経ってから、『カロライナ・マガジン』に寄せた記事でパーキンスはこう述べている。「私はトムは天才だと思っていたし、彼を愛してもいた。だから彼が失敗するのを見るに忍びず、彼に勝るとも劣らず必死になっていた。

あまりにもすべきことが多かったのだ。だが真実はというと、私が彼のために本当に役立ったことがあるとすれば（この点では私はイエスと言い切れるが）、私がトムを信頼したことが、彼が自分への信念を失わずにすむ役に立ったのだ。」パーキンスは原稿をそっくりそのまま読み通した。百万語の大作だった。そしてその中にある、二つの異なる物語のサイクルをあぶり出し始めた。二人が成し遂げたこの仕事は伝説となっている。そして感謝のしるしに、ウルフはパーキンスがなんとか止めさせようとしたにもかかわらず、この小説を彼に捧げたのだった。

「マクスウェル・エヴァーツ・パーキンスに捧ぐ

偉大なる編集者であり勇敢で正直な男、辛い絶望と疑いの時期もずっとこの本の著者に付き添い、自らの絶望に屈服してしまわないようにしてくれた人……」

その二年後、この献辞は『サタデイ・レビュー』に載ったウルフ批判の記事「天才では足りない」の中で引用されることになる。記事は、ウルフには編集者の手を借りなくても小説をちゃんと書き上げられる「批判的な知性」が欠けている、とこき下ろした。当時ウルフは、耳を貸してくれる人なら誰にでも、これを書いた批評家バーナード・デヴォトをさんざんに罵った。だが、スコット・バーグの考えでは、実はこの記事はウルフの深刻な不安の奥底を突いたのである。そしてウルフの怒りはパーキンスに向けられた。彼こそ自分の恐ろしい秘密を握っていて、それに加担している存在だと考えたのだ。二人の関係は二度と修復されなかった。ウルフとパーキンスの間で交わされた手紙からは、愛情関係の感情のもつれが破滅をもたらしたことが見て取れる。どんなに感謝の気持ちにあふれた作家でも、授賞式でステージに呼ばれるたびにいつも育ての親にスーツの襟を直されるのではいつか嫌気がさしてしまうのだ。

＊

「いやはや、この本の編集は何ともすばらしい」などと絶賛してくれる書評家はどこにもいない。だがその一方で書評家連は、作品のトーンについて助言したりある登場人物を削除するように必死で勧めた編集者の努力を知りもしないくせに、編集者の貢献が足りない、と手厳しく言うことには全く良心の呵責を感じないようだ。作品がそこそこの線まで出来上がっていて、作者がこの部分はどうしても自分の好きなようにやりたい、と強硬に主張するような場合、編集者はたいてい譲歩する。結局のところ、それは作者のものなのだから（とはいっても、なんとか自分が思うとおりに変更させようとして、最後には私が「ユダヤ人の母親的警告」と呼ぶ手段にまで訴える編集者も中にはいるだろう。つまり、「こう変えた方があなたのためよ」とか「僕たちはただ、君に傷ついて欲しくないだけなんだ」、または「私が言った通りだったじゃない、なんて言わないから」などと言いつのるのである）。だが一歩譲ったからと言って、書評で「編集者が力を貸してやることができたはずだ」と声高に非を鳴らされるのは決して気持ちのいいものではない。以前、私が精魂込めて取り組んだ本がそういう書評をくらった時は、私の母まで電話してきて「なんでちゃんと編集しなかったのよ、あなた」と言ったものだ——全くもう、お母さんたら！

原稿が新しく書き直されると、全く別のものに変身したように思えることがある。そんな時編集者は興奮のあまりぞくぞくしてしまう。いったん完全に解体して新たに組み立てた時もあるし、ただ細かい部分を全部調律しただけの時もあるが、とにかく、前はもぐもぐ呟いていただけの作品が今や声高らかに歌っているのだ。編集者で作家でもあるチャールズ・マグラースは、編集の過程を説明する中でロバート・ゴットリーブについて触れている。ゴットリーブは出版社勤務も『ニューヨーカー』のトップも経験した編集者で、ここ数十年でもっとも優れた作家たちと仕事をしてきた人物だ。「ボブには超能力のような技があった。どんな作家も、書きながら心のどこかで、これでは今ひとつだけれど、そんなに的外れでもないから後でまた考えることにしよう、と思う箇所があるものだ。そしてそのことを忘れてしまう。あるいは直すのが大変なので、まあこれで良しとしよう、と自分に言い聞かせる。ボブは必ずそういう箇所をちゃんと指摘した。まるで本能だ。彼も私も同じ事を信じている。それは、作品の中の細かい問題を全てきちんと処理すれば、その小さい努力が積み重なって最後には大きな違いを生む、ということだ。時には、こんなのは自分たちがただ涙ぐましい信念を抱いているだけで、たとえば一つの段落の中で同じ言葉を二度使っても誰も気づかないのが実状だ、と思うこともあるにはあるが、私はディテールこそいちばん肝心だと確信している。」

著者も編集者も、二人の組み合わせがうまく行ったときには大喜びで喧伝する。だからウルフとパーキンス、そしてその何十年も後のカーヴァーとリッシュのように、作品が期待通りにいかず、両者の関係が決裂したり不幸な結末を迎えたりした話を耳にすることはめったにない。だが実際は、担当編集者に深い敬意を抱く作家が一人いるとすれば、自分はごまかされ、だまされているとか、軽んじられている、あるいは忘れられていると感じている作家はその何倍もいるのである。同じ編集者に担当された著者たちには、子だくさんの家庭に生まれた兄弟姉妹と似たところがある。親のお気に入りが誰かははっきりしている。そして親の手を煩わせる子ほど親の気持ちを独り占めにし、働き者でよく言うことを聞く子の方は、自分は正当に評価されていないとしか思えないのだ。こうして、編集者に追い払われる作家がいる一方で、中には先手を打って自分から去っていく作家も現れる。

経験から言って、きょうだい同士の争いをどうにかするには、そこに加わらないことしかない。一つ例を挙げれば、他にどんな人を担当しているのかと作家に聞かれても、私は決して答えないようにする。そもそも、向こうは本当に答えを知りたいと思っているわけではない。それにこれはひっかけ問題に過ぎず、相手が本当に見定めようとしているのは、自分の本が私のリストで何番目くらいの重要度を持つのかということなのだ。もちろん著者の方も、自分の担当編集者は同時に他の何人もの仕事を抱えていることは承知の上だ。だがそれでも、著者は自分は唯一無二の存在だと思いたいのである。この点で、編集者と精神科医の仕事には重なる部分がある。患者は自分にこう言い聞かせる――私のセラピストには他にもたくさん患者がいる、それはわかってる。でも、あの人がいちばん関心を寄せているのは私、だよね？　いちばんのお気に入りはこの私。また、精神科の医者は患者のいちばん脆い状態を知っているものだが、同じように編集者も、他の何人たりとも見ることができないような著者の一面を目の当たりにする。つまり、もっとも助けを必要としている時の著者、あるいは利己主義の塊になっていたり、強烈な妄想や不安に取りつかれていたり、思い上がりの頂点に達している時の著者に接するということだ。編集者は作家のかんしゃくやふくれ面だけでなく、心にもないお世辞やお追従も、嫌でも受け入れざるを得ないのだ。

たくさんの作家を自分の傘下に集め、彼らの作家人生を通じてずっと一緒に仕事できること。それは多くの編集者の夢である。現代のように、著者も編集者も、より高い前払い金や報酬を求めて、乗りかかった船を途中で飛びおりるような真似を互いにしている時代には、これはほとんど実現不可能な離れ業だろう。編集者の方が、新しい目で自分を見て欲しくて移動していくこともあれば、作家の方が、今まで契約したことのない出版社が自分に新たなイメージを抱いてくれることを求めて移動することもある。移動するには誰でもそれぞれに理由があるものだし、必ずしもそれが悪いことだとは限らない。しかし同時に、このことも言っておかなければならない。私にとって最大の喜びは、一人の作家が一冊本を出すごとに成長し、文章や想像力が奥行きを増し、野心に火がつくのを見守ることだった。もうこの人の技量は知り尽くしていると思っていた誰かから、私が到底ありえないと思っていたような傑作が生まれると知った時の驚きと喜びといったらなかった。これもまた、編集者が求めるものなのである。

今日、著者や企画の発掘を担当する編集者は、綱渡り並の離れ業をしてのけなければならない。いちばん芽が出そうな企画を出版社に持ち込む。同僚編集者にその良さを納得させ、社内のマーケティング部や宣伝部に回してできるだけ協力をもらう。それからあらゆるコネを利用して書評家や雑誌編集者、TVプロデューサー、映画会社や海外からのスカウトマン、書店のバイヤーといった面々に近づき、一つの空席をめぐって百万冊もの本が張り合う市場競争の中で、なんとか自分の本に闘うチャンスを与えなければならないのだ。しかもこれで終わりではない。これらの仕事をこなした上でさらに、それもたいていは勤務時間外に――電話が鳴ったり、取引が進行中だったり、同僚が何かまた新たな問題や締切を伝えようと戸口に現れたりして邪魔されない時間に――編集者は原稿を編集し、ちゃんとした一冊の本の形にしなければならないのである。

＊

ごくたまに、あらゆることがうまく運ぶ時がある。会社中の人が編集者自身と同じくらいその企画を気に入ってくれ、オークションに勝つために高い入札額を提示していい、と言ってくれる。企画を獲得していざ仕事が動き出してみると、著者は気立てのいい働き者で、こちらの出した編集上の提案は全て受け入れてくれ、タイトルも誰もが褒めるような良いものに変わる。美術部長が出してくれたジャケットカバーは個性的で美しくその本にぴったり、誰もが息を飲むほどの出来映えだ。編集者が著者を宣伝部長に引き合わせると、この人なら全米のどこの書店にでも連れて行きたい、という話になる――それほど人気確実の作家なのだ。

編集者は、今度はマーケティング部の幹部に原稿を送り、さらに販売会議《セールス・コンファレンス》に先立って営業販売部にも送る。すると誰もが作品を褒めちぎる。マーケティング部からは、出版に先立って著者に主要書店の担当者と会ってもらいたい、それから主立ったバイヤーに配るTシャツとポスターを作ることに決めた、と言われる。販売担当者はありとあらゆる取引先にこの本を推薦してくれ、さらに、書店を刺激するため発売前の新刊見本を作るようにと会社に言ってよこす。最初の連載権を買ったのは『ニューヨーカー』。バーンズ&ノーブル書店はこの本を「新星発掘」プログラムの一冊として選ぶ。ボーダーズ書店の会報でも褒められる。多くの独立書店でも、スタッフのお勧め作品に選ばれる。スピルバーグが映画化権を買い取る。どの有力紙の書評でも激賞される。トマス・ピンチョンが隠れ家から出てきて、『ニューヨーク・タイムズ・ブック・レビュー』の第一面で絶賛する。そしてオプラ・ウィンフリーにもお勧めの一冊に選ばれる（これぞ『チョコレート工場の秘密』でワンカ社のチョコレートに入っていた金色のチケット、あれの大人版だ。）ベストセラーリスト入りし、どんどんランクが上がって行き、かつてないほどの長期間リストに載り続けて新記録を打ち立てる。あっちの賞にノミネートされたかと思えばこっちの賞の最終選考に残る。編集者は著者と、次の二冊の出版契約を結ぶ。そして年末には高いボーナスをもらい、お城の舞踏会に出かけたシンデレラ気分になる――それも約束の十二時はまだまだ先だ。ざっとこんな具合に、つかの間ではあるが、いつ自分のクビが飛ぶか冷や汗びっしょりになって夜中に目を覚まさずにすむひとときを味わうこと。これもまた、編集者が求めるものである。

毎年一冊か二冊は、こんな幸せな星のめぐり合わせの下に生まれる本があるようだ。そして出版界に生きる私たちは皆、この憧れてやまない理想が実現する、つまり本が商業的にも内容評価的にも成功していく様をじっと見つめるのである。さっき書いたような筋書き（あるいはそれに近いもの）を辿ったと思われる最近の例を引いてみよう。ウォリー・ラムの成功は記憶に新しい。オプラのブック・クラブで作品が二つも紹介されたのは彼ただ一人である。あるいはアーサー・ゴールデンも成功例だ。彼は最初の小説『さゆり（*Memoirs of a Geisha*）』を書くのに十年もの月日をかけ、「これだ」

という語り口を求めて格闘した。「私は全八百ページにも及ぶ原稿を捨て、最初の走り書きからまた始めなければならなかった」と彼は思い起こしている。この小説はハードカバーでも五十万冊以上の売り上げを記録し、一年以上にわたって『ニューヨーク・タイムズ』のベストセラーリストに名をとどめ、二十三カ国語に翻訳された。そしてハリウッドが映画化の権利を買い、まさにスピルバーグが監督候補に挙がった。同じように、『コールド・マウンテン』も完成までに十年近い歳月を費やした。そして業界の慣例に公然と反し、さらに、ジャケットカバーに南北戦争の絵を入れろという書店側の圧力をものともせず、代わりに美しい抽象画を入れた。最終的にこの本はハードカバーで百万部以上も売れ、全米図書賞を受賞したのである。

出版界にいる人々は業界の研究に熱心である。今挙げたような、幸運に恵まれたらしき本をじっと観察し、ベテランのギャンブラーが競馬に賭ける時のごとく、そのあらゆる動きを追う。私たちはヒットした本がどんな歴史をたどったか知っている。そしてその本が地方書店から全国チェーンの書店、そして書籍流通業者《ディストリビューター》のベストセラーリストへと上りつめていった軌跡を辿る。私たちには、その本の前払い金がいくらだったたか、編集者は誰でエージェントは誰か、初版は何部刷られたかまでわかっている。宣伝キャンペーンがどんなものだったか突き止め、出版社の出費をおおよそ計算する。また書評を読んで話し合う。好意的な書評が売り上げ増加につながるのか、それとも、いったん本の人気に火がつけば、書評が悪くても関係ないのか。時にはその本を実際に読んでみることさえある――送られてきて読まなければならないものは山ほどあるし、編集を待っている原稿もたまっているが、それでも、この大騒ぎの原因は何なのか突き止めたいのである。

私たちはよその本が成功するのを好意的で寛容な気持ちで受け止めることもあるが、悔しさで褒め言葉をけちることもある。誰が関わった本かによる。編集者同士のライバル意識や嫉妬について話していた時、知り合いのある編集者はこんな説を唱えた。どんな編集者にも大嫌いな相手がいる。大体似たような地位にあって好みが共通している人だ。私たちはそういう相手のせいで気も狂わんばかりになり、強い競争意識を抱いているものだ、と言うのだ。そしてその競争意識に駆り立てられて、私たちは毎週水曜日の晩、近所の場外馬券売り場にたむろするむさ苦しい集団のごとく、ファックスの回りに群がる。そして究極の出版業界版競馬新聞、『ニューヨーク・タイムズ』ベストセラーリストの事前見本が送られてくるのを今か今かと待ち受けるのだ。

「超」がつくほどペースが速くなっている私たちの文化の中では、本の出版という古くさい仕事でさえも、国民をあげて名声を得ることに血道を上げ、どんなものでもお金にするといくらかで価値が決まるこの風潮を逃れられない。このような状況では、編集者が心から求めているのは質の良い本だということなど簡単に忘れられてしまう。だが、どんなに一見そうは見えなくても、ありきたりだったり明らかにお粗末な本がどんなにたくさん印刷機に送り込まれても、実は、私たちのほとんど誰もが優れた作品に対しては畏敬の念に打たれ、それを読者の手に届けるためなら死力を尽くそうと思う。どんなに他の編集者と、あるいは著者と激しく競争していようと、どれだけ作品に手を加えようと、どんなに非難にさらされようが高い評価を受けようが、編集者というものは一種独特の人種である。何もかもコンピューター仕掛けになりつつある世の中にあって、私たちのように鉛筆や付箋を使い、消しゴムのカスを出すような仕事は、以前の活版印刷や羽根ペンが前世紀の遺物に思えたのと同様、古ぼけて遠い過去のものに思えるかもしれない。だがそれでも、編集者はこの世界を代表する読者であり、だからこそ世界の見方を代表する存在なのだ。

10 作家が求めるもの

「私の考える良い編集者の定義、それは私が素敵だと思う人で、高い報酬をくれるうえ、私の作品も、外見やセックスの腕前も褒めてくれる。そして出版社や銀行には厳しく締めつけをかけてくれる人がいいですな。」ジョン・チーヴァーの言葉である。編集者に何を求めるかという問いに対する作家の答えとして、これ以上真実を突いているものはまずないだろう。もの書きなら誰でも、自分を担当してくれる編集者はどんな人で、二人の関係がどんなものになるかあれこれ空想する。何もかも順調にいけば、二人の関係は、仲のいい友だち同士と同じぐらい双方にとって満足のいくものになる。お互いに、相手がいてくれるおかげで自分が高められると感じられるのだ。時には本当に友情が芽生え、仕事を超えて親しい関係になることもある。編集者が著者と契約を結ぶ時の言葉は、実は恋する相手から聞きたいと思う言葉と同じくらいうっとりするものなのだ——「僕は君がいいんだ」。編集者はあなたを求めるだけではない。自分の評判をあなたに賭けるのである。だが不幸にして、このような熱愛関係の多くは最初の高揚が冷めると続かない。採用してもらえたという興奮の上に、毎日延々と続く仕事という現実が暗い影を落とす。こうして魔法がとけた時、著者と編集者の関係が決裂することは決して少なくない。だがチーヴァーの夢と悲しい現実の中間のどこかにこそ、互いに実りのある関係が築かれるのである。

「作家が第一に求めること、それは迅速な対応である。ごく基本的なことに思えるが、出版界では驚くほど稀だ。」これはロバート・ゴットリーブが『パリ・レビュー』に寄せた「編集の技巧」という記事の中の言葉である。この記事は著者の立場から編集のプロセスがどのように見えるかというケーススタディとして参考になる。この記事では、ゴットリーブが担当した作家たちが多数、彼と仕事した時の経験について語ってくれと頼まれてコメントを寄せている。たいていの編集者なら、こんな風に担当作家たちにあれこれ吟味されると考えただけでぞっとするだろう。しかし、文学界の大物たちがこうして一堂に会して述べたコメントからはっきりしたのは、ゴットリーブが言葉の才能と個々の作家の要求をうまく満たすだけの心理的な感性の鋭さを十分兼ね備えていたということだった。素早い対応が求められていることをちゃんと理解していてそれを実行したというただそれだけで、彼は著者の信頼を得る土台を築いたのだ。そして信頼こそ、作家との関係がうまく機能するための基本なのである。

作家はたいていの場合、妄想症的《パラノイア》になっているか、何か理由のつかない不思議な考えにとらわれている。それで、編集者からの返事がないと、それが死を告げる鐘の音に聞こえてしまうのだ。原稿を提出した後、作家は必死になって編集者からの連絡を求める。中には実際にオフィスに乗り込み、編集者が作品を読んでいる間待とうとする人までいるが、これをやってしまったらとんでもないことになる。まだ経験が浅かった頃、一度ある作家にこんな真似を許してしまったことがあった。私が原稿を読んでいる間相手は机の向こう側に陣取り、本棚に並んだ本やメモボードに貼られた写真のコラージュに気を取られているふりをしていた。けれど私の唇がぴくりとでもしようものなら、彼女は椅子から飛び上がり、何がおかしくて笑っているのかと問いただした。私が眉を寄せようものなら、彼女は机を回って突進してきて、まるで凶悪犯罪の容疑者でも尋問しているかのごとく理由を詰問した。一度あるところで私は声を立てて笑った。そしてまた問いつめられるのではないかと心配になって目を上げ、彼女を見た。彼女は突如として自分の力に絶大な自信を持ったかのごとく、ただにっこりして窓の外をじっと見ていた。だがそれから十秒も経たないうちだった。「今どこを読んでるんですか?」「どこを読んで笑ったんですか?」と再び質問攻撃が始まったのだ。それ以来、待っているから読んでくれと頼まれると私は即座に断る。そして、本を買ってくれる人みんなにくっついて行って、反応を見守ることはできないんですよ、と説明する。そういう著者にはちゃんと思い出して頂かなくては。本を読むことはチームプレーではないのだ。

ゴットリーブは続けてこう語る。「新しい原稿を仕上げて郵送してしまった後の著者は、編集者から連絡を受けるまで、感情も精神も活動停止状態に陥る。こんな状態で彼らを待たせておくのは動物虐待というものである。」編集者からの連絡を待つ間、おおかたの著者はかなり精神的に動揺する。中には、こうして待っている間完全にバラバラになってしまう人もいる。集中治療室《ICU》の外を心配げに行ったり来たりする親と同じで、ただ一つのことしか考えられない——我が子はなんとかなるだろうか？　そういう著者は往々にして、現在のような出版界の状況では、編集者は編集する以外にも大量の仕事を要求されているということがわかっていない。編集者は担当した本それぞれに対して、ミニ出版社の役割を務めなければならない。つまり、編集者の時間もエネルギーも、常にぎりぎりまで引っ張られて切れる寸前なのだ。その結果、新しい著者を引き受けることは、もう十人もの子持ちなのに十一人目が加わったように感じられなくもない。赤ちゃんを迎えたママ同様嬉しい気持ちではあるものの、育児に割く時間やミルクをどうやって見つけるかは心もとない。ところが赤ちゃんの方は他の十人なんてどうでもいい、ママの関心を独り占めしたいのだ。

ノンフィクションの企画を契約する場合、編集者は通常、一年から一年半以内で本を完成させて下さい、と著者に依頼する。一部の著者はこの期間、たとえ一ページも進んでいない時でもこちらが深い関心を寄せてあげ続けることを求める。中にはそれが当然だと思う著者もいる。作家との仕事を重ねるにつれ、私は、彼らは小さい子供と同じで、こちらがガイドラインを設け、はっきりした線を引いてあげた方が仕事が進みやすいのだと気づいた。そのためには二つの鉄則がある。（その一）原稿なくしてランチ・ミーティングはない。著者と編集者が会っていちばん大きな収穫が得られるのは、具体的に何か書かれたものについて話ができる時で、何も手元にない時とは比べものにならない。（その二）著者が原稿をまとめて送る時には事前にこちらに電話をくれること。前もって警告を受けていれば私は、どれくらいすればその返事を出せそうか、だいたいのところを見積もって教えてあげられる。編集者にとっては、何の前ぶれもなしに突然四〇〇枚もの大作が出現するほど厄介で予定を狂わされるものはない。決して原稿を読むのが嫌だと言っているのではない。ただ、それではまるで、呼びもしないのに遠方からのお客が突然現れ、週末をこちらでお世話になるわね、と言われるようなものなのだ。

編集する時には、一種の熱中状態で完全に集中することが必要である。そしてどんなに優秀な編集者でも、一時間に五〜一〇ページ進むのがやっとである。もちろん、もし原稿に全く非の打ち所がなければ、もっとスピードアップすることは可能だろう。しかしとにかく、編集作業には膨大な時間とエネルギーが必要で、全身全霊で集中しなければ出来ない。実際に作業する時間をひねり出すだけでも大変だ。勤務時間内にそんな余裕のある編集者はほとんどいないだろう。それに加えて、編集するには精神的にも余裕ができていなければならない……心配のあまりしょっちゅう電話してきて、知らずにその精神的余裕が持てないようにしている著者も時にお目にかかるけれど。著者が心配するのは至極当然、全くよくわかる。それに、中には恐ろしくいい加減でちゃんと原稿を見てくれない編集者がいるのもまた事実だ。しかし、もし自分の編集者がだいたい信用のおける人物で、その人が今まで担当した作家や作品が立派だと思うなら、自分の心配は何か他の形で発散することをお勧めする。

作家なら誰でも編集者からお墨付きをもらおうとやっきになっているとは限らない。中にはいかなる口出しをも軽蔑し、我慢ならないという著者もいる。この独立独歩型の見本ともいえるウラジーミル・ナボコフが編集者とその仕事について意見を述べた時の調子は、軽蔑的などという生易しいものではなかった。「『編集者』という言葉が意味するのは校正係っていうことですよね」と彼は言っている。「編集者の中でも、無限に鋭い美的感覚と優しさを備えた穏やかな人たちがいましたよ。そういう人たちは、セミコロン一つについてでも、まるでそれが名誉に関わる大問題だとでもいった調子で私と議論するんです。実際、それはたいてい技法《アート》に関わる問題なんですがね。でも他に、尊大で親切なおじさんぶったとんでもない野郎もいるんです。奴らは書き直しの『提案』なんてことをしようとしやがるんで、私はどでかく『イキ』と校正記号を書き込んで対抗してやるんですよ。」

逆に、赤を入れてもらいたくてたまらない作家もいる。そういう作家は、心から正直に思ったことを言ってくれて、そのおかげで作品がより質の高いものになるような友人や読み手を探し出す。たとえばイーディス・ウォートンはある友人について、彼から返ってくる批判のおかげで自分の文章はより切れ味が鋭くなり、新鮮な見方で世界を見ることができた、と言っている。彼女はその友人と生涯を通じて文学上の恋愛関係を続けた。「おそらくどんな人も生涯に一度は、とても大事で愛しいけれどこの人とは分かり合えない、なんて感じなくてすむ相手、自分自身をもっと大きくした存在、自分自身の別解、その人こそまさに自分の魂が意味するものだと思える友人と出会うことでしょう」とウォートンは書いている。「私にとっては、ウォルター・ベリーがそんな友人でした。……彼だけが、私が書くのを励ましてくれただけではなく（それは他の人たちが既にやってくれていましたから）、どうやって書くか私に教えてくれるだけの知性と辛抱強さを持っていてくれたのです。他の人たちも褒めてはくれましたし、中にはお世辞を言う人もいました――彼だけが、わざわざ分析したうえで批判を加えるという手間をかけてくれたのです。……私が自分の足場を見つけ、題材を自分のものにすると、彼の批評はますます徹底した厳しいものになりました。一つ作品を出すごとに、表現の抑制や言葉の純粋さを守ること、陳腐だったり凝りすぎた言い回しを使わないことに対して、彼はより厳しい規準を満たすように要求しました。」

私の知っている著者の中には、こちらからのフィードバックに心底頼っていて、ありがたがってくれる人たちもいるが、編集の労に対して口先で感謝するだけの人たちもいる。作家が恐ろしいほどに傲慢な態度を取る時には、たいてい言葉以上の何かを弁護していることが私にもわかってきた。多分、前の担当編集者に作品を台無しにされたか、書評でこてんぱんにやっつけられたことがあるのだろう。どんなに偉そうに怒りちらす作家でも、本当は愛されたい、読んでもらい、褒めてもらいたいのである。若く熱心な編集者が年上で名の知れた作家の担当に回されることが多いのは決して偶然ではない。作家としての寿命も晩年にさしかかったこういう作家は、編集上どんなことを提案しても聞き入れようとしないことが多いが、なおかつ誰かぞんざいに扱える相手を欲しがっている。そして今度初めて文壇の百獣の王を担当させてもらった熱意に満ちた副編集者ほど、唯々諾々とそれに従う相手がいるだろうか?もちろん、取って食われるまでの話だが。

作家は自分の考えに従ってもらいたがる。誰がそれを非難できるだろう? 大望を抱きつつも作品を世に出せずに、無名で価値のない存在に甘んじていた時代を彼らは生き延びたのだ。それだけのことをしたのだから、少しくらいデリケートに扱ってもらってもいいじゃないか、というわけだ。私の覚えているある大失敗の例をお話ししよう。ある若い編集者が、編集長の代わりにある作品を編集し、編集長のサインをもらえばいいように手紙を書いた。これ自体は別に珍しいことではない。くだんの編集長は手紙にさっと目を通し、何カ所か訂正してからサインした。そして自分の部下がどんな編集を加えたか、どんなコメントを余白に書き込んだか確認しないまま、その手紙と原稿を一緒に著者へ送ってしまった。包みを受け取った著者の方は、そのコメントは編集長自らが書いたものだと思い込み、本をその出版社から取り下げてやる、と怒り心頭で脅してきた。そこで明らかになったのは、その若い編集者が経験の浅さゆえに、たいていの作家が読んだら血管が切れてしまいそうなコメントを山ほど余白に書き込んでいたということだった――「勿体ぶりすぎ！」「何じゃこりゃ？」「支離滅裂！」、それに私個人としてはお気に入りの文句「繰り返し！」「また繰り返し！」と言った調子だったのだ。

著者に見直しをしてもらうには、慎重でデリケートな扱い以上のものが必要だ。その作家がだいたいどういう気質の持ち主でどんなやり方がお気に召すか、ある程度理解していないとだめなのだ。自分の作品に対してとても真剣で、一言一句に至るまで弁護してかかる作家もいる。非常に分析的で、変更が必要な理由さえちゃんと示されればいいという作家もいる。本能と感覚で書く作家の場合、ニュアンスやムードで納得する。またユーモアを受けつけない作家もいる。私は通例、まず七十五ページほど試しに編集してみて、全体に取りかかる前に著者の反応を見ることにしている。作家が原稿をこちらに渡す時に感じる不安の逆パターンで、私も著者がどう反応するかいつも不安でたまらない。私の編集を気に入ってくれるだろうか？　著者と編集者の関係が暗礁に乗り上げたという話を聞いてみると、著者の方が悪者扱いされているのが普通である。けれど、著者は編集者に単に編集してもらう以上の何かを求めているということが理解できていない編集者がいるのもまた真実だ。著者は、辛い見直し作業の間も自信を持たせてくれるような思いやりのある人を求めているのである。

＊

作家を十分落ち着かせ、自分が孤立無援ではないという大事な安心感を持ってもらうには、その人が安心して仕事を進めるには何が必要かを編集者の方で把握しなければならない。この著者は励ましてあげればエンジンがかかるだろうか？　それともお尻を叩く方が効くだろうか？　厳しく叱りつけなければだめか、それとも一言控えめに言うだけで問題が伝わるだろうか？　私自身は、著者が自分に対して暴虐の限りを尽くすのを黙って受け入れてきた。そのいくつかは今考えるとぞっとするものだった。私が初めて編集を担当した著者の中に、きわめて神経症的な女性がいた。彼女はリサーチのスキルなどてんでないのに、口述を元にした歴史ものを書く契約をしたのだったが、六年間ただの一ページも筆は進んでいなかった。そうこうするうち担当編集者が他の会社に転職してしまい、そこで彼女が私の担当に回されたというわけだ。その時編集長は私に向かって、これほどの優れた企画を引き受けさせてもらえるなんてすごい特権だよ君、と滔々と述べ立てた。どうもうさんくさい気がした。

当の著者を一目見た瞬間から、この作品はとんでもない頭痛の種になりそうだと私にはぴんと来た。実際は、彼女はごくノーマルに見えた――ただ、彼女が両手にぶら下げて来たブルーミングデイル・スーパーの茶色い袋を見た時、この人は私の人生をめちゃめちゃにしてしまうだろうと悟ったのだった。彼女は二時間以上もほとんどノンストップで喋りまくった。自分の企画のこと、そして全く未編集の何百時間分ものインタビューを書き起こしたはいいが、そのどれを原稿に使うべきか自分で判断がつかないのだということ。自分が書き起こしたものが一部でも役に立つかどうか、彼女は全く確信が持てないのだった。私がその書き起こし原稿（実に千四百ページはあった）を読んで、いちばん良さそうな材料を選んでマーカーで印をつけましょう、と私は約束した。こうして、彼女の必死さと私の世間知らずが手を組んだ結果、彼女はやや明るい気分になって帰って行った。そして私はといえば――二つの茶色いスーパーの袋を持つのは、今度は私だった。私は原稿を手に取り、ずらりと並んだタイプ文字を呆然と見つめた。そしてそれから三週間、こんな原稿を読むことに同意してしまった自分自身を心の底から呪いながら週末を過ごした。結局この苦行の結果を見ることはなかった。原稿が完成する前に（完成したとすればだが）新しい職場に転職したからだ。

経験を積み自信がつくにつれて、人に読んでもらえる段階にまで至っていない原稿を持ち込んでくる作家のかわし方が私にもわかってきた。編集されていない原稿を一度でも読めば、人生にそんな悠長なことをしている時間はないと悟るには十分である。それと同時に、作家は編集上や仕事上のアドバイス以上のものを求めていることが多いこともわかってきた。私の方では作品をどう締めくくるか、著者が次にすべきことは何かなどという大きな決断について考えあぐねている時に、実は著者の方では、私が自分の気持ちの媒介者役になることを望んでいる場合があるとわかったのだ。シンシア・オジックはゴットリーブとの作家・編集者の関係を説明する中で、両者はしばしば、暗黙のうちに相手の感情が乗り移ったように感じることを明らかにしている。「編集者は父親か母親、あるいは一種の聖職者のような存在……あなたに対して権威があり、何か伝えることを持っている存在なのです。」

編集者の立場から言わせれば、これは著者から編集者に対してだけ起こるのではなく、こちらにも著者が乗り移ったような気がすることはよくある。作家、特に初めて作品を出そうという人に原稿を手渡された時、私は一度ならず相手が、小さい子供が初めて作った芸術作品を差し出す時と同じ無邪気な期待とプライドを抱いているのを感じたことがある。その作家が自作朗読会で折りたたみ椅子の客席に囲まれて座り、作品を読み上げているのを見つめる。そんな時には、あの人は初めてのリサイタルを開いているのだと思う。聞いているうちに、ああ、私しか知らないけれどあそこは苦労して書いたなあと思うところに来る。するともう、私まで心臓が口から飛び出しそうにはらはらするのだ。

忙しい編集者に一時間も時間をとらせておきながら、そこで作家が求めるのは、文章を直したり校正刷りに赤を入れたり広告を打ってくれと頼んだりといった実際の作業とはほとんど無関係という場合も時々ある。彼らが望み、そして必要としているのは、手を握っていてもらうことなのだ。もちろん愛する家族や友人たち、尊敬すべき作家仲間はいるし、ばか高い診察料を取られるセラピストにも通っている。しかし作家がどんなことを経験しているか理解してくれる人はその中にはほとんどいないし、編集者やエージェントほど一緒になって力を注いでくれる人もいない。エージェントのエリック・シモノフはこう言っている。「もしセラピストがするように一時間いくらでお金を取ったら大もうけできるだろうな、と時々思ってしまう」。

著者が求める編集者像とは、自分のしていることをちゃんと把握していて、もてなし上手な主人役《ホスト》同様、長居しすぎたお客さんにも決して嫌な顔一つ見せない人物である。私がロンドンであるカクテル・パーティーに出席した時のことを思い出す。六週間の編集者特別研修でイギリスの出版業について学びに行った最初の週に、出版界の第一人者に数えられる女性の家に招かれたのだった。そこでまずわかったのは、イングランドではまだ誰も、飲酒も喫煙もやめていないことだった。応接間は編集者や作家でごった返し、タバコの煙と、グラスを合わせるチンという音が充満していた。だがちょうど八時半きっかりに、女主人役《ホステス》はあちこちに出来た談笑の輪を戸口の方に移動させ始めた。彼女はゲストを捕まえては腰にしっかりと手を回し、身を近寄せて、まるでおいしいゴシップでも伝えるかのように、「こんなに長ったらしいパーティーって今まであったかしら?」と気持ちを込めて囁きかけた。その調子がいかにも相手も同感に決まっているといった風だったので、ゲストの方もシェリーのグラスを置いて移動せざるを得ないという気にさせられた。彼女がロンドンきっての敏腕編集者の一人になったのは、この説得力(例外なくすべてのゲストに効果てきめんだった)のおかげだったに違いない。

「編集者は自分を顧みず献身的でなければならないが、同時に自分をしっかり持っていなければならない」とゴットリーブは述べている。「自分の考えがわからなかったり、意見を言うのが不安だったりしたら、果たして作家にいい影響をもたらすだろうか? 以前ジョン・チーヴァーの本を担当していて、結末にちょっとした問題があると感じたことがある。その時、天下のジョン・チーヴァーに結末を変えろと言うなんて、俺はいったい何様だ?と最初は思った——だがそれから考え直したのだ。俺はチーヴァーに選ばれた編集者だ、だから臆病風に吹かれて自分の考えを言わずにいるなんてできない。別に無理やり彼にどうにかさせようっていうんじゃない。俺はただ、自分はここがおかしいと思う、と言うだけだ。その忠告を受け入れるかどうか決めるのはチーヴァー次第だ。実際そう言ってみると、チーヴァーはすぐにこちらの意図を理解してくれて問題は解決した。」

作者と編集者の間で起こること、それは結婚と同じように謎に包まれ、不思議な魔法に満ちている。

両者の関係はとんでもなくサディスティックで、相手をいじめ抜き反目し合うこともある。その一方で、互いに尊敬し、愛情を持って相手の価値を認め合う関係も存在する。けれどおそらく、作家ならほとんど誰もが求めるのは、安心させてもらうことである。びっくりどっきりさせられたり、待たされ続けたりするのは彼らの望むところではない。批判される時は褒め言葉も一緒につけて欲しい。なぜそれが気に入らないのか教えて欲しい。中にはそれをどう直せばいいかまで知りたがる人もいるし、自分の工夫に任せて欲しいという人もいる。作家はたいてい、自分にどれだけの価値がありどれだけ優れているかについてアンビヴァレントな感情を抱いているため、認めて欲しいという気持ちとはねつけられたらという恐怖の間で揺れ動くことが多い。しかしまた、求められ関心を持たれることと拒否され孤立すること、それに社会人としての生活の問題に悩み苦しむことがなければ、彼らは作家にはなれないだろうというのも確かなのだ。

ゴットリーブは言う。「作家というものは、たとえ経験を積んで十分成長を遂げた人の場合でも、私への感情転移が起きて、自分の無意識の気持ちを私に向ける場合がある。ずいぶん若かったので、これを理解するにはしばらく時間がかかった。もちろんこれは納得できる。作品を認めるのもそうしないのも、さらにある程度は財布の紐まで握っているのも、編集者なのだ。この関係は実にさまざまな問題を孕んでいる。なぜならそのせいで子供扱いにつながったり、さらにその結果として怒りをかったりすることがありうるからだ。役に立つためには、編集者はどうにかして、権威を保ちつつも、同時に独断的に振る舞ったりあれこれ指図したりしないようにしなければならない。」小説家のジェイムズ・ソルターは、『パブリッシャーズ・ウィークリー』のインタビューに答えて、自分とランダムハウスの編集者ジョー・フォックスは何年もかけてやっと友だちになれたと語っている。「私は彼が偉そうで権威主義的だと思いました。でも同時にまた、彼には『わかったよ、君がそう思っているならいいよ』と言ってくれるようないいところもあったのです。良い編集者はそう言ってくれると思います。そのせいで崖っぷちに向かっていくのが目に見えている場合は別ですが。」

作家は自分が一人ではないことを確かめたい。編集者と出版社を求めてさまよう長い年月をようやく抜け出した今、やっと、守ってくれるもの、支えてくれるものを見つけたと思いたいのだ。出版契約はいろいろなものの象徴だが、その大きな一要素として、誰かがあなたとあなたの作品を見守ってくれることが暗に含まれている。その人が、結婚式で娘に付き添ってヴァージン・ロードを歩く父親のように、あなたに付き添って一緒に歩いてくれるのだ。作家は出版社とのつながりを求める。そしてたいてい、そのつながりが具体的な形となって現れたのが編集者なのである。シンシア・オジックは自分の編集者を、と守護天使が混ざったような存在、と形容している。「書いている時、よく小鳥のようなものが右の肩に止まっている。肩越しに私のしていることを注意深く見ている小鳥だ。私はその鳥に賛成してもらいたい――もらわなければならない。とても批判的な小鳥なので時には重荷に感じることもあるが、私にお許しを与えてくれる存在でもあるのだ。」多くの場合、作家はその小鳥に力を貸して欲しいと願う。ページをつつきながら頭をあっちに、あるいはこっちにひねって欲しいと思う。作家は自分の編集者がヘンゼルとグレーテルのようにパン屑を後に撒いていってくれることを望む。辿っていけば正しい道を指し示してくれるが、同時に、森の地面ならぬ床の上に散らかったパン「屑」同様、その後は確実に消えて残らないものであって欲しいと。

＊

経験から言えば、こちらが道を示し、解決策を出してあげるとほとんどの作家には喜ばれる。特に原稿に何か問題が起こっている時はなおさらだ。私が担当した本はほぼ例外なく、展開のペースや構造について助言する必要があった。本の最初から最後まで一定のペースとリズムを保つというのは作家の足をすくいかねない難題だ。そしてほとんどの作家はディテールに気をとられるあまり、ストーリーが発している合図を見過ごしてしまう。物語を旅として捉えてみるといいのではないだろうか。小学生が口を揃えて言うことだが、旅行では帰る時の方が短く感じられるものだ。実際は行く時と全く同じ距離だったとしても。同じように、読者は作品が結末に向かうにつれて時間が早く経つように感じるものだ。見知った道となると、舞台の背景は壁紙同様どんどん巻き取られて後ろに過ぎ去っていく。担当編集者はそこで、どの時点でページが壁紙に変わるかあなたにわかるように助けてくれるべきなのである。

一ページ目から釘づけになったと読者が言う時、おそらくそれは、作者が読者の信頼を得たということを示しているのだろう。作者と読者の間のこの協定は暗黙のうちに一瞬で結ばれ、読者は自分が協定を結んだことさえ気づかない。冒頭のほんの二、三の文を読んだだけで、読者にはわかるのだ。自分はコンコルドで旅しているのか、遠洋船に乗っているのか。シートベルトが必要か、ライフジャケットか。もっと大切なことだが、自分はこの乗り物で進んでいきたいのか。どんなジャンルのものを書いているにしても、話の流れを止めたら読者を惹きつけてはおけない。そして編集者の役目は、ここのタイヤの空気が漏れているよ、とか、もっと問題が大きい場合、ここは完全に空気が抜けているよ、と教えてあげることなのだ。

最高の編集者は、作品の中で（本人は自覚していなくても）作家を悩ませていた部分を見抜き、そこに注意を促す。ある編集者から、別の出版社がもっと高いお金でオファーを出していた本の契約をどうやって勝ち取ったか聞いたことがある。その本の作者は完璧主義者で、自分の小説にはこれから解決すべき問題点がいろいろ残っていると思っていた。しかし彼女は、そういう部分をどうすればいいかわからないまま、エージェントに原稿を出版社に提出していいと言ってしまったのだ。二冊分ものけっこうな額の取引を進んで申し出てくれた出版社は、この原稿はもういつ本にしてもいいと判断した。しかし、この話の主であるもう一人の編集者の方は、自分がこの作品で問題だと思った箇所をそのまま列挙し、それらを解決するため自分ならどう構成し直すかを述べた。彼が批判したことはまさに作者自身が感じていた通りで、その結果彼女は出版を遅らせ、もらえる前払い金は少なくなっても、作品に対する気持ちや考えが自分と同じ編集者に担当してもらおうと決めた。彼女にとってはそれだけの重みを持った批評だったのだ。

時間の経過をどう扱うかという問題は、いったん作品の構造が決まれば片付けやすい。家の土台と同じだ。本の場合も具体的な条件さえちゃんと決まれば、そこから組み立て方は自ずと限られてくる。普通、作品の大事な要素は（作家自身が自分の選択に気づいているかどうかとは無関係に）最初の数章で全て決まる。トーン、時制、視点、時間の枠組み、それから統語法《シンタックス》や文体、語りの調子などは、家の配管や配線のようなものだ。床板や壁材の下に埋められて直接目にふれることはないが、そういうもののおかげで水や明かりが使えると思って間違いない。本の方はたいてい時間かテーマに沿った順序で構成され、そのテーマにはいろいろなバリエーションが用意される。たとえ物語自体がまだちゃんとしていなくても、作品を形作るロジックを見つけることがまず必要だ。それさえあれば、読者に鏡の迷宮に入り込んでしまったと感じさせずにすむのだから。最初、真ん中、そして終わり。どんなにごちゃごちゃ入り組んでいても、私たちは人生をこの形でまとめるのだ。

作家なら誰でも生まれながらに、構造についての感覚を持っているわけではない。まだ若くて編集経験も浅かった頃、私は、自分の作品にちゃんとした構造を与えられない作家というのは、「本物の」作家や「生まれつきの」才能に恵まれた人々よりどこかしら劣っていると思っていた。時間の経過をうまく操る技術は、音楽でいえば生まれつきのリズム感覚のようなもので、持っているかいないかの二つに一つしかないと思っていたのだ。しかしその後、私の考えは変わった。長い年月の間に、優れた才能を持ちながら時間に関してはあらゆる誤りを犯し、自分の書いた文や段落が自ずと示している構造に気付かない作家と組んできたからだ。また、語りがもっと速く進むようにするため二つの場面をつなげたり、一週間のできごとを一日に圧縮したりするとなると、どうしていいかわからずうろたえてしまう作家とも仕事をしてきた。あなたがニコルソン・ベイカーの『中二階（*The Mezzanine*）』のように、あるランチタイムのできごとを記したいのだとする。あるいはヴァージニア・ウルフの『ダロウェイ夫人（*Mrs. Dalloway*）』のように、ヒロインにその日のディナー・パーティーのことを思いめぐらさせたいと思う。それとも、ある一日（たとえばジェイムズ・ジョイスなら六月十六日）だけに関心があるとする。いずれの場合にも、あなたはある一つの構造を見つけ、そこから外れないようにしなければならない。逆に、あなたが長い年月と多くの土地を舞台にした、『オデュッセイア』や『ラーマーヤナ』のような叙事文学を書こうと考えているなら、全く違う道を辿らなければならないだろう。あなたが関心を寄せているのは、ある恐ろしい一世紀？　それとも恐ろしい一夏か、一晩だろうか？

エッセイや批評を集めた『物語の目（*The Eye of the Story*）』の中で、ユードラ・ウェルティは時間の重要さとその働きについて説明している。「時間は脈と同じようにどきんどきんと鼓動を打つ。時限爆弾と同じようにチクタク言い、上げ潮で海岸を洗う波のように打ち寄せる。徐々に消滅に近づいていくものの囁きに聞こえることもあるし、銃の暴発で突然終わることもある。というのも、時間もまた、もちろん主観的なものだからだ。（『あの鐘は汝のために鳴るのだ』。）」小説であれノンフィクションであれ、良い編集者は陸上競技のトラックの端っこにいるコーチのようなものだ。ストップウォッチを片手に握りしめ、一文ごとに完成に近づいていく作家の進み具合を計っている。時には、一つの長い段落を二つに分けるだけで作家の時間を数秒縮めることができる。長い一章をばらばらに分割したおかげで、動きと広がりを感じさせるようにもできる。散文作家は、詩人が連を用いるようにして段落や間の空白を使うことができる。つまりそれぞれが新しい始まりを示し、私たちはまた一つ新しいドアを通り抜けていくるんですよ、と読者に合図を送るのだ。良い編集者なら、段落を改めたり、余白をおいたり、新しい章を始めたり、全体をいくつかの部分に分けたりするのは決して恣意的なものではないとわかっている。運転する時にウインカーを出して曲がる方向を知らせるように、作家もこういう小道具を使って知らせるのだ——「ほらこっちですよ、一緒に来て」と。あるいはこう知らせているのかもしれない。「一息入れて、お酒のお代わりでも注いでパジャマに着替えたら？　そしたらもう一章先に進もうよ。」

＊

本当に魅力的な作品を書こうとすると、作家は必然的に、もう後戻りの出来ない渡り板の突端に立たされることになる。つまり、自分の書く内容か文体のどちらかで、いちかばちかの賭をせざるを得ないのだ。板は持ちこたえるだろうか、それとも緊張に耐えかねて折れてしまうだろうか？　作家はこれから何ヶ月いや何年間も、誰かが自分を止めてくれたらよかったのに、と思い続けることになるのだろうか？　もちろん、何を作品に使い何をやめるかを決めなければならないのは作家自身だ。でも、そこに信頼のおける編集者がいると大きな差が生まれる。『パーフェクト・スパイ（*A Perfect Spy*）』は自分の小説の中で最も自伝的で、最も自分の心の内奥に近いものだとジョン・ル・カレは言っている。「あの小説は子供時代に味わったいろいろな苦しみにぎりぎりまで近づくものだった。ボブ［ゴットリーブ］は、フィクションなのにあまりにも自伝的になり過ぎて読み手が恥ずかしくなる、と感じられるところを指摘してくれた。つまり、彼には私が個人的な経験をぶちまけ始め、仮面をかなぐり捨ててしまったと受け取れた部分だ。彼はそういうところを見つける達人だった。編集室の床に捨ててきたものを思い出すと未だに恥ずかしくて顔から火が出るよ。」

たいていの作家は、自分は編集者に真実を包み隠さず言ってほしいのだときっぱり宣言する。しかしこれが本音であることはまずない。確かに、編集者は自分の意見、とりわけ作品のどこが良くないと思うかについての意見を余すところなく作家に伝えられるようでないといけない。だがその真実を冷静に受け止めて対処できる作家はほとんどいない。だからこそ、編集者が傷ついた患者ならぬ作者を名医よろしく上手に扱う必要性はどんなに大事だと言っても言い足りないほどなのだ。このことがいちばんはっきり試されるのは両者の関係が終わる時である。編集者になって六年ほど経った頃、ふと気づくと私は何時間もパソコンに向かうようになっていた。ある作家に対して、彼女のことは本当に優れた作家だと思ってはいるけれどその作品は「筋が通って」いないのはなぜか、そのためなぜそれが採用できないかを詳しく説明しようとしていたのだ。それは駆け引き術の要となるものの訓練だった。私がこれはだめだと言っているのだということははっきりさせておかねばならない。しかし同時に、作家を破滅に追いやるような言葉は避けて別の言い方で批判しなければならない。私は結果を恐れるあまり、手紙を出すのを先延ばしにしていた。だって私はその著者の担当編集者であると同時に、友人でもあったのだ。それなのに今、なぜその本がものにならないかを相手に伝えなければならない。そしてそれを聞いた瞬間、作家は心の中でこう解釈する――私の本はだめ、つまり私もだめなんだ。

しかし、中には拒絶を拒絶する作家もいる。ポール・セローが七作目の小説を出そうとしていた時、担当編集者はこの若い作家を昼食に誘った。そしてそこで、自分はこの本を評価できない、そして自分が評価できない本を出版はできない、と言って断った。『サー・ヴィディアの影』の中でセローは自らこの場面を回想している。彼は激しくやり返した。「あんたのところじゃくだらない本を山ほど出してるじゃないですか。もしこれを断るって言うんなら、もう僕はお宅の著者になるのは辞めますよ。

他の出版社に行きます。金輪際あんたのところから本なんか出してやるもんですか。出版にお金がかかるったって、たったの二五〇ポンドでしょう。この食事だけでもう三〇ポンドかかってるんですよ！」出版社側が答えて、もしセローがどうしてもと圧力をかけるならその本は出す、と言うと、セローはぴしゃりと言い返した。「それで決まり、終わりですよ。もういいです――僕の原稿を返してください。」担当者を車の行きかう大通りの真ん中に突き飛ばしてやりたかった、と彼は告白している。そして同じことを思う著者は他にもたくさんいるに違いない。

セローの反応はごく健康的なものに思える。少なくとも、自分に対する信念をどこかの編集者に粉砕されるがままにしておくよりは健康的だ。自分の状況の無力さ――特に次の出版社が控えていてくれない時には無力だ――に怒り、編集者なんて傲慢ならまだましな方、悪ければサディスティックな奴らだと思い始める作家もいる。だが実際は、多くの編集者はいかなる対立も避けたいと思っていて、著者（中でもいい関係を築くことができた相手）にノーと言う時にはたまらなく辛いのだ。ほとんどの編集者はこんなことを認めないだろうが、こんな決断をする自分のセンスや判断力に疑問を抱きさえするかもしれない。まして、自分が手放した作家の次の作品がヒットするのを見たらなおさらだ。

力が衰えかけていた作家が新しい出版社と契約して成功をおさめたりすると、たいていは業界全体が驚きに包まれる。作家の人生の風向きを変えるのはきわめて難しい。というのも、その人の前作がどれだけの売り上げを見せたかで書店側のサポートの熱心さが違ってくるからだ。しかし新作の質が良くて、新しい出版チームが持てる知識と経験をフル活用して動いてくれれば、もう一度作家を打ち上げられることもある。もう種しか残っていないと思われていた果実からレモネードを作り出すわけだ。

作家にとっては、復讐の味は甘いと感じられるに違いない。そしてほとんどの作家はこの甘い復讐への望みを胸に秘めている。

友人でもあった例の著者の本を断らなければならなかった時、私はとても惨めな気持ちになって落ち込んだ。その時たまたま、ずっと先輩の編集者が私の部屋に立ち寄り、私のひどい精神状態に気づいた。私が問題を説明すると、彼は自分のオフィスに走っていき、一枚の封筒を手に戻ってきて私の机に置いた。そして一言も説明せずにまたひょいと出て行った。

封筒には一通の手紙が入っていた。手動式のタイプライターで打ったものをカーボン紙で写した、三十年近くも昔のものだった。これほどあたたかく、知性に満ちて読み手の心を打つ編集者からの手紙は今まで見たこともなかった。非常に細かいところまで詳しい説明がなされていた――小説中のある登場人物がどうして説得力に欠けるのか、そしてもっと真実味を持たせるためには作家がどのように抜本的な変更を加えれば良いのか。またペースや設定、文体などについても書かれていた。それからフラッシュバックの用い方をもう一度構成し直すことで、この本のいちばん深いテーマをもっと鮮明にきわだたせることができるのではないか、とも。またこの編集者の意見では、語りを三人称に変えた方が、妻の視点がもっと説得力のあるものになるのではないか、と言うことだった。文章の美しさを褒める一方で、だがその美しさのために、この本の中核である人間としてのごく単純な行動の印象がやや弱くなってしまうのではないか、と疑問が述べられていた。要するに、編集者はこの小説の胸を切り開いて心臓を手にし、これを蘇生させるために何をすべきか注意深く説明していたのだ。だがそれ以上に大切なのは、その手紙が著者への友情と優れた文学的な技量に対する尊敬の念に裏打ちされていることだった。この本のおかげであなたの文壇における名声が保たれるように、どうかこのアドバイスを一考してみてください、と彼は訴えていた。そして最後に、今まで一緒に作ってきた何冊もの作品を思い返し、今回提案しているような大きな修正をすれば、これはその中で最高の本になると思っています、と結んでいた。

手紙を読み終えると、私は先輩のオフィスにとって返し、机の正面に置かれた椅子に身を沈めた。机の上にあったのは、何かは知らないがその時彼が読んでいたものと鉛筆一本、辞書が一冊、木の台がついた古ぼけたスタンド、咳止めドロップが一箱、そしてあの手紙を書くのにも使われたとおぼしい手動タイプライターが一台。その他にはほとんど何も載っていなかった。彼ほど実績のある編集者になると普通、自分の担当した有名作品のジャケットカバーを額に入れ、その額や本を自分の周りに壁のようにめぐらしているものだ。それに比べて、この先輩のつつましい備品やすかすかの本棚は、偉大な作家たちと仕事をしてきたという彼の並はずれた業績を気ほども悟らせるものではなかった。私は彼に向かって、編集者が書いた手紙でこんなにすばらしいものは見たことがありませんでした、と告げた。そしてさらに、謙虚な気持ちになったとも言った。私は作家とのやりとりに関してまだまだ自分は多くを学ばなければならないと思った。そして彼のように、作家が見直しに取り組めるように希望とアイデアと自信を与えつつ、その一方でまだこの出来では不十分だと告げる、という危険に満ちた細い綱を渡りおおせる離れ業も身につけなければ。

最後に私は、結局どうなったんですか、相手はあなたの提案に従ってくれましたか、と訊いた。そしてわかったのだが、この著者は作品を直す代わりによそに持っていって、名前が知られていたおかげで出版してもらった。ところがいざ出版されるとそれは完全な大失敗で、その後この二人は二度と口を聞くことがなかった。やっぱり自分が正しかったと思いましたか、と私は先輩に尋ねた。目を落として首を横に振り、手紙を折り畳んで引き出しに戻す。それが彼の答えだった。私は思いきって、あなたのアドバイスに従わないなんてその作家は馬鹿な真似をしましたね、と言い、こんな手紙は今まで見たことがありませんでした、と繰り返した。彼は独特のウィットをこめてこう答えた。「それじゃ誰かに向かって、あなたの奥さんは美人じゃありませんね、と言うようなものだと思うがね」。

私は、自分としては精一杯頭を使って、友人の作品を却下した。けれど結果は大してましにはならなかった。断られた苦味が後を引き、私たちはしばらく言葉もかわさなかった。彼女は立派だと思う。なぜなら最後に彼女は私に直接向き合い、自分のことも、二人の友情も見捨てたと言って非難したからだ。その通りだった。私は自分の罪悪感と落胆に気を取られるあまり、彼女に手を差しのべようとしなかったのだ。彼女はそれから何年もかかってその本と格闘し、何度も書き直した。最終的に満足がいくまでには何百ページもの原稿をボツにした。そして新しいエージェントと契約して再び提出した。すばらしい出来ばえの短編集も一緒だった。私は当時働いていた出版社にオファーを出させようと説得を試みたが、同意は得られなかった。その後別の出版社から、この二冊に対してなかなかいいオファーが出された。おめでとうを言いに電話をかけると、彼女は自分の新しい編集者を褒めちぎって聞かせた。これだけのことがあった後でも、私は嫉妬を覚えた——昔の恋人が他の誰かの腕に抱かれるのを見ているような気がした。だがそれと同時に、彼女も私も多少ほっとしたと思う。職業的なプレッシャーから解放された今になって、ようやく私たちは（昔の恋人の比喩でいけば）ただの友だち同士になることができたのだった。

＊

自分の本が活字になる以上に作家が望むことと言えば、活字になり続けることしかない。どんなに本が好評だったからと言って、それがずっと人気を保てるとか、次の大物に取って代わられないという保証はどこにもない。『パリ・レビュー』のインタビューの中で、マーティン・エイミスはほとんどの作家が同業者に対してどう思っているかを端的に述べている。彼によれば、「私は概して、若い作家には怒りを抱いている」そうだ。「輝くばかりの才能が自分の脇腹をよじ登ってくるのを見たら、わくわくするなんてとんでもない。若い作家を嫌ったり腹を立てたりするのは、作家の世界ではかなりどこにでもあることだ。」その作家が既に名声も人気も折り紙つきになっている時でさえ（エイミス自身、他のたいていの作家に比べて間違いなく優れた文学的才能の持ち主だし、そこから得る収入の面でも恵まれているとの噂だが）、それでも彼の目が肩越しに後ろを振り返ろうとするところが面白いと思う。エイミスの詳しい説明によると、「作家は年を取っていくと、ある時点から今この現代がどう感じられるかがわからなくなってしまう」。彼は文壇にのし上がってきて最も成功した一人であり、古い世代の作家たちだけでなく、高名な作家である父キングズリー・エイミスの人気も奪って我がものにした。おそらくそのせいで、エイミスは他の多くの作家よりもオイディプス的な脅威にもっと敏感なのだろう。

編集者も同じように、才能ある新しい世代が登場する時に生まれるライバル意識や嫉妬心のとりこである。私も、オークションで若くてホットな作家の企画を二つも、私より十も年下の編集者たちに取られて負けたあの一週間は忘れられない。どちらの編集者も昇進したばかりで、大きく宣伝されて褒められていた。二人とも私が以前働いていた会社で編集アシスタントを務めていたので、私はどこかで彼女たちの良き指導者のつもりでいた。ところが今、このおちびさんの妹たちがまんまと賞品を手に入れて退場して行ったのだ。私がエージェントをしている友人に向かってこの憤懣やるかたない気持ちをぶちまけると、彼女はこう諭した。あなただって旬の時代があって、今や押しも押されもせぬ編集者で担当作家をたくさん抱えているじゃないの。それこそあなたがずっと求めてたことじゃなかったの？

若い作家の第一作が、一時にせよ世の中を席巻しているように見える時、その人を羨ましく思わないなんて不可能だ。自分が強い競争意識を抱いていた相手が長いことスランプに陥って苦しんでいると聞いて純粋に喜びを感じてしまったと、ある作家がやましそうに告白するのを聞いたことがある。また別の作家は、ライバルの小説が脚光を浴びている間三ヶ月というもの、書くことができなかったと言っていた。自分の方が作家としてはるかに優れていると感じつつも、彼女にはわかっていたのだ。相手の作品の方が絶対に批評家には受けがいいだろうし、売り上げも自分に勝る結果になるだろう、と。そして彼女は嫉妬のあまり死んでしまいそうだった。

作家は公正を求める。自分の意志や衝動、希望と妄想、狂気と反社会的な行動、そして己に対する激しい信念から、決して消えない価値を持つ作品が必ず生まれるという保証を求める。自分の出した条件をのんでほしい、作品を褒められるにせよけなされるにせよ、自分がこうと決めて宣言した（暗にかもしれないが）目的に照らして評価してもらいたい、と思っている。この作家は何か別のこと、つまり批評家自身の理想や考えと合う何かをやってみるべきだった、などと述べる批評家の批判や偏見を基準に評価されるのでは嫌なのだ。「本を書くことは、恐ろしくて力を消耗する闘いだ。まるで何か苦しい病気の発作がずっと続くようなものだ」とジョージ・オーウェルは書いている。「何か抗しがたく名状しがたい魔物にでも取り憑かれなければ、こんなことをやろうなんて誰も思わないだろう。そしておそらくその魔物とは、赤ん坊が関心を惹こうと泣きわめくのとまさに同じ本能なのだろう。」

作家は孤独で追いつめられているかもしれない。自分の書いたものが勝利をおさめるためなら、他の作家を何人でも喜んで踏みつけ、走ってくる車の前に突き飛ばすかもしれない。けれど、作家が究極的に求めるもの、それは読者だ。優れた編集も巧みなマーケティングも、十都市周遊朗読ツアーも二冊分の出版契約も、好意的な批評も（これがあれば本は崇拝の的になる）、高額の映画化権取引も偉そうな文学賞も、どれ一つとしてかなわない。作家は何よりも、忠実で熱心な読者を欲しがっているのだ。

11 いよいよ本を出す

出版のプロセスを一言で表すとこうなる――作品を書いてからそれが人々に読まれるまでの間に起こること全部。出版社が本を市場に出す準備をどれだけちゃんとしようと（またはしまいと）、つまるところ世の中には書き手と読み手という二種類の人間しか存在しないし、その両者をつなぐのはページに記された言葉の力以外にはないのだ。この出会いが書き手と読み手をどれほど深く結びつけるかは簡単に忘れられてしまうのだが。

初めて本を出す著者はたいてい、出版を考える時予想しておくべきことについて何の心の準備もできていない。一部の出版社では、著者にこのプロセスを説明する小冊子を契約時に渡せるように前もって準備してくれている。しかし作家になるためのガイド本ではどういうわけか、著作権の使用許可をもらう、作品のフォーマットを考える、校正刷りを見直すといった作業については説明しておきながら、出版社が本を出すと言ってくれた後いったい何が起こるのかについては、どんなにいいガイド本にもちゃんと説明されていないのだ。作家の中には、契約を結んでもらったことをありがたがるあまり、こういったことを聞くのを遠慮してしまう人もいる。逆に、作家友達から聞かされた情報や、何年も何ケ月も出版を待つ間あたためていた期待で頭がいっぱいになっている作家もいる。そういう人はかなりの予備知識を持って現れるが、同時に空想とごたまぜになった誤った情報もどっさり仕入れているものだ。

著者がジャーナリストの場合、迅速な対応が習慣になっている。特に日刊紙や週刊誌で働いている場合はなおさらだ。だから、本の出版の場合、編集者の対応から始まって製造日程や販売サイクルに至るまで、進行がどんなに遅いものか知るとたいてい衝撃を受ける。出版社としては、本の編集が完成した時点から発行年月日までの間に九ケ月取れるのが理想である。その期間で本を校正し、デザインを決め、活字を組み、校閲を経て製品化に至るのだ。同時に販売代行業者《セールスレップ》は注文を取りに国中を行脚して回る。宣伝担当者は出版前予約を募る。そしてマーケティング担当者は書店その他、その本を売ったり市場に出したりできる取引先と交渉する。

本の出版に絡んで作家ががっかりした経験の原因を辿ると、多くは、その人の当初の期待がどれだけ大きかったか、そして出版社側の計画についてどれだけちゃんと知らされていたかという点にある。たいていの作家はすぐに、契約にこぎつけ作品を出してもらえても自分の希望や夢が実現するという保証がもらえるわけではない、という辛い事実を身をもって学ぶ（納得するとはいかないが）。実のところ、出版社のリストに名前が載るというのは、あなたの本が実際に製造され、カタログに載って書店に品定めしてもらえるという意味でしかない。書店側が実際あなたの本を注文してくれるかどうかには実にいろいろな要素が絡んでくるし、その多くは、たとえばそのシーズンは他にどんな本が出たかとか、書店がそのジャンルはもう本がだぶついていると判断した、あるいはその作家の経歴やメディア受けがどうも今ひとつだと思った、そして時には、カバーのデザインが気にくわないなどという、あなた自身にはどうする力もないようなものなのだ。書店の方では、もし何か見逃したものが出版後ヒットしてきたら、その時はいつでも追加で注文できると先刻ご承知なのだ。しかし、最初に関心を持ってもらえないと、その本が最初どう受け止められどれだけ買ってもらえるかに悪影響が出る。編集者は新人作家がこのプロセスを進む手助けをする。だがどんなに経験豊かな編集者でも、この時の作家の恐怖を鎮めることはほとんどできない。とにかく最後まで進むしかないのだ。それに多くの場合、作家が恐怖を抱くのはもっともなことだ。出版してもらえさえすれば夢見ていたこと全てが叶うわけではないのかもしれない、と気づき始めた時にはなおさらである。

いざ出版界で働いてみると、すぐに気づくことがある。この業界では、遠回しに人の期待を打ち砕くことに実に多くの時間が割かれているということだ。編集アシスタントになって二、三週間にしかならない頃、私は初めて、打ちひしがれた著者からの電話を受けるという経験をした。相手は三十代半ばの女性で、一ヶ月半ほど前に最初の本を出版したばかりだった。彼女はその本に何が「起こっている」のか知りたいと言った。私はお話をお伝えしてできるだけ情報収集します、と答えた。彼女の担当は私の上司で、訊いてみると次のようなことがわかった。初版の部数はごく僅か。販売部門の意見では、似たような本がひしめく中でその本は特に光る存在ではないと言う。宣伝部門ではラジオの地方局のインタビューを二、三取りつけるぐらいがやっとで、書評家の関心も今ひとつだった。要するにその本は、病院に着いた時にはもう手遅れという状態だったのだ。彼女に何かしてあげられないでしょうか、と訊くと上司は肩をすくめた。どうでもいいと思っていたからではない。ベテラン編集者として、彼は結果を告げるべき時期も状況も心得ていたのだ。彼はその著者のことも、今回の企画も気に入ってはいた。だが同時に、何か本当に奇跡のようなことが起こりでもしない限り、その本は市場では勝ち残ってゆけないだろうということもわかっていたのだ。それならどうしてその本の出版契約をしたんですか、という質問に対する彼の説明はこうだった。自分はその作品を信じていたし、著者の経歴もしっかりしていた。そして彼女は伝える価値のあるメッセージを持っていた……。その時の私にはわからなかったけれど、そのメッセージがより多くの人々に受け入れてもらえるかどうか、実際世に出してみないとこればかりは何とも言えないのだった。

当時の私は、こういう一連の話にとても憂鬱な気分になった。電話の声はせっぱ詰まって聞こえたし、後日電話で結果報告をすると約束してしまったのだ。私はこの件にどう対処すべきかと上司をせっついた。医療制度を扱った本にしてはあの著者の期待が大きすぎるんだ、と彼は言った。あれはいい本だし内容も重要だ、でも、販売担当者や宣伝部門も言ってきているとおり、行政の医療制度関係者以外には大して購買層を見込めないね。たしかに本が売れそうにないのは一目瞭然だった。そして誰に質問しても皆明言を避けようとしていると気づくのにそう時間はかからなかった。

ついに私は勇気を振り絞ってその著者に電話し、宣伝担当者に教えてもらったとおりこう言った。広報宣伝部では今も書評を依頼して回っていますし、もしかしたらどれか業界専門誌で急に注目されるかもしれません。私がその後一緒に仕事した著者はたいていそうだったが、彼女もご多分に漏れず、自分の本が書評で取り上げられないのは個人的な感情が原因だと思い込んでいた。「私、嫌われてるんだわ」と彼女は電話の向こうで叫んだ。「誰もあの本を取り上げないなんて信じられない！　四年もかけて書いたのに！」私はどう答えていいかわからず、彼女のリサーチや本ができるまでのプロセスについて尋ねた。（大学時代、私はＬＳＤ幻覚体験《トリップ》に溺れている人に話しかけて現実に引き戻すのが得意だったが、そのスキルが今再び力を発揮した。）私は彼女が熱を込めて語るのに耳を傾け、それから、あの本を書いてから何かいいことがありましたか、と尋ねた。その答えから、本を書いたことで自信をつけた彼女は教職を辞め、医療業界でフルタイムで働くようになって本当に充実した毎日を送っている、そしてまた、本のおかげでその分野でも未開拓だった仕事まで手に入れることができたということがわかった。あなたは自分個人に関わる部分でとても大きなことを成し遂げたと思いますよ、それにご自分が思っているよりもあの本がずっと力になってくれているのは確かです、と私は言った。そして何よりも、あなたはちゃんと本を書きおおせたじゃありませんか。自分は本を書けると思う人が千人いても、実際に書けるのは一人しかいないものですよ。この会話で相手は元気づけられたようだった。そして私の方は、作家の不幸というものを初めて実際に味わったのだった。

原稿が採用されてから実際に出版されるまでの間には、いろいろなことが起こったり起こらなかったりする。そしてそれによって、その本が批評家や買い手にどれだけ好意的に受け止められるかが大きく左右される。批評家や書店が本をいいと思ってくれるか、予想外のヒットとなるか無視されて終わるか……こういったことは予測がつかない。だからこそ心配で気が狂いそうになるし、同時に興奮で胸がわくわくせずにいられないのだ。ただ、出版社が多少なりとも市場の動きを把握していないと、にっちもさっちもいかない結果になるだろう。ある出版社が高いお金を払って某一流コンサルタント会社に調査を依頼したという有名な話がある。時は八十年代半ば、当時盛んだった企業合併熱がいよいよ書籍業界にも影響を与え始めようという頃だった。コンサルタントたちはあらゆる層の社員から話を聞き、流通ルートや在庫管理システム、会計業務から収支計算書まで分析した。こうしてさんざん、大量のデータを処理したりいろいろな作業を系統立てて分析したりした結果、彼らが勧めたのは次のような提案だった。全出版物のうちほんの一割から得られる収入が、全収入の九割を占めている。従って、会社はこの収益性の高い一割の作品のみ——つまりベストセラー本のみ出版してはどうだろうか？……ふむふむ、なるほど。なんとも賢い戦略に思える。ただ問題は、（と会社はコンサルタントに説明した。）どれがその一割になりどれがそうならないか、我々にも確実には言えないのです。

一部の出版社は特定のカテゴリー専門となり、ある種類の本の装丁からマーケティング、流通までを効率よくこなすことで勝ち残る。だが一般出版社の多くでは今も毎シーズン、文芸及び各種のフィクション、それにハウツーものや自己啓発本、ライフスタイル指南書を含むいろいろなノンフィクションと、かなり多彩な顔ぶれの本を出版物リストにずらりと並べる。出版社はたいてい、市場から得たヒントを手がかりに、ジャケットカバーのデザインから本の大きさ（ページの縦横の寸法）に至るまで何もかも最近のトレンドと好みに合わせた本を作る。本の装丁には、その時々の流行に合っていて、人気が出ることは証明ずみというパターンがいくつかあるものだ。行きつけの本屋で、どれかある分野の棚に並んだ本をじっくり調べてみよう。子育て、ビジネス、健康、文学的伝記、どんな分野でもいい。ほとんどの本があるスタイルで大体統一されていることがすぐわかると思う。たいていの出版社はすでに成功ずみのパターンを忠実に踏襲するからだ。たとえば健康関連の本のジャケットカバーには、白地に文字だけが印刷されている。その方が真面目で権威がありそうな雰囲気を醸し出せるからだ。健康に関するアドバイスを求めている人は、アスピリンの瓶同様、信頼のおけそうな装丁を好むだろうというのである。中には、自社が出す本を他より目立たせてヒットを狙おうと、慣例になったデザインは捨てて新しいものを取る出版社もある。だが、定番でよしとするところもある。もう使えないというのでなければわざわざ変えることはない、というわけだ。

こういう決定は全て、特定の購買層を狙って商品を市場に出す、いわゆる「ポジショニング」に当たる。本を市場に出す前には、出版社は綿密な打ち合わせを重ねて狙いを定めていく。原稿が完成した、あるいはほぼ完成して来シーズン用の出版物カタログに間に合いそうだとなると、編集者はページのサンプルから著者の略歴、マーケティングのための売り文句や競合作品の予想表など、その本に関するいろいろな資料を用意する。そして社内のいろんな部署（販売営業、宣伝広報、マーケティングなど）の幹部にそれを回して情報を提供する。出版社によってこのプロセスの細かいところは違うようだが、だいたいは同じような道筋を辿る。今まで四つの会社で働いてきた経験から私が言えるのは、会社のどの部門が重視されるかは、普通、会社の最高責任者自身の経歴が元になっているということだ。つまり、社長が販売部門で叩き上げてきた場合、販売がもっとも重視されることが多い。宣伝広報部出身者であれば、おそらくメディアがどう反応するか、本のＰＲの機会をどう確保するかに注目するだろう。編集畑出身なら、本そのもの及び著者にいちばん焦点を当てるだろう。ある出版社が「販売主導」「マーケティング主導」「編集主導」だと言われるのはこういう意味だ。プロセスのある一段階に必ず重点がおかれ、それが初版の発行部数からカバーの装丁に至るまで全てに影響を及ぼすのである。

＊

本が読者の目を捉えるいちばん効果的なやり方、その一つはジャケットカバーである。そこで、出版までのプロセスでは普通、カバー、あるいは装丁に関する打ち合わせがまず最初に行われる。実際に原稿を読むまではカバーの構想を考えてみもしないアートディレクターもいるが、逆に編集者の説明だけで仕事にとりかかる人もいる。以前の私は、読みもしないのにその本の仕事をするなんて芸術家として許されないことだと思っていた。だが白状すると、ジャケットカバーがすばらしい出来映えだからといって、デザイナーが必ずしも作品そのものを読んだとは限らない。読んだことが却って災いして、内容そのまんまのデザインになってしまうことだってあるのだ。

今まで働いたどの出版社でも、本のカバー装丁についてはとんでもなく痛烈な批評が飛び交うのが常だった。ほとんどの人は、本の内容を（殊にその担当編集者に向かって）悪く言うのは避けようとする。ところがジャケットカバーに関しては誰もが意見したがり、しかも自分にはその資格が十分あると思っている。最初の打ち合わせでカバー図案が出された途端、だいたいはその場でやんやの喝采をうけるか、正反対の反応が返ってくるかになる。しかし最悪なのは、デザイン案を見せた後に意味ありげな沈黙が支配する時だ。ある大手出版社の有名アートディレクターなどは、編集者からの返答にあまり時間がかかると、図案をまっぷたつに引き裂いてしまうというので名高かった。

人間の顔同様、ジャケットカバーを見れば本の中身はおおかた想像がつくものだ。編集者と著者が初めてカバーを目にする時は、鏡を覗き込んでいるような気持ちになる。これぞ自分の本の長所だと思っていたものがちゃんとそこに映っているだろうか？でなければがっかりだ——いや、がっかりなどという生易しいものではないかもしれない。自分の名前さえ目立っていればカバーデザインなんてどうでもいい、という著者もいることはいる。逆にカバーが自分自身の一部のように感じられ、分けて考えることのできない著者もいる。カバーの絵柄がどうしても好きになれず苦しみきわまって、もうこの本は出版しない、とまで言った著者もいた。担当だった私も、彼女の抱えるジレンマはよくわかった。私自身、本を目にする時の喜びは何物にも勝ると思っているので、自分が読んでいる本のジャケットカバーがどうもそぐわないと感じたら取ってしまわずにいられないたちだ。一方、今読んでいる本のカバーがどんなだったか言うことさえできない人たちもいる。そういう人は本をカバーで選んだりはしない。だって中身にしか興味がないのだから。

たいていの人は、こういう両極端の中間にいる。そして本をどんな装丁にしてどんなマーケティングを行うかという戦略は、あなたの本を選ぶかどうかわからない客層（その理由はいろいろ考えられるが、ほとんどは自分では意識していない）にターゲットを絞っているのだ。会計学の本がほしい、あるいは夜尿症《おねしょ》の解決法を探している、フラワー・アレンジメントについて知りたいなどといった特定の分野が頭にある人の場合、本屋に入ると一生懸命それを探す。また書評で褒められていたからとか、誰かに勧められたからという場合も同じように、そのある一冊をせっせと探すだろう。だが本屋に入る時、多くの人は、何を食べたいのかよくわからないけれどなんとなくお腹が空いた時と同じ心境にある。中華かイタリアンか、ひょっとしたらハンバーガー？　辺りを見回す。匂いを嗅ぐ。最新の超お勧め本が山のように平積みされたディスプレイ台の上に目をやる。カバーデザイン、タイトル、そして著者名などの組み合わせのうちある一つがおいでおいでをし、買い手（になるかもしれない人）はそれを手に取る。背表紙や折り返しをじっくり見ることもあるだろうし、もしかしたら最初の一行、または一段落を読んでみるかもしれない。そして結局それを元に戻すかもしれないけれど、このようになんとなく本屋を見て回っている人の注意を惹きつけたことで、装丁の役目は果たされたと言えるのだ。

自分の本のジャケットカバーに満足できない著者がこんなにたくさんいるのはどうしてだろうか？　そしてお粗末なカバーがこんなにたくさんあるのはどうしてだろうか？　その主たる答えには、お決まりの容疑者が顔を覗かせる——時間とお金の二つだ。最初のカバーデザイン案が出てくると同時に出版社はデザイン料を払い始めたことになり、料金メーターが回り出す。自分が頭に描いている理想に近い案が最初の二つ三つで見つかればいいな、と編集者は虚しい期待を抱く。時計の針が動き始めたら最後、選択肢は狭まっていくからだ。ある図案を著者の方では気に入らないのに出版社側がとてもいいと思ったり、予算や時間的余裕がなくなったりすると、編集者は往々にして困った立場に立たされる。これはすばらしいとか、もっと政治的に立ち回る場合、これこそ「この本にふさわしい」カバーだと著者を納得させなければならないのだ。

以前、ある若い女性詩人の回想録を担当したことがある。彼女は小児ガンを患ったせいで、顔が奇妙に歪んでいた。彼女の詩ではこの珍しい病気の具体的な一つ一つが普遍化され、一度読んだら心に焼きついて離れなくなる美しい言葉で、自分の状態が語られていた。私たちはこの本のジャケットカバーにいわば文学的な治療を施そうと意見が一致し、トップレベルのデザイナーに発注した。彼は三種類のレイアウトを出してきた。まず一つは仮面を用いたもの。確かに本の中に仮面は出てきたが、これではまるでスリラー作品だった。他の二つでは包帯を用いて、コラージュのような異なる模様を描いていたが、今度はミイラを連想させた。時間が迫ってきており、すでにかなりの金額をつぎ込んだにもかかわらず、これというデザインには出会えなかった。そんなある日、私がランチから戻ると、机にある写真家の作品集が置いてあった。メモも何もついていなかったので、私はその包みを開けた。中から私を見上げていたのは、少女のモノクロ写真だった。その顔は、目の前にかざしているセロファンのせいでぼやけて見えた。その瞬間、私はこれこそ自分たちが探していたものだと悟った。自分の顔という、アイデンティティを得るには欠かせないものを失い、それに打ち勝とうとしてきた著者。その写真は彼女が送ってきた人生の内面の風景を余すところなく表現していた。

調べてみると、その写真はあるアイルランド人の写真家が自国の田舎にいるジプシーの物語を収集し、出版依頼してきたものの一部だとわかった。私は会社に交渉したが、この写真集は出版までこぎつけられなかった。しかしその後写真家の方に交渉して、あの詩人の作品のジャケットに写真を提供してもらうことには成功した。写真の少女はよく作家自身と勘違いされた……それほど本の内容をうまく伝えていたのだ。

原則として、編集者は市場での反応調査といったことは何もしない。唯一、ジャケットのデザイン案を職場のいろいろな人に見てもらい、反応を調べるぐらいだ。雑誌の世界では大金が使えるので、いろいろな地域でカバー案に対する反応を試すことができる。だがそれと違って単行本の業界では、自分自身か自分の選んだ数人の人たちの意見に従ってデザインを決定する。うまくいくこともあれば悲惨な結果を招くこともあるのは言うまでもない。自分の本のカバーに満足できない著者がなぜこうも多いのかを考える時、一目瞭然なのにもっとも見過ごされがちなのはこれだ――アートディレクターは一人あたり五十から百ものカバーデザインを任されているのが普通だということ。新発売の低脂肪トルティヤや口臭スプレーを市場に出すのとは訳が違う。なぜなら、どの本もそれぞれ唯一無二の存在で、その本だけの装丁を必要とするからだ。つまりアートディレクターは、他に二つとない独創的な美術作品を大量に造れ、という途方もない重圧をかけられていることになる。さらに彼らは非常に厳しい条件の下で仕事することが多い。たとえばまだ原稿ができていなくて読むこともできない、編集者ははっきりした指示を出してくれない、部下のデザイナーはアイデア切れだったり気分屋だったりする、そして出版社側担当者は自分がなぜこの案が気に入らないかちゃんと説明もできないし、かといって代案も出せない、といった具合だ。

著者の配偶者や恋人にジャケット製作を担当してもらうほど最悪の誤りはない。言わせてもらえれば、配偶者や恋人はいかなる形でも作品にかかわってはいけないと思う。お医者が自分の家族の手術を許されないのと同じことだ。以前、ある企画をカバー製作の段階で引き継いだことがある。結婚についての回想録で、著者の夫はフリーのアーティストだった。当然彼女は夫にジャケットを作ってもらいたいと言い、私の前任者に了承してもらっていた。ところがいざ夫のデザインなるものが出てきてみると、とんでもない代物だった。けれども著者は大変気に入ったと言い張るので、それに反することはどうも言いづらかった。幸いにも、そのカバーは販売会議で販売担当者たちに却下され、新しいものが出版用に製作された。ずっと後になって著者は、実は私も新しいデザインになってほっとしているんです、と白状した。彼女もそれがいいとは思えなかったのだが、夫の気持ちを傷つけたくなかったのだった。

F・スコット・フィッツジェラルドは、編集者に宛てた手紙の中で、『夜はやさし（*Tender Is the Night*）』の次に出版する『起床時刻の消燈らっぱ（*Taps at Reveille*）』のジャケットカバーについて声高に不満を表明している。六人もの人がその出来の悪さを指摘したそうである。自分が魅力的な登場人物を創造しようと長いこと苦労したのに、五つになる自分の娘程度の絵しか描けないようなアーティストが自分にくっつくなんて「張り合いがなくなる」、とフィッツジェラルドは述べ、さらに付け加える。自分は恩知らずに思われたくはないし厄介者になりたくもないが、「そんなことないとは思うけれどひょっとしたら」自分が見せられたのは試案の一つで、もう一度やり直す時間があるのではないかと思ってこの手紙を書いているのだ。古今東西どんなに有名な作家も必ず、あのジャケットカバーがなければ自分の作品はもっと引き立つのに、と考えてきた。これを聞いて、自分だけではなかったとほっとする作家も中にはいるかもしれない。

ジャケットカバーが原因で起きるトラブルを防ぐいちばんいい方法は、著者がどんなものを思い描いているのかを編集者がつきとめ、まだキャンバスに一本も線が引かれないうち、一銭のお金も動かないうちに話し合っておくことだ。編集者は社内で自分の著者の弁護人役を務め、著者の希望をマーケティング部やアートディレクターに伝えてあげることができる。また同時に、もし著者の言うことが本当に馬鹿げている場合はそちらをつぶすこともできる。著者としては、全てを任せておけばいいジャケットが出来る、何もかもうまくいくと信じるのはなかなか難しい。だからジャケットの方の段取りがいつ始まるのか担当編集者に訊き、自分はどんなデザインがいいと思うか、頭に浮かんだイメージをざっと伝えておくといい。もし特定の写真や美術作品が念頭にあるなら、それも言おう。また、これだけはやめてほしいという字体や色があればそれもだ。出版社側としても、著者に満足してもらいたいのは山々だ。ただ、ベストセラー作家でもない限り、彼らも無尽蔵に選択肢を出してくれるほどの時間的・金銭的な余裕はない。トム・クランシーやメアリー・ヒギンス・クラークやスティーヴン・キングのような人気作家はカバーのことでがたがた言ったりはしない、これは確かだ。時にはいっそフランスの出版物を真似た方がうまくいくのではないかと思うことがある——ジャケットカバーには活字のみ、これで悩み事は一切なしだ。

＊

ジャケットのデザイン作業がようやくスムーズに進み出すと、今度はマーケティングや宣伝、販売関係の一連の打ち合わせが始まる。多くの場合、ここでその本の成功も失敗も編集者の双肩にかかってくる。本の一部が見本として会議の出席者に配られることもあるが、たいていはまだそんな資料はできていないので、編集者の作品説明と著者紹介だけに頼らざるを得ない。編集者は本のタイトル付きの書類を用意し、そこに著者の経歴や本の梗概、競合作品の名前、（もしあれば）その著者のこれまでの実績、マーケティングのアイデアなどをまとめる。中でもいちばん大切なのが、営業で使う売り文句である。これは、作品まるごとを一つの文に凝縮したもので、最近ではハリウッドで耳にした名前が出版界に怒濤のごとく流れ込んできている。『ニューヨーク』誌の「ベストセラーの作り方」なる記事によれば、クノップはジェイン・メンデルスゾーンの『アメリアの島（*I Was Amelia Earhart*）』を「『かもめのジョナサン』、『ブルーラグーン』に会う」と表現したそうだし、グローブ社のある編集者は記者に向かって、最近出した『シューティング・エルヴィス（*Shooting Elvis*）』という小説を「『テルマ&ルイーズ』、タランティーノに会う」だと説明したという話である。

けれどもっとひどいのは、本の中身が簡単に要約できない場合である。「オリヴァー・サックス『高慢と偏見』に会う！」とか「『ライ麦畑でつかまえて』、『ブレア・ウィッチ・プロジェクト』に会う！」、「『第三帝国の興亡』と『メリーに首ったけ』の出会い！」では片付けられない場合、本が書店の店頭にまで首尾よく辿り着く見込みは低くなってしまう。セールス・レップは、書店側のバイヤーとほんの数秒で話をつけなければならないこともあるからだ。同様に宣伝担当者も、TV局やラジオのプロデューサーに本を売り込むのにせいぜい二十秒しかもらえないこともある。問題は、本の中身を凝縮しようとするとたった一つの要素に絞り込まなければならないのに、優れた本は多くの要素から成り立っているということなのだ。しかし、抜粋部分の一言だけが拡大して伝えられる今の世の中、新鮮で面白い一言を見つけることはとても大切である。

時には、編集者と作品の関係が密接になりすぎて、明快なうまいプレゼンテーションができないこともある。本来はデータ表が伝えられないような目立った特徴や面白い逸話だけを言えばいいのだが、編集作業に苦労したような場合、思い入れが強いだけに長々とわかりにくい説明をしてしまうことがあるのだ。私の知っているプレゼンの名手は二つのタイプに分かれる。一つは驚くほど博識で、何を言ってもすばらしく知的で価値のある言葉に聞こえるタイプ。もう一つは、生まれながらにボードヴィル・ショーのこつを心得た興行師《ショウ・マン》タイプだ。

サイモン&シュスター社でのインターン中、私は会社中の編集者が販売会議用の事前社内検討会《プレ・セールス・コンファレンス》で自分の本をプレゼンするのを見る機会に恵まれた。皆それぞれに、本を売り込む独自の能力とやり方を持っているのは明らかだった。けれど、中には自爆を招いているようなプレゼンもあった。不幸なことに、おおかたの編集者はショウ・マン向きとは言えない（もし向いていたら編集者にはなっていないだろうけれど）。編集者は内省的で自分を意識してしまうことが多い。しかし、巧みな演出で相手に強い印象を与え、自分に気づいてもらうことが何よりも重視されている現代では、編集者がうまくプレゼンできなかった本は会議で大失敗する可能性がある。下手くそなプレゼンが終わった後の死んだような沈黙ほど恐ろしいものはない。

それと違って、サイモン&シュスターの編集長マイケル・コーダ――ショウ・マンタイプ編集者のドン――がプレゼンのため入ってきた時の様子と言ったら、私は一生忘れないだろう。部屋中が彼に注目した。私はそれまで、玄関ホールで通りすがりに彼を見かけたことしかなかった。彼が廊下の角をきゅっと曲がったり、閉まりそうなエレベーターに滑り込んだりするのを見るたびに、ロンドンで地下鉄を降りる時流れる「のろくさするな！」という注意放送を思い出した。会議室に入ってきたコーダは、明らかにその瞬間を味わい、満喫していた。席に着き、ピンク色の絹のネクタイに指を滑らせながら、彼はまるで俳優が観客を吟味する時のような感じで部屋中を見渡した。プレゼンしようとしているのは、彼が担当する第一級の女性作家の作品だった。ついに彼は、いたずらの現場を押さえられた腕白小僧のようなおちゃめな笑顔を浮かべて言った。「皆さん、私はまだその本をただの一文字も読んでいません。だいたい彼女が一文字でも書いたかどうか、それも怪しいものです。でも、これはすばらしい作品になります。それに売れますよ。」そしてもちろん、彼は正しかった。

*

人は普通、あるタイトルを初めて見た時にそれがいいとか悪いとか感じるものだ。しかし出版界の常識では、いいタイトルとは売れるタイトルのことである。内容にぴったり合うタイトルを見つけたおかげで、まだ執筆中の作品全体の焦点がはっきりすることもある。ラリー・ダークのアンソロジー『切り落とされた部分（*Literary Outtakes*）』は、カットされ、いわば編集室の床に散らばった多種多様な名文を集めたものである。その中でエイミー・タンは、自分は当初、中国の風水信仰に従って、最初の作品に『風と水（*Wind and Water*）』というタイトルをつけるつもりだったと語っている。「『ジョイ・ラック・クラブ』という言葉はごく平凡で、ちっとも文学的でないという気がしました。父が名前をつけた社交クラブで、私が物心つく前から、両親もその友人たちもずっと参加していたものだったんです。」タンにとってはこのクラブの名前はありふれたものだったかもしれない。しかし原稿を読んだエージェントは「ジョイ・ラック・クラブ」に飛びつき、それをこの本のタイトルにした。タンによると、このタイトルで本を書き進めるうちに、クラブとその会員たちが次第に鮮明なものになってきたそうだ。「時々、もしタイトルを変えていなかったらどうなっていただろうと思います。今はもう、タイトルは単に本のカバーを飾るためのものではないとわかっているからです。あのタイトルが物語に形を与え、本全体を初めから終わりまで引っ張っていくために必要な力のもとになってくれました。」

タイトルやサブタイトルの評価がまず試されるのは、出版を控えての打ち合わせの時だ。ここには営業から宣伝、マーケティングまでいろいろな部門の人が顔を揃え、出されたタイトルにさまざまな反応を示すので、出版の中ではもっともマーケット・リサーチに近い場だと言えるだろう。誰かがタイトルに不満を漏らすか、新しいサブタイトルを考えてくれと言うかもしれない。新しいタイトルを探すなら、またまた、競合作品を調べてみるのがお勧めだ。自己啓発本の場合には、タイトルかサブタイトルに、何か希望や将来を約束するような言葉がある方がいい。ハウツー本なら、サブタイトルの中に人目をひく仕掛けが必要だ。ダイエットに関する本を調べてみよう。ほとんどが、言いたいことをそのままタイトルにしている。『七日間ローテーションダイエット法』、『炭水化物好きのあなたのダイエット』、『シュガーバスターズ！』といった具合だ。少し前、『ザ・ゾーン（*The Zone*）』というタイトルのダイエット本が大ベストセラーになった。タイトルだけ見ると、スリラーかSF、科学物……ほとんどどんなジャンルにもありそうだ。ダイエットという概念をタイトルから外すのは勇気ある選択だった。慣例に従っていないから、という理由でこのタイトルを拒否した出版社はたくさんあったことだろう。ところが『ザ・ゾーン』が大成功をおさめ、特に、女性と違って普段あまりダイエットの話などしたがらない男性読者にうけた理由の一つはおそらく、このように「ダイエット」を強調せず、マッチョな響きがしたからなのだ。

場合によっては、いいタイトルを決めるのに最後の最後までかかる時がある。ピーター・ベンチリーは、百以上ものタイトルを試したあげく、本が印刷に回される二十分前にやっと『ジョーズ（*Jaws*）』に決まった、と『切り落とされた部分』で語っている。「私は『水の中の静謐』といったフランソワーズ・サガン風のタイトルをたくさんもてあそんだ。父がさらに追い打ちをかけ、『なんで俺の足は片方ないんだべ？（*What Dat Noshin' on My Laig?*）』などというあっぱれな「迷」案で私を苦しめた。それから『死のあぎと《ジョーズ》（*The Jaws of Death*）』、『リヴァイアサン登場（*Leviathan Rising*）』、『ホワイト・デス（*White Death*）』、『リヴァイアサンの顎《ジョーズ》（*The Jaws of Leviathan*）』、『水の中の死（Death in the Water）』、『シャーク！（*Shark!*）』（フランス語版ではこれがタイトルになった）、『海の牙（*The Teeth of the Sea*）』、『シャーク・サマー（*Summer of the Shark*）』などなど。」最終的に、ベンチリーと編集者は、一単語のタイトルを選ぼうと決めた。そして唯一、二人ともが賛成したのが『ジョーズ』だったのだ。「私はタイトルを家族とエージェントに伝えたが、ひどいタイトルだとみんなに言われた。私自身、そんなに気に入っていたわけでもなかった。でも、だから何だって言うんだ……どっちみち、初めて出した本なんて誰も買わないんだから。」

ベストセラー作家のジェイムズ・マックブライドは、自分の回想録に合うタイトルを見つけようと苦しんだ。自分のユダヤ人の血を隠している白人の母親に育てられた黒人の息子、という立場の回想録だ。彼は『飛ぶ鳥（*A Bird Who Flies*）』という案を出したが、編集者に却下された。その後彼は編集者への手紙の中で、タイトルの大切さについて疑問を投げかけている。中身さえよければみんな本を買うのではないでしょうか？　いよいよ、本を出版社のカタログに載せるための締切が迫ってきて、彼は編集者と意見を出し合い叩き台を作った。その時作られた詳しいリストには、よく見かける退屈な例（「母の生涯」）もあれば、疲れ果てていいかげんに出した傑作な案（「ベーグルとブルース」）も時折混じっていた。そしてとうとう最後にタイトルが見つかった。優れたタイトルに時々あるように、本文の一節から現れたのだ。会話の中からの抜粋で、この回想録の全体図と微妙なニュアンスの両方をうまく捉えた美しい言葉だった。まだ少年の頃、神様ってどんな色なの？と訊いたマックブライドに対し、母親はこう答えたのだ。「『水の色（*The Color of Water*）』よ。」

本に無事タイトルがつき、カバーデザインも決まると、出版サイクルの次なる大きな打ち合わせは「プレ・セールス・コンファレンス」と呼ばれるものである。再び全部門から担当者が集まるが、今度は社内の販売営業部員だけでなく、全米のあちこちからやってきた、その地域担当のセールス・レップが加わる。出版予定リストの本が一冊ずつまたプレゼンされ、今回は集まった人々に本文の一部が手渡され、「部数」についてあれこれ意見を出し合う。初版の予定部数や、会社が市場に前もって送りたいと思う部数のことである。

販売会議《セールス・コンファレンス》は年に二、三度のペースで開かれる。出版予定作品のリストはこのためにこそ計画され、準備が進められるのだ。ここには各地のセールス・レップ全員が社内の担当者たち共々顔を揃える。会社側は来シーズンに出す本のリストを提示し、それぞれどんなところがすばらしいのかわかってもらおうと努める。このコンファレンスの時には、本を売ろうと日頃力を合わせている人々が一堂に会する。野外パーティーもあれぱちゃんとした晩餐会もあり、功労賞も出れば特別ゲストとして著者が登場することもあり、不倫もあれば喧嘩騒ぎも起こる。禁欲主義者も酒に口をつけ、禁煙主義者もタバコに手を伸ばす。プレゼン、コンピュータ訓練、そして接待用特別スイートルームでの長い夜が幾日も続いた後、多くの人々は闘いに疲れ果て、やっとくつろぐ。ほとんどの著者が、この代物の存在に気づいている。たった一分しか与えられないプレゼンの噂を耳にしたこともあり、著者たちは自分が心血を注いだ作品がそのせいで何かとんでもなくくだらない存在になり果ててしまうのではないかと戦々恐々としている。彼らは出版までのプロセスにほとほとうんざりしていることが多い。そう思うのも無理はない、実の子供くらい愛しいものを見知らぬ人々の集団に委ねているのだから。しかも、販売関係者は知性にも文学的素養にも欠ける悪役扱いされていることが多い。だがこれまで四つの会社で販売営業部門と関わってきた経験から、これほど真実とかけ離れた偏見はない、と私は保証できる。

本の販売担当者たちは、世界中でもっともたくさん本を読んでいる人の部類に入る。彼らの仕事は本を書店に並べさせることだ。これはウルトラ・ブライト歯磨きを取引先スーパーの棚に並べさせようとするのとは全く訳が違う。書店もその経営者も、それぞれ独自の個性を持っている。セールス・レップは書店経営者とその店が対象とする読者の特性にぴったりと波長を合わせる。著者が出版社に断られるのと同じように、市場からの門前払いを正面から喰らうのはセールス・レップであり、気乗りのしない書店バイヤーを説得して聞いたことのない作家の本を数冊でいいから棚に並べてもらう、その責任がかかってくることもしばしばである。また、特別な売り込み策や競合作品、そのジャンルの別の本が市場に出された時のユニークなやり方などを知っていて、出版社が販売戦略を練るのに力を貸してくれることもあるかもしれない。セールス・レップが地元で評判の本を見いだし、出版社に持ち込んで注目を促した結果、その本が全国的に認められた例も少なくない。セールス・コンファレンスで関心を集める作品はほんの一握りだが、セールス・レップはたいてい、カタログをじっくり吟味し、本を読んでみて、それぞれの得意先に合わせてプレゼンを調整する。つまりこのコンファレンスは会社のアイデンティティと文化が生まれる場所であり、本を売るために大切な役割を担っているのだ。

悲しいかな、現在私たちのいるような展開の速い文化では、本を読んで消化する時間はほとんどとれない。そのため著者（中でも文芸作家）が、出版までのこの長いプロセスの中で自分の作品がどこかになくなってしまうのではないかと危惧しても当然だと思う。ただこのことは覚えておいてほしい。たいていの場合、人は本を読むうちに読書好きになっていく。それに出版業界の人ならほとんど誰もが、優れた作品を愛してやまない。初めて出版された小説が誰かの初恋の相手になる可能性は今でも残っているのだ。そして世間で言われるのとは逆に、販売担当者たちが誰かの最初の小説（文芸ノンフィクションでもいいが）に魅力を感じ、強く惹きつけられた場合、彼らは心底から情熱を込めて、信じられないほど一生懸命その本を後押ししてくれるだろう。たとえ金銭的メリットはあまり多くないような時でも、である。「お金は必ずしも重要ではありません」と、『ニューヨーク』誌の記事「ベストセラーの作り方」の中で、エージェントのリン・ネズビットは語っている。「出版社の中で反響が起こらなければなりません。それにもちろん、一シーズンには一冊しか後押しできないかもしれませんが。」その反響はたいてい、販売担当者たちの間で最初にわき起こる。そして耳を地面にくっつけてそれを聞いているセールス・レップこそ、出版社側と読者とをもっとも強く結ぶ架け橋となるのである。

＊

こうして各種の打ち合わせが行われている間、原稿の方も出版に向けて本格的な準備が進んでいる。まず校正作業がある。どんなに優れた作家にとってもこれはありがたいものだ。私が一緒に仕事した作家の中にも、以前担当してもらった校正編集者にもう一度お願いしたい、と言い張る人々がいる。その校正編集者の眼の注意深さ、文法や句読法、シンタックスその他の言葉の微妙な違いを見分けてうまく使いこなす力をそれだけ深く尊敬しているのだ。それに、その人のおかげで恥ずかしい間違いを犯さずにすんだことにそれだけ深く感謝してもいるのだ。言葉を心底愛している作家にとって、作品を校正編集者のもとに送るのは、キャニオン牧場スパに一週間保養にやるようなものである。一週間後、作品は前より若々しくこざっぱりとして、姿勢もしゃんとなって帰ってくるのだから。確かに、作品を出版社のスタイルに合わせようとするあまり、著者独特の癖を生かそうとしない校正編集者もいることはいる。その場合は編集者が割って入り、止めなければならない。だが全体として見れば、校正編集者は縁の下の力持ち的な英雄、文明の堕落に立ち向かい、言語を守るため勇猛果敢に闘う最後の砦だと言える。

著者が校正済み原稿を見直し、修正した後で、デザインと活字組みの段階になる。校正後、活字になったページを見る最初の瞬間は、何度経験してもわくわくせずにいられない。だいたいは出版社のデザイナーの誰かが、字体やタイトルページのデザイン、ページレイアウトなどの案を持ってきて編集者に相談する。すると今度は編集者がそのデザイン案を著者に見せる。単に契約上の義務だからそうするという場合もある。けれどいずれにしても、原稿全体が活字になったこの時こそ、作品が本になろうとしているのだとしみじみ実感できるものだ。活字には大きな力があるのである。一九九八年、アメリカ文学への多大な貢献を讃えて全米図書基金勲章を贈られたジョン・アップダイクは、自分の本に用いられた活字に謝意を表している。彼の説明によると、担当編集者のハリー・フォードは「編集者と同時にデザイナーという、印刷界の完璧なる文武両道の騎士であります。彼は私のためにすばらしいストライプ柄のカバーと、ヤンソンという字体を使った品のいいページフォーマットを作ってくれ、以来四十冊以上もの本で私はそれを使い続けています。若さと希望にあふれ強情な自分の言葉がその字体で活字になり、各章の頭はパーペチュア体を使い、活字の線の先がすっと細くなっているのを見た時は気持ちが高揚しました。今でもその時のことを考えると目が眩むような気がします。古いライノタイプ印刷機には、何かきらりと光る味わいがありました。コンピュータ植字の持つ技やメリットを総動員しても、あれにはまだ勝てませんね。」

本に誤植を見つけるほど不愉快なことはない。本を公の場で侮辱しているようなものだ。校閲者は本を読んでミスを見つける仕事でお金をもらっているのだから、緻密な仕事をしてくれることを願ってやまないが、著者にもまた最後に作品を読み直して細かい変更や訂正を加える機会がある。著者が校正刷りチェック段階の最後の最後という時に文を書き直したおかげで関係者一同が大きな迷惑を蒙ったという例は枚挙にいとまがない。いったん活字が組まれてしまうと、大きな変更を加えるのはお金も時間もかかる。特にページ番号の変更が必要になると大変だ。結果として本が「滑って」しま

う と悲惨なことになる。つまり、何月発行予定と決まっていたのに、完成が遅れたせいで発行が一ヶ月かそれよりもっと先に延びてしまうケースだ。作家が大きな変更をしたり後から変更を決めたりしたせいでこうなることは珍しくない。すでに本は書店に売買契約された後で、コンピュータシステムにも登録され、倉庫納入や発送の時期も決まっている。遅れた場合、書店で特別な売り込み作戦をしてもらえるはずだったのが流れてしまうかもしれない。マスコミとの約束も、再度予定を組んではもらえない可能性もある。有力作家や有名人の場合は別だが。要するに、本の完成が遅れるのは、先には恐ろしい結果が待ちかまえるジェットコースターに乗るのも同然なのだ。

ジャケットカバーに最後に付け加えるのが、折り返しのキャッチコピーだ。担当編集者か社内のコピーライターが本の内容を説明する。それと、カバーの裏表紙に推薦文をつけるのが流行になっている（推薦文など大して信頼できないとみんな先刻承知ではあるのだが）。私は、『スパイ（*Spy*）』誌が「現代の丸太転がし」なる月間特集を組んだおかげで、ついにこの風潮も消えてなくなるだろうと思っていた。ぐるになり、お互いに絶賛し合って利益を計ろうとする八百長推薦文が数多く暴露されたからだ。

それでも推薦文はなくならない。理由は単純、買い手は本来作り手を信用していないからだ。誰が出版社の言うことなんて信じられるだろうか？　私たち出版社は当然、これはいい本ですよ、と言うだろうし、さらに、だからお買いなさい、と勧めるだろう。どれだけ巨額のお金が広告宣伝費に投じられようと、アメリカ人は個人的な経験や専門家の推薦を信用するものである。もう十分すぎるほど食い物にされてるんだから、というわけだ。買い手の中には、誰が誰と関係があるか知っている文学界の事情通もいる。そういう人は本と推薦文の著者を結ぶつながりを見破れるだろう。しかしその他大勢の読者には、AさんがBさんと友達で、BさんはCさんの教え子、そのCさんはDさんと夫婦なのだが、DさんはEさんと学生時代同級生、などといった裏のつながりはわからないのだ。

作品が出てもいないうちに出版社内で推薦文が最大の効果を発揮することもある。だからこそ、編集者は出版の何ヶ月も前に、会社中の人に推薦文を見せて回るのだ。自分が担当している新人のために、超有名作家が推奨の一文を寄せてくれたということを同僚に示せれば、みんなが関心を持ってくれる。さらにその文が書店やマスコミにも転送されていくと、いわゆるドミノ効果で「注目!」と大音声で呼ばわることになるのだ。編集者だって本当のところは、ゲラ刷りを有名作家に送りつけ、推薦文をもらおうとうろうろするなんて嫌で仕方がない(結局のところ、推薦文を書くのは大きな負担だし、特別なご厚意なのだから)。だがどんなに嫌だと思っていても、有名作家からの推薦の言葉を実際に取りつけられれば、わくわくして嬉しくなる。相手が巣立ったばかりのこの新人を知らない場合はなおさらだ。そして初めての作品をこれから出そうという作家にとって、良い推薦文ほど心配を鎮めてくれる特効薬はないのである。

推薦文、折り返しのキャッチコピー、著者の顔写真……こういったものが全て、ジャケットカバーのデザインと相まって全体的な印象を形作る。出版社はこの全体の印象が買い手を惹きつけ興味をそそることを期待する。著者の写真がどれだけ大事だというのか、推薦文の質がどんなに低下しているかという批判の声が数年おきに繰り返される昨今だが、この流行に逆らうのは難しい。大学の出版局でさえ、折り返しや背表紙に広告文を入れて本に華を持たせようとし始めているのが現状だ。写真を見れば、ははあ、この出版社は著者の外見的な魅力で本を買わせようとしているな、というのはすぐにわかる。本の中身で勝負すべきなのだから、こんなの打算的でいやらしい、とたいていの人は感じる。けれどそれと同時に、魅力的な写真に好奇心を惹かれずにはいられないのも真実なのだ。

ジョージ・プリンプトンはトルーマン・カポーティの伝記の中で、第一作『遠い声、遠い部屋（*Other Voices, Other Rooms*）』に載せられた写真は現代文学の著者近影史上もっとも有名な一枚だと述べている。「その写真は作品そのものと同じぐらい大騒ぎを巻き起こした。批判を浴びたトルーマンは狼狽し、うまい言葉についのせられてこんな気だるげなポーズを取ってしまったのだ、と言い訳した。実際は自分で提案したのだったが。」カポーティが自分の著者近影で、お皿のようにまん丸な眼でカメラをまっすぐ見つめて求愛したのだとすると、ここ十年でいちばんホットな若手デイヴィッド・フォスター・ウォレスの場合は眼をそらし、カメラとは逆の方に頭を傾けて下を向き、自分を見る人に何も接点を求めない姿勢をとった。そうすることで、名声とそこから生まれる不満との間のポストモダン的なアンビヴァレンスを、ポートレイトの中に完全に投影して見せたのだ。私には、彼が頭にかぶっているボロ布は、彼にグランジ文学の若き王者という称号を密かに与える理想的な小道具に見えた。

ジョージ・エリオットのような顔立ちの著者の場合、おそらく彼女のポートレイトはジャケットの中であまり目立たないように工夫されるだろう。逆に写真が宣伝キャンペーンの一環に使われる場合はたいてい、著者があっと驚く美男（美女）だからである。いちばん新しい例を挙げよう。セバスチャン・ユンガー（たしかにいい男だ）は、人々が自分の外見にばかり注目する、とひどく不満をこぼしている。けれど『ピープル』誌の「モスト・ビューティフル・ピープル」特集に載った写真を見た後では、彼に心から同情するというわけにはいかない。シャツの胸をはだけ、筋骨隆々たるボディを大っぴらに披露しているのだから。もし、自分の本をそれ自体の中身によっていいと思ってもらいたい、自分の外見や性格は度外視してほしいと思うのなら、カメラに向かってどんな相手を想定してどんなポーズをとるべきか、もう一度考えてみた方がいい。たとえばトマス・ピンチョンのような大作家だったら、大衆雑誌向けにいい格好をしてみせるなんてありえないのだ。

いろいろあっても結局のところ、初めて自分の本を眼にすることは何物にも代え難い喜びだ。製本所から最初の二冊が送られてくると、私はいつもまずそのうちの一冊を手に取り、何分かかけてじっくり調べる。そっとカバーを外し、背表紙に正しいタイトルと著者名がついているかどうか確認する。見返し部分、タイトルページ、それに数ページを見本としてチェックする。それから著者にメモを書いて、世間の反応が返ってくる前にまずちょっと時間を取って、ついに達成したということ、そして作品そのものに誇りをお持ちなさい、と勧める。途中どれだけの妥協があったにせよ、これからどんなことが起こるにせよ、とにかく、出来上がった本にはじっくり眺める価値があるのだから。

12 出版

「ほとんどの本は死産を告げるファンファーレと共にこの世にやってくる」とジェイムズ・パーディは書いた。あまりの暗さと不気味さにぞっとして、思わず目をそむけたくなる一節だ。本の出版は、十分経験を積んでいない作家にとっては残酷なジョークになりかねない。本を出すことで、普通なら決してあり得ない奇跡が実現したかのように自分の人生が変貌を遂げる……そこまで行かなくても、人生がより良いものになることをどんな作家も期待する。ところが実際は、本を出して成功を味わった著者でさえ、出産後の鬱状態に落ち込み、完全に行き詰まってどうすることもできなくなることがある。自分は現実主義者だとどれだけ頑固に言い張ったとしても（多くの作家が実際、自分を道理のわかった人間に見せようと努めるが）、作家は皆、大物になるという夢を胸に秘めている。このドン・キホーテ並の自分に対する強い信念こそ、作家であり続けるために欠かせない重要なものなのだ。誰もが知っているように、ピュリッツァー賞を受賞したりベストセラーを出したりする作家が一人いれば、その陰では千人もの作家が跡形もなく消え去っているのである。

出版界にはシンデレラ・ストーリーなどまず存在しない。だが、アリス・マクダーモットの例を考えてみよう。彼女の場合、まず、第一作『女性編集者（*The Bigamist's Daughter*）』が『ニューヨーク・タイムズ・ブック・レビュー』の第一面でアン・タイラーに絶賛された。新人小説家なら誰もが抱く夢がまさに実現したのだ。こんなすばらしい幸運に恵まれた作家は、得てして二作目ではその報いとして書評家たちにこてんぱんにやっつけられるものだ――「当初の期待に応えられていない！」「二番煎じ！」「次回作にはもっとましなものを期待する！」ところがマクダーモットはというと、第二作『愛し合っていたのに（*That Night*）』もまた、同紙の第一面で激賞された。降ってわいたような幸運が再び訪れたのだ――今回の書評はデヴィッド・リーヴィットによるもので、この小説には「ほとんどシェイクスピア的と言ってもよい悲劇の感覚」がある、と述べていた。この作品は全米図書賞にノミネートされ、映画化されて話題を呼んだ。第三作『結婚式にてお通夜にて（*At Weddings and Wakes*）』はベストセラーになり、さらにその次の『チャーミング・ビリー（*Charming Billy*）』に至っては、ベストセラーになったばかりか全米図書賞まで受賞した。マクダーモットの成功は、彼女と肩を並べたいと切望する作家たちにとっては甘い誘惑に違いない。同時に、彼女をねたましく思う作家にとっては、傷ついた自我に塗り込む塩になっていることだろう。（そして全米図書賞ほど大きなねたみの種になるものは他にない。）

出版の準備を進めるうちに、作家の頭の中ではたくさんの夢のようなシナリオが動き出す。たいていの作家が最初に引っかかるのは、「発行日」と誤った呼び方をされる、あの極度の緊張を呼ぶ一日だ。

もう六冊も本を出しているベテラン小説家が、自分の第一作の発行日が近づくにつれてどんな興奮と不安を感じたか、話してくれたことがある。彼女はその前の数日間を、出産が近づいた母親が巣ごもりに入る時のように、自分のアパートの掃除をして過ごした。どうしてそんなに必死になって掃除したんですか、と尋ねるとこんな答えが返ってきた。身体的な面で言えば、単に気が立っていたからだと思う。でも頭のどこかで私、想像していたのよね。ジャーナリストの一団が私と話をしに訪ねて来て、自分がその人たちにお茶を出している場面。「もう少しでティーセットを新しく買うところだった」と彼女は自分の行動の馬鹿馬鹿しさに笑いながら言った。「ついにその大事な日がやってきたけど、何も、本当に何一つ起こらなかった。電話なんて鳴りもしなかったし。ついに夕方四時になって、私は自分がグレタ・ガルボででもあるみたいに帽子とスカーフとサングラスで顔を隠して、何気なさそうなふりをして本屋に入って行ったの。でも私の本はどこにもなくて、すごく傷ついた気分でこそこそ戻って来たのよ。」

トム・ウルフなら、自分の最新作登場を祝って、ピエール・ホテルでキャビア付きの豪華な催しを開いてもらえるだろう。けれどたいていの作家は、自分で自分の出版パーティーを開くか、友人をうまくのせてこの時を祝ってもらうしかない。運が良ければ、出版社が招待状を印刷してくれたり、ワインを一、二箱くらいは届けてくれることだろう。しかし出版を盛大なパーティーで祝う時代はほとんど過去のものとなった。お金がかかるし、普通はそのおかげで売り上げが伸びるわけでもないからだ。私からのアドバイスとしては、作家の皆さんが友達や家族にお祝いしてくれと頼んでみることを勧めたい。出版社はわかっていないかもしれないが、本というのはそう簡単に書けるものではない。マイケル・コーダは出版人生を振り返った回想録『もう一つの人生（*Another Life*）』の中で、自社の経営者マックス・シュスターが有名レストラン「21」で、担当していたジプシー・ローズ・リーと偶然出会った時の滑稽な失敗談を物語っている。ジプシー・ローズは自分の出版記念ディナーのためそこに来ていた。サイモン&シュスター社ではこの名高いストリッパーのために記念パーティーを開いたりはしていなかったので、コーダの話では、リーはシュスターに気づいた後も、気づまりで近寄って来にくそうだった。ついに彼女が意を決して彼のテーブルにやって来ると、「マックスはジプシーを見上げてにっこり笑い、彼女が口火を切る前に口ごもりながら話しかけた。『やあジプシーさん、ここでお会いできるなんて嬉しいですね！　最近ずっとあなたのことをいろいろ考えていたんですよ……いつか、本をお書きになるべきじゃないかってね。』」

あなたの本の発行日が、ドン・アイムスやケイティー・クーリック、ミチコ・カクタニには全く関心を持ってもらえなくても、またトム・スナイダーやチャーリー・ローズが、あなたへの独占インタビュー権をめぐって争ってくれなくても、そんな人は他にもたくさんいるのだから悩む必要はない。けれどだからといって、発行日にサングラスで変装して本屋をこそこそ渡り歩いたりすることはない。（本が出た後数週間は、たいていの著者は熱線追跡ミサイルと化して、車で行ける範囲内の書店をしらみつぶしに回って在庫を調べるものだが。）実は「発行日」というのは、その本が書店に並べられる日のことを指す書籍販売業者の用語なのだ。これがいつになるかは、書評が出るのとタイミングが合うように調整されることになっている。書評で褒めちぎられているのに実際に本が店頭に並ぶのは何週間も先、ということほど欲求不満がたまることはないからだ。しかし発行日という言葉は多くの著者にとって誕生日のような響きを持っているもので、期待は否が応にも高まる。何ヶ月も待ち続けた後ならなおさらだ。彼らはこの期間、ヘリから飛び降りてパラシュートが開くのを待っている間と同じ気持ちで過ごすのである。

＊

私は担当した著者みんなに向かって、本が出る前に次回作の企画に取りかかることを強く勧めている。世間の意地悪な眼差しが招く災いから身を守るには、新しい本に取り組む以外に方法はないのだ。本が出版されると、作家は書評家や批評家の言葉に（あるいは黙ってこっちを睨めつける視線に）全く無防備にさらされることになる。書評が好意的だったとしても、それが却って失敗につながることもある。スコット・スペンサーはあるインタビューに答えてこう語っている。『『エンドレス・ラブ（*Endless Love*）』への世間の反応のおかげで、私はあっという間に自分との競争に追い込まれました。『次の本もこれぐらい成功するものでないとね。』このあつかましい発言と共に、私はペンを自分の手からもぎ取ってまっぷたつに折り、それから約一年というもの何も書きませんでした。」大詩人パブロ・ネルーダは、『パリ・レビュー』のインタビューで、批評の与える影響について嘆いている。「ああ！批評家たちときたら！　彼らは愛情と憎しみとで、私をもう少しでずたずたに引き裂くところでした。芸術と同じように、人生においても、あらゆる人に喜んでもらうことなどできません。我々は常にそういう状況にいるのです。いつも、キスされながらひっぱたかれ、抱きしめられるかと思えば蹴飛ばされる。それが詩人の人生なのです。」

私たちは、作家だって映画スターと同じように、いかなる批判や攻撃にも対処できる準備は万全だろうと思っている。ところが新人作家はたいてい、およそ宣伝と名のつくものに接した経験など皆無で、メディアへの対処法も、メディアに取り上げられたり逆に無視されたことで起こる心の動揺への対処法も全くわかっていないことが多い。もし自分の本が攻撃されそうだとか議論を呼びそうだと思ったら、マスコミ対応に強い誰か（専門家でもいいし知り合いを頼ってもいいが）のアドバイスに従って動くことが肝心だと思う。優れた宣伝担当者なら、インタビュアーに訊かれそうな質問を用意してリハーサルをさせてくれるだろう。また質問をどのように操って、自分の本をいちばん良く見せられる話題に持っていくかも教えてもらえるだろう。

本当に朗読の才に恵まれた作家などほとんどいない。また、ＴＶやラジオであれ新聞雑誌の類であれ、インタビューを受ける前にはたいていの作家がパニックに陥る。けれど最近では、「ＰＲしにくい」と思われてしまった著者は不利になることがある。私が以前一緒に仕事をした著者はすばらしく聡明な学者だったが、一つ質問されるたびに最低十分は喋り続けた。学会誌や大学院の授業で、自分の考えを詳しく述べることに慣れきっていたからだ。本の主題が当時話題になっていたできごとと関係していたため、出版後いくつかのＴＶ番組から出演依頼が来た。だが不幸にして、彼は事前インタビューで全て断られてしまった。あるプロデューサーはこう一言で表現した。「彼はマスコミ向けではないね。」

公の場で話す前には、自分が読む部分や抜粋を前もって考えておくことが大切だ。情景描写が長々と続くと、おおかたの聞き手は眠気を催す。二十分もの間ひたすら下を向いて本に視線を注いでいたり、読み方が速すぎたり単調だったりする場合も同じだ。宣伝担当者や編集者が、その場にいちばん合いそうな部分をいくつか選ぶのに力を貸してくれるだろう。私自身は詩の朗読会が大好きだ。作品と作品の間で詩人が明かしてくれるいろいろな逸話が面白いからだ。だから自分の担当作家にも、同じようにして、何か興味深いエピソードを話すように勧めている。本を読むこと自体は自分の家でもできる。それなのにわざわざあなたの話を聞きに来てくれたのだから、何か本には書かれていない話をしてあげて欲しい。

以前、まだ若くて大胆不敵な映画製作者が初めて書いた小説を編集したことがある。ニューヨークのダウンタウンにある書店で彼の最初の朗読会が行われた。会場は大入り満員だった。彼は三十分近くも遅れて登場したが、そのいでたちときたら、バスローブを引っかけて足にはスニーカー、サファリハットをかぶり、その端にピンで留めたハンドタオルが顔にかぶさっていた。彼は前のテーブルにおもむろにマイクの器械を置き、オンのボタンを押した。そこから飛び出した音は判別不能だったが、彼はその音越しに十分ほど何事かわめき続けた。誰も身動き一つしなかった。それが終わると、不安に満ち満ちた顔つきの書店側スタッフが、質問を受けつけて頂けるでしょうか、と尋ねた。彼は頷いた。勇気ある最初の質問者が、映画と本とどちらの仕事がお好きですか、と訊くと、彼はやにわにテーブルを飛び越え、質問した人を絞め殺しそうな勢いで手を振り回しながら聴衆をかきわけて突進し、そんな質問をする野郎の喉っ首を掻き切ってやる、と罵った。それから部屋の前方に戻ってきた。書店の担当者は今や本当に気分が悪くなったらしく、他に質問はございませんか、と小さな声で訊いた。

聴衆の一人が手を挙げ、次はどんな映画を作るつもりですか、と質問した。すると作家はまた悪態をつきながらそっちによろめき進んで行った。これを見た書店の人はあわてて、それではここで終わりにしたいと思います、著書にサインが欲しい方は並んでください、と告げた。驚いたことに、会場のほとんど全員が並び、中には何冊もこの本を抱えている人もいた。この一件の報告を受けた書店の幹部たちは恐れをなして、文書による謝罪を求めた。しかし彼のファンの方は明らかに、これが大変お気に召したのだった。ただ一つ私が残念に思うのは、その場にマスコミ関係者が誰もいなかったことだ。いてくれればこの話をふくらませて大騒動に仕立て上げ、ますます本の売り上げが伸びただろうに。

私は何も、意図的に策略を練って注目を集めなさい、と勧めているのではない。そうではなく、注目を引きそうなものが何かないかよく調べてみてほしい。そうすれば、人前で話す機会があった時、聞き手に本かおみやげ話を持たせて帰すことができるからだ。これこそ口コミ《クチ》の噂が始まる最高のきっかけとなる。ネイティブ・アメリカンの小説家シャーマン・アレクシーは、朗読会に遅刻するうえ、まるで酔っ払ったような様子で現れるので有名だった。これはアメリカ・インディアンのステレオタイプとして広まっている固定観念を壊すための方法だった。結果として、彼を見た人は誰でも友人たちにその話をせずにはいられなかったのだ。もし出版社が書店でのPR活動を勧めてくれない場合には、地元の図書館や学校、教会、カフェでもかまわないから、朗読会かワークショップを開くと申し出てみるといい。

自分の本の代表者としていろいろな試みができれば、その分あなたは批判的な書評や気まぐれに加えられる残酷な仕打ちから身を守れるようになるだろう。そしてとにかく、最初の本に対する批評が出始める前に、次の作品に取りかかること！　これは何度繰り返してもし足りないほどだ。関心を向けられること、あるいは無視されることがあなたの仕事能力にどんな悪影響を与えるか、予測する術はどこにもない。出版界では、二冊目の本が出せないことを「二年目のスランプ」という軽い言葉で呼ぶ。だが一度スランプに陥ってしまうと、その苦しみは筆舌に尽くしがたいのだから。

＊

本に対する評価を最初に示すサインとなるのは、業界紙、特に『ライブラリー・ジャーナル』や『ブックリスト』の他、『パブリッシャーズ・ウィークリー』や『カーカス・レビュー』などに載る事前書評である。無記名で一段落ほどしかないこの寸評が、それ以後の評価の先触れとなる。編集者にとって、ここで好意的な評価をもらい、不安におののく著者やそのエージェントにファックスでその書評を送る時ほど嬉しいことはない。簡単なメモを一言添えるだろう。「好評おめでとう――いい前兆なのは確実」。しかしここで出た書評が芳しくないと、先行きはそれほど期待できない。批判的な事前書評が出た場合、闇に葬ってそんなものは存在しなかったことにする、という編集者もいれば、著者に電話をかけて、くだらない書評を書かれたことに同情の意を伝える編集者もいる。著者がどんなにひどいものでもとにかく書評が出たら全て見たいかどうか、編集者は、このチャンスに相手の意志を確かめておくといいだろう。といっても、どんな書評も隠さず見せて欲しい、と言っておいて、いざ本当にこっぴどく叩かれ出すと気が変わる著者の例もかなり知っているが。私個人としては、評価が悪いものは読まないでおくのが健全だと思うが、マゾヒスト以外の何物でもないという作家もたくさんいるのである。

批判を受けたことが自分の作品に何か影響を及ぼしましたか、と訊かれたバーナード・マラマッドはこう答えている。「間違いなく、そういう批評もありましたね。くだらんたわごとや、私利私欲のために書かれたものは別ですが、時々洞察に富んだものもあります。私が自分で感じている評価と一致するようなそういう書評には、評価が良い悪いに関係なく、影響を受けますよ。もう少し言うと、私が特に嫌なのは、自分の美学とかイデオロギー的な主義主張をこちらに説教してくる批評家です。その手の批評家が問題にするのは作家がどんなことをやってのけたかではなくて、それが自分の言いたいこととどう結びつくかつかないかなんですよ。作家に向かって、あんたの作品の中ではこれこれこういうことができるはずだ、すべきだったとか、これはすべきでなかったとか口出しできる人なんていません。そんなのの言うことを聞いていたんじゃ生きてたって死んだも同然、全く無味乾燥になってしまいますよ。」

不幸なことに、一部の作家にとっては本を出したこと自体が生きながら死んだ状態、あるいは地獄にも似たものになってしまう。出版から得られる浄化作用《カタルシス》など無きに等しいのだ。そういう人は、本を出しても自分で達成感を味わったり、ある題材についてはもう知り抜いていると感じたりすることはない。むしろ不安や罪悪感、恥ずかしさがいっぱい詰まったパンドラの箱を開けてしまったかのようになる。自分は詐欺を働いているという感覚に生涯つきまとわれる作家もいる。私が担当した作家の中にも、四、五冊目の作品を出す頃になってようやく自分は人を騙しているという気持ちが吹っ切れ、自分は作家だと胸を張って言えるようになったという人が何人もいた。イーディス・ウォートンも自伝の中で、人を騙しているというこのコンプレックスについて述べている。「この私が、取っておく価値があると思ってもらえるような短編を書いたなんて！　それは私がよく知っていたあのつまらない『私』と同一人物だったのでしょうか？　通りを歩いている誰かがどこかの本屋に入って、『イーディス・ウォートンの本を下さい』と言い、そして店員はそれを聞いても別に信じられないといった風に吹き出しもせず、本を出してきてお金を受け取り、買った人はそれを家に持ち帰って読んで、その本について話をして、そして他の人が読めるように貸してあげる……そんなことがあるかもしれないなんて！　全てがあまりにも非現実的で、面白いこと好きの目に見えない誰かが私に悪ふざけを仕掛けているのではないかという気がしました。友人たち以上に、誰よりも私自身が驚き、信じられない気持ちでいっぱいだったのです。」

ウォートンは続けて、自分の本に対する書評を読んだ時の気持ちを綴っている。その大半が親切で寛大なものだった（と彼女は嬉しそうに報告している）。だがついに、ある書評が登場し、ウォートン曰く彼女の「力の抜けていた背筋をピンと強張らせました」。相手は、作家にとっていちばん腹の立つやり方で攻めてきた。ウォートンが小学生ででもあるかのように、小うるさい女史先生じみた口調できっぱりと彼女の作品の欠点を正したのだ。「ミセス・ウォートンが技法の基本を体得した暁には、短編というものは必ず会話で始まるべきだということがわかるだろう」と、この恩着せがましい批評家は書いていた。ウォートンはこのような小説展開法は全くいんちきだと考えて歯牙にもかけなかったが、このような評価を受けたことについてはじっくり考えた。そしてこんな結論に達した。「この言語道断な批評は私にとって大変役に立つものでした……一瞬にして、私は全知の書評家なるものが与える不安からは永久に解き放たれたのです。」

『若き詩人への手紙』の中で、リルケは相手にこんな警告を発している。「審美的な批評はなるべく読むのを避けた方がいいでしょう。そんなものは、死んだような頑固さの中で石のように硬く無感覚になった党派的偏見か、あるいは今日ある見方が勝てば明日は逆が勝つ、というような小ずるい屁理屈に過ぎないのです。芸術作品は無限に孤独なものであり、批評ほどそれに到底近づけないものはないのです。」

作家と深淵の間にある無限の孤独をつなぐ架け橋の一つは、書評よりずっと私的だが同じぐらい大きな意味を持つあるものの形で現れる――読者から著者への手紙である。著者がファンレターを見せてくれると、私はいつもそこに込められた気持ちの深さに驚きを覚えずにいられない。ある著者の回想録は書評では激しく叩かれたが、彼女はこの回想録に感激した一般の人々からの手紙をスーツケース一杯に詰め込み、旅行にも肌身離さず持ち歩いていた。そして驚くなかれ、出版から六年が過ぎてもなお手紙をくれる読者がいたのだ。別の作家は、本の中で田舎町に暮らす一握りの人々の欠点を暴いたというので、地元のメディアでは厳しい批判を受けた。しかしその一方で、ついに自分たちの暮らしの真実を明かしてくれて嬉しい、という同地の人々からの感謝の手紙も絶えなかったのである。また、私の担当した別の著者は夫婦でペアを組み、女の子とスポーツに関する話を求めて全米を回った。だがその本についての書評はほんの僅かしか出なかった。子育てやスポーツに関する本はほとんどど書評で取り上げられないものなのだ。しかし、その代わりに彼らは毎日のように親たちからの手紙やEメールを受け取っている。この本で描かれた逸話のおかげで自分たちの努力がようやく認められた、と感じている親たちだ。ある手紙には、送り主の女性の娘である小さな少女スラッガーの写真が同封されていた。女の子をたくましく競争心のある子に育てるのはいいことだ、とこの本が保証してくれたことにどれだけ感謝しているかわかりません、と母親は書き送ってきていた。この本の著者はいつも冷静で客観的な態度を崩さないジャーナリストだったが、このアメリカ某州某町、ジェイン・スミス某からの手紙を見せてくれた時、彼女の顔は紅潮し、目に涙がこみ上げているのがちらりと見えた。時にはたった一通の手紙が、著者が求めてやまなかったもの——人々が自分の声に耳を傾けてくれ、大切だと思ってくれているということ——を実感させてくれるのだ。

作家としての人生を歩み続けていると、だんだんこの後起こることがわかるようになってくる。もちろん危険がなくなるわけではないが。いくつものインタビューをこなし、自分の本への書評を読み慣れてくると、作品がどういう評価を受けるか前もって予測できるようになるのだ。「何もかも全くうんざりしちゃいますよ、ねえ」とフィリップ・ロスは一九九〇年、『偽り（*Deception*）』出版後の『ロサンゼルス・タイムズ』のインタビューで語っている。「僕は不倫についての本を書いたんです。みなさん、実際当事者になるまでは、そのことについてはとても洗練されてらっしゃる。だから僕は賭け金を引き上げて、ちょっとばかり大胆な賭に打って出たんですよ。情事をしているという危険な感覚を捉えてみたかった、だから自分を本の中に入れてみたんです。僕の本を書評で取り上げる時には、ここ十五年間、みんなが書き続けて来たことをまた繰り返すんじゃなくて、もっとめいめい違う批評を書いてもよさそうなものですがね。」意欲に燃える作家たちが、こんな退屈きわまりない批評なんて気にかけるはずがない！

本の宣伝ツアーに行かせてもらう幸運に恵まれた著者ならほとんど皆、通常は出発後四十八時間以内に自分の幻想をさまされるはずだ。超売れっ子や人気うなぎ登りの作家は別として、正しい手順を飲み込むまではブック・ツアーの現実は少なからず悲惨なものだ。E・アニー・プルークスは、『ライティング・ライフ』誌に寄せた愉快なエッセイ「ブック・ツアー」の中で、自分がワイオミングで朗読会を開いた時のことを語っている。集まった聴衆はそう多くなく、なんだか上の空で、手にした紙の方ばかりちらちら盗み見ているようだった。十五分ほど朗読した後、彼女は匙を投げていったん読むのを止め、会場の後ろの方に用意されたワインとチーズを口にしようと向かった。その途端、「最前列に座っていた若い女性が立ち上がり、自分が初めて飛行機に乗った時のことを書いた詩を読み上げ始めた。この詩は時が何世紀も凍りついたのではないかと思うほど延々と続いた。それがまだ終わるか終わらないかのうちに、今度は別の一人がぴょこんと立ち上がり、十代のカウボーイとのとんでもなくお熱いセックスシーンを語り始めた。そして聴衆が一人残らず自分の作品を読み終わるまでこんな調子が続いた。そこには地元の作家たちが集まってきていたのだ。」

ブック・ツアーの報告はこんな悲しい打ち明け話で一杯だ。お客は満員なのに書店に本が届かなかった話、逆に朗読会に誰も来てくれなくて、自分の小説を積み上げた後ろで一人ぽつんと座っていた話。ラジオのインタビュアーにずっと名前を間違って呼ばれたり、ＣＭが流れている間に、何を質問すればいいかしつこく訊かれたりした話。そのインタビュアーは、実は私、あなたの本を読んでないんですよ、と白状し、だから盛り上げ役が現れるまでご自分で間を埋めてもらわないと困るんです、とのたまったそうだ。それから、新しい街に到着したのがちょうど地元新聞の一面で自分の本が酷評されたその日だったとか、新聞に朗読会の日程を間違って掲載されたとか。さらに、果てしなく飛行機に乗らなくてはならないわ、荷物はなくなるわ、付き添いはひっきりなしに自分の離婚のことを喋りまくるわ、もっと悪くすると、自分が書きたい本の話ばかり延々と聞かされるはめになることもある。おまけにホテルでは予約がちゃんと取れていないし、極めつけは部屋のミニバーにジンが入っていないなんていう屈辱を味わうこともあるのだ。

それでも、地元の書店でのサイン会しか予定してもらえない著者にとって、ブック・ツアーは魅力的だ。ツアーに出かけるのを嫌がる著者などまずいない。出版社が自分の最初の小説のためツアーを計画してはくれなかったとわかると、テリー・マクミランは車のトランクに本を詰め込んで出発し、国中の書籍販売業者と仲良くなって回った。この続きは歴史に残る逸話となっている。今日では、ブック・ツアーの巡業先は以前より多くの作家でごった返している。一日で三、四人の著者のイベントを開く書店もあるほどだ。だが、自分の出版社がどこにも連れて行ってくれないのをマクミランがそのままにはさせておかなかったのと同じように、今の作家にも自分の作品を人前に持ち出す新しい方法がいろいろあるのだ。

＊

私たちが今いる世界では、本に注目してもらうには宣伝活動が重要な鍵となる。以前は必ずしもそうとは言えなかった。『ニューヨーカー』に載ったすばらしい記事「素敵だったろう、彼女?」の中で、マイケル・コーダはこう述べている。彼が出版界に入った一九五八年、この仕事は「ちゃんとした職業」だった。業界を牛耳っていたのは「大部分は、スーツかお堅い感じのツイードを着込んだ男たち。口にはパイプ。アイビー・リーグ出のワスプか、あるいはワスプと勘違いされることが何よりの野望というユダヤ人のどちらか」だった。だがコーダによると、一九六六年、ジャクリーン・スーザンが『人形の谷(*Valley of the Dolls*)』を出したことで様相は完全に一変した。「この本により、初めて、ハリウッドやゴシップ、そしてブロードウェイの宣伝係といった世界が一致団結して一つの小説を売ろうとした。その小説の主題には今挙げたものが全て含まれていたからだ。当時四十七才のジャッキーは長く尖ったつけまつ毛をしてチェーンスモーカー特有のガラガラ声で話し、ギラギラ光るドレスを着ていた。怒りっぽくてタフ、無遠慮にものを言う彼女のイメージは、多くの人々にとって、終わりが始まったことを告げるように感じられた――低俗なショウビジネスが、文化という聖域の入り口に押し寄せてきたのだ。」

コーダは続けて、ジャッキー特有の不思議な魅力について説明している。だがそこでは同時に、彼女とその夫がいかにして小説の新しい売り方、図々しく自分を売り込み、著者本人が公の場に登場したり、有名作品と抱き合わせで売ったりする方法を編み出したかも指摘されている。本を「市場に出す」という言葉自体、出版業ではそれまで使われたことがなかったのだ。しかし、コーダが描いたのは、単にけばけばしいだけでなく、ゼロから叩き上げて成功を手にしたと十分自覚している女性の姿である。ジャクリーン・スーザンは書籍販売業者と知り合いになろうと一生懸命だった。自分のロロデックス社製手帳に彼らの誕生日をメモまでしたようだ。そして、書店の店員や経営者といった、普段ほとんど注意を払ってもらえず感謝もしてもらえないような人たちにまで、心のこもった手書きのカードを送っていた。

それから三十年経った今では、くだらないロマンスからポストモダン文学までありとあらゆるタイプの作家が、十五分でいいから自分の作品を売り込める時間がほしくて汲々としている。自分の作品が売れることを願っているのだ。私はかなりの数の作家から、実はアマゾン・ドット・コムで毎日自分の本の「売り上げランキング」をチェックしている、と聞いたことがある。ちょうど個人投資家がナスダックを調べたり、長年ダイエットに励んでいる人が体重計に乗ったりするのと同じ具合だ。上がったか?下がったか?　作家にとって売り上げ部数は、野球選手にとって平均打率が大事なのと同じぐらい大きな意味を持つ。たしかにフォームは素晴らしい、でもそれで球場の外まで球を飛ばせるだろうか?　もっと簡単にまとめてみよう。名声を求めるカルトの名僧とでも呼ぶべき故アンディ・ウォーホルがよく言っていたように、「成功とは売れることだ」。私としては、ボブ・ディランの歌詞を思い出したいところだが――「失敗ほど素晴らしい成功はない、そして失敗は決して成功ではない」というメビウスの輪のような一節である。

まさにこれから作品を出版しようとしている作家に対するいちばんいいアドバイスはこれだ──宣伝担当者を宝物のように大事にすること。それと、腕まくりをしてかかること。総合出版社から出された本はたいてい、メディアへの発表と共に書評用にいろいろなところへ送られ、宣伝担当者がつけられる。しかし著者は往々にして、この努力がどれほどのものか実際にはわかっていない。宣伝担当者をつけてもらうというのは、メディア対応担当秘書と個人秘書、それに旅行代理店の担当者を全部ひっくるめたような人をつけてもらうことだと勘違いしている著者があまりにも多いのだ。そういう著者ももちろん、自分の宣伝担当者は他にも五、六冊は担当していると頭ではわかっている。ただ、気持ちの面では相手の関心を独り占めしたくなるのだ。会社があなたの本に莫大なお金をつぎ込んでいて、ツアーやPR活動で広く売り込もうとしているのでない限り、宣伝担当者に対して、本を方々へ送り、後でその結果を電話で訊いてくれる以上のことを期待するのは非現実的というものだ。宣伝担当というのは報われない仕事だ。そして仮に幸運が稲妻のごとく突然降ってきて、その担当者のおかげで本がオプラ・ウィンフリー・ショウで取り上げてもらえたり、有名番組でインタビューしてもらえたり、今ひとつ煮え切らなかった書評雑誌の編集者をなんとか説得して書評を書いてもらうまでに持ち込めたとしても、そこまでの大変な努力を頭に留めておいてくれる著者はほとんどいない。編集者や配偶者、出版社には感謝が捧げられる。しかし宣伝担当者はその他大勢にまぎれて忘れられてしまうことがあまりにも多すぎる。

けれども、その重要さはなかなか認識されないとはいえ、実はあらゆる出版のまさに最前線にいるのが宣伝担当者だ。まだ遠いうちに雷鳴を聞きつけ、プロデューサーや書評家、有識者が騒ぎ立てるか黙り込むか、誰よりも早く察知する。私はいつも著者に、ストレスを発散したくなったら、宣伝担当者ではなく私に八つ当たりしてちょうだい、と言うことにしている。宣伝担当者と折り合いが悪くなるのは、いわば自分で自分の鼻を切り取るようなものなのに、多くの著者がそのことを理解できていない。宣伝担当者は、そのままだったら到底行き着けないところまで連れて行ってくれる。書評雑誌の編集者が他の本を載せようと考えているところにあなたの本を載せさせ、あなたのゲラを携えて一流雑誌の編集者とランチに出向いてくれ、週間ニュースに適当なネタを探しているプロデューサーにあなたの本を紹介してくれる。著者が宣伝担当者を困らせ、長々と要求を述べ立てたり見下したり、とにかく相手の仕事や立場を蔑ろにするような振る舞いを続けていたら、たとえチャンスが訪れた時も、その著者の本は推してもらえないだろう。そうかと思うと、宣伝担当者に毎日ファックスやEメールを出し、その数分後には受け取ったか確認の電話を入れる著者もいる。そうやって送ったファックスやEメールがどこへ消えたものやら返ってこないとこぼす人もいるだろう。だが宣伝担当者というものは一日のうちに依頼したり売り込んだり、電話をかけたり断ったりを山のようにこなさなければならない。むしろそっとしてお任せした方がよい結果につながるだろう。こちらがかけた電話に答えている間はどこかに電話してこちらの作品を売り込むわけにはいかない、それだけは言えるのだから。

確かに、宣伝担当者はみんな同じ才能を持って生まれついたわけではない。中には、驚くほど深く豊かな人脈と創造性を持っている人もいる。不屈の意志と忍耐強さにかけては、南北戦争中のシャーマン将軍率いる北軍にもひけをとらない宣伝活動も見たことがある。また、創造性に富んだ戦略的な計画のおかげで、本が空のかなたにも届くほど人気急上昇するのも見たことがある。ただ不幸なことに、宣伝広報部は人の入れ替わりが激しく、燃え尽き症候群になる確率も高い。編集者同様、企画が進んでいる真っ最中に担当者がいなくなってしまうこともしばしばだ。何年もかけて本を準備してきた著者にとって、本の内容と全く関わりがないように見える誰か新しい人が担当になったと知らされるのは大きな不安の元になる。しかし、仮に宣伝担当者と固い絆で結ばれていて、自分の名を広めるためなら相手は母親を売る以外のどんなことでもやってくれるだろうと思える場合であっても、だからと言って、実際本が出版された暁には世界中が注目するだろうと期待するのは間違っている。書評家が飛びついてくれないからと言って、宣伝担当者がせっせと売り込みに励んでいないとは限らない。だから、相手に不満をぶちまける前にちょっと考えてみた方がいいだろう。

そう、今こそ、あなた自身が腕まくりをして動き出す時だ。私はよく本の出版を新しいビジネスの立ち上げに喩える。お店を開けばいいというものではない。「OPEN」の札を窓にかけたくらいではお客は来てくれない。出版の場合も同じだ。本を書いてさえいればよい、というのだったらどんなによかっただろうか……けれど、もし本がちゃんと売れて人々の手に届いてほしいと思うのだったら、自分も独創的なアイデアを探さなければいけない。出版社が後押ししてくれるかなんて関係ない。一般向けベストセラーリストには載らなくても大ヒットしている本の中には、背後で著者が熱心に活動していて、発言できる機会は見逃さず、自分の考えを伝えるために自らセミナーを開いたりしていることがある。こうして講演巡業を始めた著者は、伝統的なルート以外に本を売る道を手にしたことになるのだ。

ノンフィクション作家の場合、いろいろな専門誌や専門組織、その会報などでインタビューしてもらえたり書評を書いてもらえたり（あるいはその両方）する可能性がある。インターネットのおかげであちこちに組織が増えた現代では、ある専門的な問題を取り上げると多分、ネット上のどこかのグループが興味を示し、話を聞こう、それをさらに発信しようと考えてくれるだろう。こういった方法は出版社の手の及ぶ範囲を超えている。だからここは一つ、自分がせっせと動かなければならない。宣伝用に本を余分に下さいと交渉し、発表の場をできるだけ見つけて、本を封筒に詰め、ラベルを貼って送り出すといいだろう。ある若い作家が書いた、大学をマーケットとして狙った愉快なパロディ小説を担当した時のことだ。彼は私たちのオフィスで過ごした一週間の間に、宣伝広報部の人々と仲良くなり、全米の何百という大学新聞に無料で自分の本を送った。そしてその結果、私たち出版社が一般向けの雑誌やマスコミ相手に頑張ったよりはるかに大きな注目を大学新聞で集めたのだ。

場合によっては、個人的に宣伝担当者を雇うのもいいだろう。自分の本はまだメディアが関心を持っていないような分野だと思う場合は特に。以前担当したある女性の場合、本が出たのは感謝祭とクリスマスシーズンの中間で、私たちも努力はしたもののどういうわけか全く宣伝の機会が得られなかった。こういう休暇シーズンには、ほんの数冊が何もかも独占してしまうことがあるものなのだ。翌年の四月、彼女は自分でPR会社と契約し、さらに三週間粘ることにした。私たちは本とPR用の資料を提供した。そしてこのさらなる努力が実を結び、彼女の本はいくつかの新聞で一面のライフスタイル関連記事に取り上げられたし、TVニュース番組『48アワーズ』でも時間を取ってもらい、他に書評もいくつか出た。売り上げ自体はさほど伸びなかったものの、この年の秋にペーパーバック版が発売されると、以前の新聞記事やTVに出た時の記録テープが売り込みに役立った。結果として彼女は別の夜のニュース番組に取り上げられ、活字メディアでも前より大きく扱われた。おかげでペーパーバックは最初のハードカバーの売り上げをはるかに追い越した。後から宣伝活動を付け足したことがこの売り上げに直接結びついたのかどうかはわからない。でもとにかくマイナスにはならなかったはずだ。

宣伝活動に自分個人のお金をつぎ込むかどうか、それはその人次第だ。出版社がどんなに努力しても満足できなさそうだという人にはいい考えだと思う。そうすれば、少なくとも自分が打つべき手は全て打ったし、本のため全力で市場攻勢をかけたと思えるだろう。もちろん、それだけ努力しても売り上げがちょっぴり伸びるくらいで終わるかもしれないということは前もって承知しておかないといけないけれど。小説の場合、不幸にしてノンフィクションよりも評価の場や機会が限られているため、PR会社を雇ってもメディアに出るチャンスは増えないかもしれない。一九九五年、『ライティング・ライフ』誌に載せたエッセイ「健康的な転覆」の中で、ノーマン・ラッシュは作家の宣伝チャンスが減りつつあることを嘆いている。「『ニューヨーク・タイムズ』は最近土曜版から書評欄を削ったし、『タイム』も『ニューズウィーク』も、最近では本についての報道を全面カットすることがある。またどの日刊紙でも書評欄の大きさや数は着実に減ってきている。そして書評のしかただが、ほとんどどの書評もプレッシャーに負け、星がいくつとかＡＢＣといった還元主義的な単純そのものの段階評価法を一部に取り入れている。」

こういったことはどれも、真剣に作品に取り組んでいる作家にとっては実に心痛むものだ。半年かそこらに一度は、小説は死んだのか、あるいは回想録に座を奪われたのかという問題が紙上で論争を巻き起こす。その恐怖があまりにも胸に鋭くこたえるため、誰も私たち自身のことを語ろうとはしなくなってしまうだろう。本を売り込むために「身を落とし」てトーク番組に出たり大衆雑誌に写真つきで登場したりしている人々は、全作家を代表する旗手として、こんな人目を引く行動に打って出ているのではないかと思うことがある。テクノロジーがかつてないほど猛威を振るうこの現代、本は手のひらサイズの電子機器に姿を変えて、ページをＡＴＭや何かその手の発明品からダウンロードするようになるかもしれない。作家が山の高みに登り、そこから自分の物語を人々に響き渡らせたいと思うのも無理はない。だから、作家がメディアの中で、活字の印刷インクにしろオンエアの時間にしろ割いてもらえることはいい知らせだというのが私の意見である。

＊

この間、夫が子供時代着ていたカブスカウトのユニフォームを見つけた。そのシャツに縫いつけられていた夫の分隊名が「もの書き（scribe）」隊で、真ん中に羽根ペンの絵が刺繍された記章だと気づいて誇らしい気持ちになった。彼はごく幼い頃から文学作品を読むのが好きになり、家族の中で言い伝えられている話では、本を買うために昼食代を削って貯めていたそうだ。色あせた記章を見ながら、マウスをクリックすることがページをめくるというあの単純だが繊細な行為に取って代わるとすれば、現代のカブスカウトたちはこれの代わりにどこかのウェブサイトの記章をつけるのだろうか、と考えてしまった。

現代は作家にとっても出版社にとっても等しく恐怖に満ちている。出版契約で、著者はいついかなる場所でも電子化の権利を持たないことが要求される場合がある。どんな将来が待っていて誰がそれを支配するのか、それほどまでに出版社は確信が持てないのである。最近昼食を共にしたある売れっ子の小説エージェントは、ブリタニカ百科事典は今後もう本の形で印刷出版されることはないという記事を読んだ時思わず号泣してしまったと言っていた。本が私たちの中心から消えてしまうのではないかという彼女の恐れには根拠がなくはない。けれど私は、本は死んだという報告は誇張されすぎたものだと信じている。I・B・シンガーは『パリ・レビュー』のインタビューで、私たちの知っているような文学は時代錯誤なのか、という質問にこう答えている。「文学、優れた文学がテクノロジーを恐れる必要はないと思います。むしろ正反対です。テクノロジーが進歩するにつれ、人は人間の精神が電子機器の力を借りずに生み出せるものに、いっそう深い関心を抱くようになるでしょう。」物語は死んだのかと訊かれたバーナード・マラマッドも同様の答えを返している。もっとも彼の場合はもう少しそっけない答え方ではあるが。この答えは再録に価する。「死ぬでしょう」そう彼は言ったのだ。「人間のペニスが死ぬ時にね」。

途中であきらめる作家もいれば、最後までやり遂げる作家もいる。一人密かに日記をしたためる人もいれば、国際的なベストセラー作家もいる。娼婦もいれば世捨て人もいる。誰の場合にも言えるのは、意識していようがいまいが、そこには必ず、言葉の力を通して私たちを互いに結びつけようとする衝動が働いているということだ。書いたものが世の中に出ようが出なかろうが関係ない。古くは古代ヒエログリフで刻まれた言葉から最近ではコンピュータ画面で光を放つコード記号まで、書かれた文字を通して考えを伝える時のあのすばらしい興奮――人はものを書くことで、その興奮を感じたことのある全ての人々と絆で結ばれるのだ。どんなに厳しい批判をどれだけ多く受けようと、出版を目指す途中で何人が絶望のどん底に落ちようと、孤独な作業の中でどれほどたくさんの著者が挫折しようと、書き手と読み手の間にある輝かしい共謀関係は消えることはないだろう。永久に、これからも。

訳者あとがき――本を愛する全ての方々へ

傑作の陰に編集者あり――ふだん本を読む時には見過ごしがちなこの事実に、こんなにさまざまなドラマが秘められているとは！　いつもは作家にペンを握らせ、本を書かせる立場である編集者が自分でペンを握り、編集者にしか分からない、作家の心の底を垣間見させてくれた。それが本書『ベストセラーはこうして生まれる 名編集者からのアドバイス』である。

著者ベッツィ・レーナーは、数々の有名出版社で、第一線で活躍してきた名編集者（現在は作家と編集者を結ぶ文芸エージェントとして活躍中）。ただしその経歴はちょっと変わっている。大学卒業後いったんはＯＬになったものの、詩人を志して会社を辞め、コロンビア大学大学院で詩作を学んでＭＦＡ（芸術学修士号）を取った。詩人としても高い評価を受け、一九八七年にはアメリカペンクラブによって、今注目の新人作家の一人に選ばれている。本書の軽妙で生き生きした、ウィットに富んだ語り口をお読みになれば、それも頷けるだろう。

そのレーナーが本を出版する側に身を転じ、編集者の道を歩み出すまでのいきさつについては本文をお読みいただきたいが、とにかく、この本全編を通して読み手に伝わってくる、いつも作家の気持ちに寄り添おうとする彼女の姿勢は、自らも書くことに取りつかれ作家を目指したという経験の賜物《たまもの》だと言って間違いないだろう。とりわけ、作家の悩みや不安に向けられる眼差しはあたたかい。「なぜ書けないのか」という、おそらくどんな作家も一度は必ずぶつかる悩みから始まって、作品が周囲の怒りを招くことへの不安、さらには、どうしてもやめられない神経症的な癖に、お酒や薬物などの危険な誘惑——この本の第一部では、作家が作品を完成させるまでに抱えるさまざまな悩みが克明に語られる。できあがった作品を読む私たちには想像もつかないようなそれらの悩みには、作家の内面に密着できるレーナーが描くからこその迫力と真実味がある。そして彼女は悩みの一つ一つに対し、編集者としての豊富な経験に基づいて、親身にアドバイスしてくれるのだ。

では、悩みや不安を乗り越えて作品を書き上げたらそれで一件落着、めでたしめでたしなのか？もちろんそんなはずはない、ということで、本書の第二部では、完成した原稿を実際に本にするまでのプロセスが取り上げられる。出版業界に関心のある読者なら、仕事の心得としてここから学ぶことも多いだろう。どうすれば原稿が編集者の目に留まるか、という初めの一歩から、効果的な表紙デザインやPR作戦、そしていよいよ本が出た時の著者としての心がまえまで、単なる「文章教室の先生」ではなく、ベテラン編集者ならではのアドバイスが光る。日本ではあまり知られていないアメリカの出版業界の実態を知るうえでも面白い。

この本の楽しみ方はもう一つある。『華麗なるギャツビー』やウォルト・ホイットマンから、ジョン・グリシャムや『めぐりあう時間たち』まで、古今の有名作家や話題作にまつわる、知られざる裏話の数々を披露してくれるのだ。フィリップ・ロスは周囲の批判にどのように耐えたのか？　カポーティが文章を書くお決まりの手順とは？　『ジョーズ』のタイトルはどうやって決まったのか？　などなど、バラエティに富んだエピソードを通し、今まで知らなかった一面にふれることができる。ごく最近話題になったばかりで、まだ日本では一部にしか知られていない作家や作品もたくさん登場するので、新しいお気に入りを発見していただきたい。

本書の中でも指摘されているように、インターネットが普及しメディアの電子化が進む昨今、本のあり方もどんどん変わってきている。苦境にあると言われる出版界だが、レーナーのように、すぐれた作品に対する深い愛情と情熱を抱いた人物がまだ活躍していることは、大きな希望をもたらしてくれる。だいじょうぶ、心強い味方がここにいる——未来の作家たちだけでなく、本を愛する全ての人たちを、そう大いに励ましてくれる一冊である。

なお、本書の中で言及されている作品のうち、既訳のあるものに関しては、それに準じた邦題にさせていただいた。

最後に、ニューヨークの書店で平積みになっていた本書に目をつけ、翻訳の機会を与えてくださった松柏社の森信久社長、そして編集者の櫻井三郎氏に、この場を借りてお礼を申し上げたい。

二〇〇五年二月　　　　土井良子

Trollope, Anthony. *An Autobiography.* Edinburgh: William Blackwood and Sons, 1883. Reprint, Berkeley; Calif. : University of California Press, 1978.

Turnbull, Andrew, ed. *The Letters of F. Scott Fitzgerald.* New York: Charles Scribner's Sons, 1963.

Twain. Mark. *On Writing and Publishing.* New York: Book-of-the-Month Club, 1994.

Updike, John. "At War with My Skin." *The New Yorker,* September 2, 1985.

_____. "Interview." The Writing Life: National Book Award Authors. New York: Random House, 1995.

_____. *Of Prizes and Print.* New York: Alfred A. Knopf, 1998.

_____. "On One's Own Oeuvre." In *Hugging the Shore.* New York: Alfred A. Knopf, 1983.

_____. *Picked-Up Pieces.* New York: Alfred A. Knopf, 1966.

_____. *Self-Consciousness,* New York: Alfred A. Knopf, 1989.

Waldron, Ann. *Eudora: A Writer's Life.* New York: Doubleday, 1998.

Weinraub, Bernard. "Separating Fact, Fiction and Film." *The New York Times.* January 2, 1998.

Welty Eudora. *The Eye of the Story: Selected Essays and Reviews.* New York: Random House, 1978.

_____. *One Writer's Beginnings.* Cambridge, Mass.: Harvard University Press, 1984.

Wharton, Edith. *A Backward Glance.* New York: Curtis Publishing, 1933. Reprint, Touchstone, 1998.

Whitman. Walt. *Complete Poetry and Collected Prose.* New York: Library of America, 1982.

Woodhouse, Barbara. *No Bad Dogs.* New York: Fireside, 1978.
相原真理子訳『ダメな犬はいない』（講談社文庫）講談社、1986.

Woolf, Virginia. *A Room of One's Own,* New York: Harcourt Brace, 1929.
川本静子訳『自分だけの部屋』みすず書房、1988.

Schiff, Stephen. "Big Poetry" *The New Yorker.* July 14, 1997.

Scribner, Charles, Jr. *In the Company of Writers,* New York: Charles Scribner's Sons, 1990.

Sewall, Richard. *The Life of Emily Dickinson.* New York: Farrar Straus & Giroux, 1974.

Sexton, Anne. The Complete Poems. Boston: Houghton Mifflin, 1981.

Sexton, Linda Gray. *Searching for Mercy Street: My Journey Back to My Mother, Anne Sexton.* Boston: Little, Brown, 1994.

Sexton, Linda Gray, and Lois Ames. *Anne Sexton: A Self-Portrait in Letters.* Boston: Houghton Mifflin, 1977.

Shengold, Leonard. *Soul Murder: The Effects of Childhood Abuse and Deprivation.* New Haven: Yale University Press, 1989.
寺沢みづほ訳『魂の殺害 虐待された子どもの心理学』青土社、2002.

Shnayerson, Michael. "How Wily Is Andrew Wylie?" *Vanity Fair,* January 1988.

Smith, Dinitia. "A Book Award Dark Horse." *The New York Times,* November 24, 1998.

Solotaroff, Ted. "Writing in the Cold." In *A Few Good Voices in My Head: Occasional Pieces on Writing, Editing, and Reading My Contemporaries,* New York: Harper & Row, 1987.

Stevens, Wallace. *The Necessary Angel.* New York: Vintage Books, 1942.

Streitfeld, David. "Betrayal Between the Covers." *The Washington Post,* October 27, 1998.

Strunk, William, Jr., and E. B. White. *The Elements of Style.* 2nd ed. New York: Macmillan, 1972.
荒竹三郎訳『英語文章ルールブック』荒竹出版、1985.

Styron, William. *Darkness Visible: A Memoir of Madness.* New York: Random House, 1990.
大浦暁生訳『見える暗闇──狂気についての回想』新潮社、1992.

Theroux. Paul. "Memory and Invention." *The New York Times Book Review,* December 1998.

_____. *Sir Vidia's Shadow; A Friendship Across Five Continents.* Boston: Houghton Mifflin, 1998.

Scribner's Sons, 1984.

Plath, Sylvia. *The Collected Poems,* ed. Ted Hughes. New York: Harper & Row, 1960.

吉原幸子・皆見　昭訳『シルヴィア・プラス詩集』思潮社、1995.

Plimpton, George. *Truman Capote.* New York: Nan A. Talese/Doubleday, 1997.

野中邦子訳『トルーマン・カポーティ』新潮社、1999.

_____, ed. *Writers at Work: The Paris Review Interviews,* 2nd series. New York: Viking Press, 1963.

_____, ed. *Writers at Work: The Paris Review Interviews,* 5th series. New York: Viking Press, 1981.

Proulx, E. Annie. "The Book Tour." In *The Writing Life: National Book Award Authors,* New York: Random House, 1995.

Reginato, James. "Nobel House." *New York,* November 9, 1987.

Rhodes, Richard. *How to Write.* New York: William Morrow, 1995.

Rilke, Rainer Maria. *Letters on Cézanne,* trans. Joel Agee. New York: Fromm International, 1985.

_____. *Letters to a Young Poet,* trans. M. D. Herter Norton. New York: W. W. Norton, 1934.

Roorbach, Bill. "Ping-Pong: The Secret to Getting Published, Long Withheld. Is Revealed." *Poets & Writers Magazine,* September/October 1998.

Roskill, Mark, ed. *The Letters of Vincent van Gogh.* New York: Atheneum, 1986.

Roth. Philip. *The Facts: A Novelist's Autoblography.* New York: Farrar, Straus & Giroux, 1988.

_____. *Goodbye, Columbus.* Boston: Houghton MiEflin, 1959.

Ruas, Charles. *Conversations with American Writers.* New York: McGraw-Hill, 1984.

Rush, Norman. "Healthy Subversions." In *The Writing Life: National Book Award Authors.* New York: Random House, 1995.

Safire, William, and Leonard Safir. *Good Advice on Writing.* New York: Simon & Schuster, 1992.

Mandell, Judy. *Book Editors Talk to Writers.* New York: John Wiley & Sons, 1995.

Manus, Elizabeth. "Dale Peck: Now It's Time to Say Goodbye to Farrar." *The New York Observer,* July 13, 1998.

Max, D. T. "The Carver Chronicles." *The New York Times Magazine,* August 9, 1998.

Maynard, Joyce. *At Home in the World.* New York: Picador, 1998.

Middlebrook, Diane Wood. *Anne Sexton: A Biography.* Boston: Houghton Mifflin, 1991.

Miller, Alice. *Banished Knowledge: Facing Childhood Injuries,* trans. Leila Vennewitz. New York: Nan A. Talese / Doubleday, 1990.

_____. *Prisoners of Childhood,* trans. Ruth Ward. New York: Basic Books, 1981.

Moore, Lorrie. *Self-Help.* New York: Alfred A. Knopf, 1985.

千刈あがた・斎藤英治訳『セルフ・ヘルプ』（白水Uブックス）白水社、1994.

Nabokov, Vladimir. *Strong Opinions.* New York: McGraw-Hill, 1973.

Naylor, Gloria. "The Love of Books." In *The Writing Life: National Book Award Authors.* New York: Random House, 1995.

Neruda Pablo. *Twenty Love Poems and a Song of Despair,* trans. W. S. Merwin. New York: Penguin, 1969.

松田忠徳訳『二〇の愛の詩と一つの絶望の歌』富士書院（絶版）.

Neubauer, Alexander. *Conversations on Writing Fiction.* New York: Harper-Collins, 1994.

Orwell, George. *A Collection of Essays.* San Diego, Calif.: Harcourt Brace, 1981.

小野寺　健訳『オーウェル評論集』岩波書店、1982.

Parker, Dorothy. *The Portable Dorothy Parker.* New York: Viking 1944. Reprint, Penguin, 1976.

Paumgarten, Nick. "The Baby Binkys." *The New York Observer,* April 22, 1996.

Percy, Walker. *The Moviegoer.* New York: Alfred A. Knopf, 1961.

Phillips, Larry W., ed. *Ernest Hemingway on Writing.* New York: Charles

Jamison, Kay Redfleld. *Touched with Fire: Manic Depressive Illness and the Artistic Temperament,* New York: Free Press, 1993.

_____. *An Unquiet Mind.* New York: Alfred A. Knopf, 1995.

Johnson, Denis. *The Incognito Lounge.* New York: Random House, 1982.

Johnson, Thomas H., ed. *The Letters of Emily Dickinson.* Cambridge, Mass.: Belknap Press of Harvard University Press, 1914.

Jones, Malcolm. "Mr. Wolfe Bites Back." *Newsweek,* January 4, 1999.

Kafka, Franz. *Letter to His Father,* trans. Ernst Kaiser and Eithne Wilkins. New York: Schocken Books, 1953.

Kaplan, Justin. *Walt Whitman: A Life.* New York: Simon & Schuster, 1980.

Klam, Matthew. "Some of My Best Friends Are Rich." *The New York Times Magazine,* June 7, 1998.

Konigsberg, Eric. "Making Book." New York, February 10, 1997.

Korda, Michael. *Another Life.* New York: Random House, 1999.

_____"The King of the Deal." *The New Yorker.* March 29, 1993.

_____"Wasn't She Great?" *The New Yorker.* August 14, 1995.

Koteliansky, S. S., and Philip Tomlinson, eds. and trans. *The Life and Letters of Anton Tchekhov.* New York: George H. Doran, n. d. (circa 1923).

Lamott, Anne. *Bird by Bird: Some Instructions on Writing and Life.* New York: Pantheon Books, 1994.

Lillelund, Niels. "Literature Lives: Interview with Gary Fisketjon." *Danish Literary Magazine,* Autumn 1998. *Times Magazine,* June 7, 1998.

McCullough, David. "Interview." In *The Writing Life: National Book Award Authors.* New York: Random House, 1995.

MacFarquhar, Larissa. "The Cult of Joyce Maynard." *The New York Times Magazine,* September 6, 1998.

Mailer, Norman. *Advertisements for Myself.* New York: G. P. Putnam's Sons, 1959.

山西英一訳『ぼく自身のための広告 』新潮社、1962.

Malcolm, Janet. *The Journalist and the Murderer.* New York: Alfred A. Knopf, 1990.

小林宏明訳『ジャーナリストと殺人者』白水社、1992.

1999.
Garis, Leslie. "Susan Sontag Finds Romance." *The New York Times Magazine,* August 2, 1992.
Getlin, Josh. "Sparring with Roth." *Los Angeles Times,* April 15, 1990.
Gillespie, Elgy "Carol Shields." *Publishers Weekly,* February 28, 1994.
Ginzberg, Natalia. *The Little Virtues,* trans. Dick Davis, New York: Arcade, 1989.
Giroux, Robert, ed. *Robert Lowell: Collected Prose,* New York: Farrar, Straus & Giroux, 1987.
Goffman, Erving. *The Presentation of Self in Everyday Life.* New York: Anchor, 1959.
Goldberg, Natalie. *Writing Down the Bones.* Boston: Shambhala, 1986.
田中倫郎訳『エクリール：書くことの彼方へ』 河出書房新社、1994.
Goldstein, Bill. "King of Horror." *Publishers Weekly,* January 24, 1991.
Gottlieb, Robert. "The Art of Editing." *The Paris Review,* Fall 1994.
Green, Jack. *Fire the Bastards.* Normal, Ill.: Dalkey Archive Press, 1992.
Hendrickson, Robert. *The Literary Life and Other Curiosities.* San Diego, Calif. : Harcourt Brace, 1981.
横山徳爾訳『英米文学エピソード事典』北星堂書店、1988.
Howard, Gerald. "The American Strangeness: An Interview with Don DeLillo." *Hungry Mind Review.* Fall 1997.
_____"Slouching Towards Grubnet: The Author in the Age of Publicity." *Review of Contemporary Fiction,* 1997.
Hughes, Ted. *The Birthday Poems.* New York: Farrar, Straus & Giroux 1998.
野仲美弥子訳『詩集 誕生日の手紙　世界詩人叢書』青樹社、2004.
Hughes, Ted, and Frances McCullough, eds. *The Joumals of Sylvia Plath.* New York: Dial Press, 1982. Reprint, Anchor Books, 1998.
Ishiguro, Kazuo. *The Remains of the Day.* New York: Alfred A. Knopf, 1989.
土屋 政雄訳『日の名残り』中央公論社、1990.
James, Caryn. "Auteur! Auteur!" *The New York Times Magazine,* January 19, 1986.

Chernow, Ron. "Stubborn Facts and Fickle Realities." In *The Writing Life National Book Award Authors.* New York: Random House, 1995.

Cheuse, Alan, and Nicholas Delbanco. *Talking Horse: Bernard Malamud on Life and Work,* New York: Columbia University Press, 1996.

Clarke, Gerald. *Capote: A Biography.* New York: Simon & Schuster, 1988.
中野圭二訳『カポーティ』文藝春秋社、1999.

Coffey Michael. "Michael Cunningham: New Family Outings." *Publishers Weekly,* November 2, 1998.

Conant, Jennet. "Royalty Wedding of the Year." *Manhattan, Inc.,* January 1989.

Cowley, Malcolm, ed. *Writers at Work: The Paris Review Interviews.* New York: Viking Press, 1957.

Dark, Larry, Ed. *Literary Outtakes.* New York: Ballantine, 1990.

Dickinson, Emily. *Final Harvest.* Boston: Little, Brown, 1961.

Didion, Joan. *Slouching Towards Bethlehem.* New York: Simon & Schuster, 1961.
青山　南訳『ベツレヘムに向け、身を屈めて』筑摩書房、1995.

Dostoyevsky, Fyodor. *Notes from Underground/The Double,* trans. Jessie Coulson. New York: Penguin, 1972.

Duras, Marguerite. *Writing,* trans. Mark Polizzotti Cambridge, Mass.: Lumen, 1998.
小谷啓子訳『クリエイティヴ・ライティング：<自己発見>の文章術』春秋社，1995

Eliot, Valerie, ed. *The Letters of T. S. Eliot.* San Diego, Calif. : Harcourt Brace Jovanovich, 1988.

Ellmann, Richard. *James Joyce.* New York: Oxford University Press, 1959.
宮田恭子訳『ジェイムズ・ジョイス伝〈1〉〈2〉』みすず書房、1996.

Emerson, Ken. "The Indecorous, Rabelaisian, Convoluted Righteousness of Stanley Elkin." *The New York Times Magazine,* March 3, 1991.

Ferguson, Andrew. "A River of Chicken Soup." *Time,* June 8, 1998.

Fitzgerald, Sally, ed. *The Habit of Being: Letters to Flannery O'Connor.* New York: Farrar, Straus & Giroux, 1979.
上杉　明訳『秘義と習俗――フラナリー・オコナー全エッセイ集』春秋社、

参考文献

Amis, Martin. "The Art of Fiction CLI." The Paris Review 146, Spring 1998.

Atlas, James. "The Fall of Fun." *The New Yorker,* November 18, 1996.

_____"Speaking ill of the Dead." *The New York Times Magazine,* November 6, 1988.

_____ "Stranger Than Fiction." *The New York Times Magazine,* June 23, 1991.

Beardon, Michelle. "John Grisham." *Publishers Weekly,* February 22, 1993.

Begley, Sharon. "The Nurture Assumption." *Newsweek,* September 7, 1998.

Berg, A. Scott. *Max Perkins: Editor of Genius.* New York: E. P. Dutton, 1978.
鈴木主税訳『名編集者パーキンズ──作家の才能を引きだす』草思社、1987.

Blades, John. "Lorrie Moore: Flipping Death the Bird." *Publishers Weekly,* August 24, 1997.

Blythe, Will, ed. *Why I Write.* Boston: Little, Brown, 1998.

Brent, Jonathan. "What Facts? A Talk with Roth." *The New York Times,* September 25, 1988.

Capote, Truman. *Answered Prayers.* New York: Random House, 1987.
川本三郎訳『叶えられた祈り』新潮社、1999.

_____. *Music for Chameleons.* New York: Random House, 1980.

Carvajal, Doreen. "Read the True (More or Less) Story! Publishers and Authors Debate the Boundaries of Nonfiction." *The New York Times,* February 24, 1998.

Cerf, Bennett. *At Random.* New York: Random House, 1977.
木下秀夫訳『アト・ランダム　ランダム・ハウス物語』早川書房、1980.

Cheever, Benjamin, ed. *The Letter of John Cheever.* New York: Simon & Schuster, 1988.

Cheever, John. *The Journals of John Cheever.* New York: Alfred A. Knopf, 1991.

著者略歴

ベッツィ・レーナー（Betsy Lerner）

コロンビア大学大学院で MFA（芸術学修士号）取得。在学中から大学文芸誌の編集に携わり、アングラ雑誌『ビッグ・ウェンズデー』（現在は廃刊）を創刊した。また、トマス・ウルフ・ポエトリー賞（Thomas Wolfe Poetry Prize）及び、全米の大学生を対象としたアメリカ詩人アカデミー賞（Academy of American Poets Poetry Prize）を受賞。1987 年には、アメリカペンクラブの選ぶ今注目の新人作家三名の中に挙げられる。また、サイモン＆シュスター社特別研究奨励制度、トニー・ゴドウィン編集者特別奨励金を獲得。サイモン＆シュスター社、バランタイン社、ホートン＆ミフリン社編集部勤務を経て、ダブルデイ社エグゼクティブ・エディターに就任。その後、ニューヨーク市のガーナート社とエージェント契約を結び現在に至る。

訳者略歴

土井　良子（どい　りょうこ）

1971 年東京生まれ。上智大学文学部英文学科卒、上智大学大学院文学研究科英米文学専攻修了、イギリス文学専攻。現在、白百合女子大学文学部英語英文学科助教授。

ベストセラーはこうして生まれる

名編集者からのアドバイス

二〇〇五年六月二〇日　初版発行

著　者　ベッツィ・レーナー

訳　者　土井良子

発行者　森　信久

発行所　株式会社　松柏社

〒一〇二―〇〇七二　東京都千代田区飯田橋一―六―一

電話　〇三（三二三〇）四八一三（代表）

ファックス　〇三（三二三〇）四八五七

Eメール　shohaku@ss.iij4u.or.jp

装　幀　熊澤正人＋中村　聡（パワーハウス）

編集・ページメーク　櫻井事務所

印刷・製本　モリモト印刷株式会社

ISBN 4-7754-0082-7 C1098

定価はカバーに表示してあります。